价值投资量化分析

之

财务分析精要

邹明霜◎著

中国铁道出版社有限公司
CHINA RAILWAY PUBLISHING HOUSE CO., LTD.

图书在版编目（CIP）数据

价值投资量化分析之财务分析精要 / 邹明霜著.
北京 ：中国铁道出版社有限公司，2024.12. -- ISBN
978-7-113-31679-2

Ⅰ. F830.59

中国国家版本馆CIP数据核字第2024501UQ3号

书　　名：价值投资量化分析之财务分析精要
　　　　　JIAZHI TOUZI LIANGHUA FENXI ZHI CAIWU FENXI JINGYAO
作　　者：邹明霜

责任编辑：张　明　　　编辑部电话：(010)51873004　　电子邮箱：513716082@qq.com
封面设计：清美百川
责任校对：刘　畅
责任印制：赵星辰

出版发行：中国铁道出版社有限公司（100054，北京市西城区右安门西街 8 号）
网　　址：https://www.tdpress.com
印　　刷：天津嘉恒印务有限公司
版　　次：2024 年 12 月第 1 版　2024 年 12 月第 1 次印刷
开　　本：710 mm×1 000 mm 1/16　印张：15.75　字数：261 千
书　　号：ISBN 978-7-113-31679-2
定　　价：88.00 元

我是一个经历失败项目远多于成功项目的价值投资工作者。尽管对于失败项目，我在投资之前都投了反对票，但是多数项目还是投资了，并且亏损了。"善战者无赫赫之功"，这句话用在投资行业是有一定道理的。投资决策更多的思考是不要做什么。要想取得较好的投资收益，我认为，首先要做的是识别造成投资损失的否定因素，而这些否定因素往往在投资判断中所占的比重更大。从这个意义上讲，能够规避问题项目何尝不是一种成功呢？何况从失败案例中可以总结出另一种成功经验。我每经历一次失败项目，都相当于接受了一次生动的顶级MBA实战教育，就是学费太高了。粗略估计，我以前任职过的公司为我交的这笔学费累计超过数亿元。如今，我将从这些过往的失败项目中总结出的财务分析经验通过理论和案例分析的方式分享给大家。

随着A股IPO注册制的全面推行，中国证监会不再设股票发行审核委员会（以下简称"发审委"）对拟上市公司做合规及基本面审核，对拟上市公司的盈利要求也放宽了，相应的配套退市制度将日益完善。在这种优胜劣汰的市场机制下，存量上市公司的"周转率"会明显上升，不符合价值投资标准的上市公司将失去投资价值，价值投资导向的估值体系将占据主流，股价与基本面的关联度将更加紧密。从某种意义上讲，注册制全面推行后的A股投资者要自己给自己的投资做"发审委"。这将对投资者的价值投资能力提出更高的要求。

所谓价值投资，就是根据标的创造新价值的多少来判断其投资价值，这是与投机"零和游戏"的本质区别。价值投资判断不外乎对标的的业绩真实性推断和价值判断两个基本程序。首先要确保标的披露的业绩真实可靠，不存在财务粉饰甚至造假行为。在这个前提下对标的所处行业、商业模式、财务等信息进行自上而下的分析，确定标的的合理估值，进行价值判断。

在我看来，业绩真实性推断和价值判断这两个基本程序不是割裂的，而是有机的一个整体。现代财务造假手法已经进化到高级阶段，绝大多数财务造假都不会出现违反会计规则的低级漏洞，有的造假者还会利用会计科目核实困难蒙混过关。对于这种情况，从会计师的角度判断是不存在财务造假的，或者因缺乏核实手段而无从判断；而从价值投资者的角度来看，财务造假或粉饰毕竟是人为做出来的，而不是商业行为，因此，绝大多数情况在投资逻辑上是不合理的，可以此推断财务造假。这个推断过程是对包含宏观经济、行业及商业模式信息的财务数据的价值投资分析过程，遵循的是价值投资逻辑，较单纯的财务数字规则审查更透彻、更本质。从这个意义上讲，财务造假推断过程实质上也是价值投资判断过程，二者的价值观是一致的。

比如东方金钰的翡翠原石及獐子岛的扇贝，普通投资者很难通过取证来认定存货造假。但对于价值投资者来说，只要通过财务分析判断其中的财务数据不符合价值投资逻辑，比如东方金钰在 ROE 下降至崩溃边缘的情况下仍大量收购利润贡献越来越薄的翡翠原石，单凭这一点就可以审慎怀疑标的财务数据背后的商业行为的真实性，直至推断财务造假，而无须实物证据。且不论财务造假与否，违反价值投资逻辑的标的必然是低价值的。因此，价值投资分析过程既是业绩真实性推断过程，也是价值判断过程。

本书共三篇，分别为财务基本规则、财务指标分析与价值判断和案例分析，从理论和案例两个方面循序渐进地介绍价值投资判断的财务分析方法。财务基本规则介绍的虽然只是财务数字规则，掌握该规则只能识别一些明显违反会计准则的财务造假，但却是进行财务分析的基础。价值判断介绍包含标的行业信息、商业模式及估值信息的各类财务指标及分析方法。财务指标是赋予财务数字经济内涵后的财务数据，既要遵守会计准则，又要遵守商业规则。财务指标分析评判标准是价值投资逻辑，最终指向对标的的价值判断。存在财务造假的标的经财务指标分析判断后显然会被列为低价值标的。案例分析将以近期发生的典型上市公司财务造假案例为素材，主要从价值投资判断的角度推断其中的财务造假手法。

此外，本书还有创新之处。我在本书中首次提出了"ROE 旋涡"及"现金流体外循环式虚增利润"等财务新概念和财务分析推断方法，对价值投资的一些通常被认为是公理的概念也提出了自己的看法，更多实操和案例分享，请关注作者公众号（zpzcpe）获取。

邹明霜

2024 年 7 月

第一篇

财务基本规则

财务基本规则学习是财务分析的基础，也是开展投资必不可少的知识储备，本篇将用三章内容，介绍财务中的基本规则。

第一章　认识财务报表之资产负债表

　　财务报表是企业财务信息的主要来源，其中包含企业财务风险、资产营运效率、盈利效率等重要的价值投资判断信息。掌握财务报表知识是进行价值投资分析的基础，也是识别财务造假的基础。

　　资产负债表、损益表和现金流量表分别从资本来源及运用、收益形成过程和现金流流向三个角度记录企业的各项经济活动。三大财务报表之间既有区别又有关联。

第一节　三大财务报表之间的区别与关联

　　财务分析的数据来源主要是财务报表。财务报表除了可以帮助企业管理者、股东、债权人了解企业的经营状况，也是投资者快速了解标的企业业务并做出投资判断的重要依据。财务报表中的数据来源于企业日常经营形成的总账、明细分类账和日记账等会计账簿（见图 1-1），包含了与企业经营相关的丰富信息，包括但不限于现在及过去的财务状况、经济效益及现金流等信息。一般来说，公众公司每季度、半年、年度需要向公众披露对应报告期的财务报表。

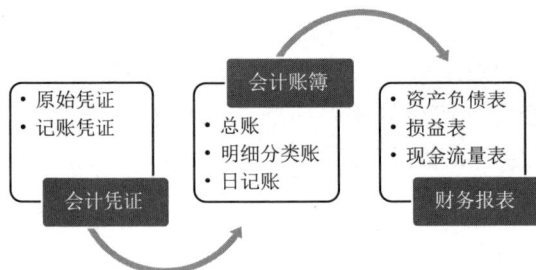

图 1-1　财务报表的生成过程

　　本书所指的财务报表包括资产负债表、损益表（或利润表）和现金流量表，是财务报告的核心组成部分。当然，一般公司的财务报表还包括股东权益变动表

（或所有者权益变动表）、利润分配表及财务报表附注。股东权益变动表是资产负债表的附表，主要反映报告期内股东权益增减变动信息。利润分配表是损益表的延伸，反映了企业报告期经营成果的分配去向。该表的最后一项为未分配利润，相当于股东再投资，与资产负债表期初期末未分配利润增量对应。财务报表附注是对财务报表的补充说明，主要内容包括编制财务报表所依据的重要会计政策及会计估计的变更及说明，不符合会计核算基本前提的说明，或有事项和资产负债表日后事项的说明，关联方关系及其交易的披露，重大事项说明（比如重大资产收购或转让、企业合并或分立、重大投／融资活动等），会计报表中重要项目的明细资料等。财务报表附注中包含了财务报表背后的重要信息，可以帮助我们确切地理解财务报表中的数据。资产负债表、损益表和现金流量表这三大财务报表的基本内容如图 1-2 所示。

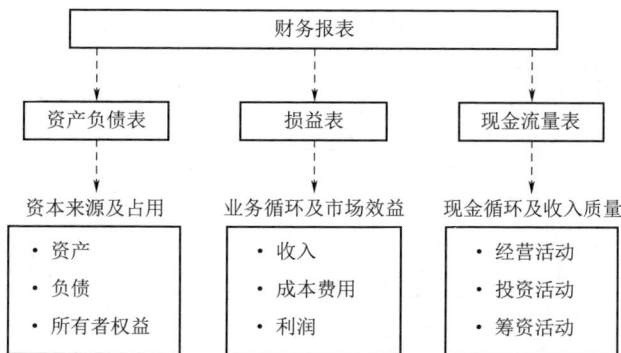

图 1-2 三大财务报表的基本内容

资产负债表、损益表和现金流量表中包含了标的企业完整业务循环和现金循环的财务信息。资产负债表中包含了报告期时间节点上企业资本来源（负债及所有者权益项）及占用（资产项）情况，我们可以根据该表中的相关会计科目信息了解企业各项资产及负债的结构，进而对企业资产营运效率、潜在经营风险及财务风险、经营成果积累和运用情况、商业模式、市场地位等信息甚至财务粉饰情况进行判断。

随着业务的开展，资本从货币资金逐渐转化为经营性资产（比如存货、固定资产和无形资产等）和投资性资产（比如长期投资等），这些资产随业务循环逐一转化为成本费用并带来相应的收入和利润，形成利润表相关账目，经收益分配后又重新作为未分配利润注入企业所有者权益中，对应形成企业货币资金资产，开启新一轮业务循环。

但在实务中，由于现金循环采用的是收付实现制，而业务循环采用的是权责发生制，因而现金循环通常与业务循环不同步，现金可能被占压在应收账款、预付账款及存货等资产当中，滞后于业务循环；也可能因应付账款、预收账款等负债项目占压了上下游的资金，从而使现金循环提前进入下一轮业务循环（见图 1-3）。

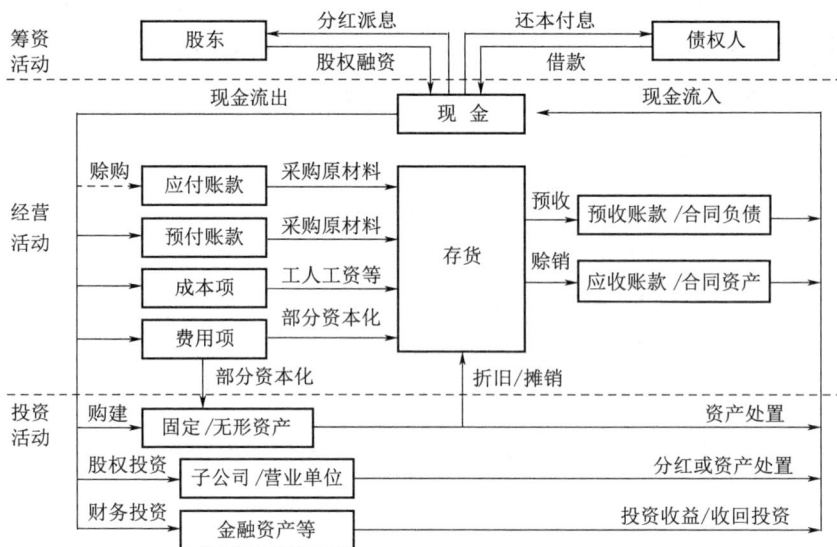

图 1-3 企业业务循环和现金循环之间的关系

第二节 资产负债表的基本结构及资产账面价值的计量方法

一 资产负债表的基本结构

资产负债表核算了报告期期初及期末企业资产、负债和所有者权益的数额，它们之间存在基本的恒等关系，即资产 = 负债 + 所有者权益。其中，负债 + 所有者权益代表了企业资本的融资方式和来源，而资产代表了企业资本的使用和去向。资产负债表的基本结构如图 1-4 所示。

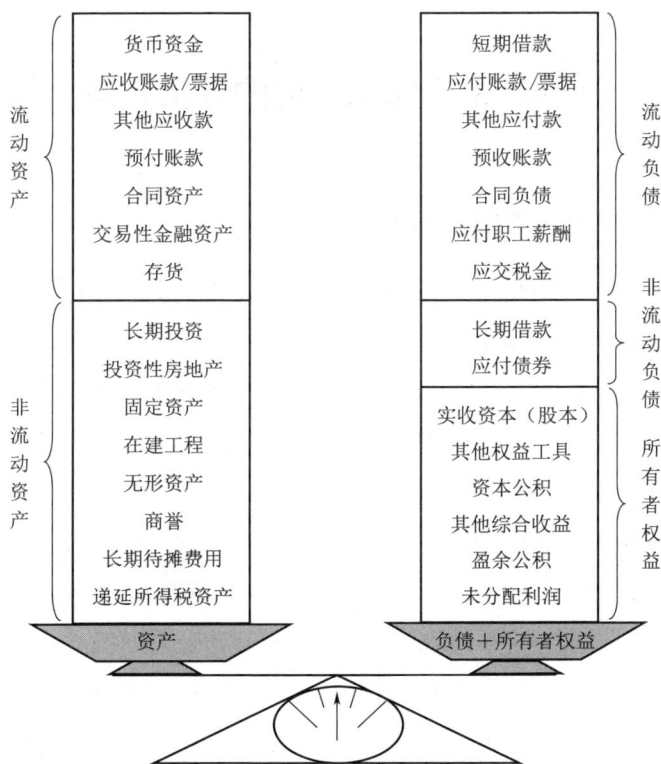

图 1-4　资产负债表的基本结构

资产指的是企业拥有的、能够用货币计量并且为企业带来收益的经济资源。资产一般按其流动性强弱依次排列在资产负债表的左侧。相应地，负债也按其流动性强弱有序排列在资产负债表的右侧。资产总额扣除负债总额的剩余部分就是所有者权益。顾名思义，这部分是归属于企业所有者的净资产，其中主要包括原始出资和历年的利润积累等。

资产负债表各分项构成可以反映出投资价值信息。比如资产中各资产项的构成、负债占总资产的比例（资产负债率）、流动资产与流动负债的比率等，这些可以反映出企业财务风险、资产营运效率、经营状况、商业模式等重要信息。

除资产负债表的基本结构外，还有一个重要问题需要格外注意，即资产账面价值的计量方法。资产账面价值的计量方法与各细分资产项的金额大小息息相关，计量方法的调整可能会导致资产账面价值产生较大变动，从而对投资价值判断产生较大影响。

■二 资产账面价值的计量方法

（一）三种基本价值计量方法

采用不同的计量方法核算出来的企业资产账面价值可能会有较大差异，对企业损益也有较大影响。利用不同的计量方法虚增业绩是常见的财务粉饰手法。因此，熟练掌握资产账面价值的计量方法对于判断企业的真实价值而言十分重要。

根据资产账面价值核算场景的不同，资产账面价值的计量方法主要有成本法、权益法和公允价值计量法三种。在成本法计量下，资产账面价值按历史取得时的成本计价，后续一般不进行调整。与成本法相对立，公允价值计量法是需要根据报告时点资产对应的公允价值对资产账面价值进行调整的，在报告时点以资产当时的市场公允价值作为入账价值，且其变动直接计入当期损益或其他综合收益。权益法顾名思义主要针对权益性投资资产，资产账面价值随被投资标的所有者权益变动而同步变动。比如采用权益法核算的长期股权投资，其账面价值会受被投资企业报告期损益、现金分红、其他综合收益变动及其他权益变动等因素的影响。

一般来说，对企业有控制权、持有目的为生产经营的相关资产，比如对控股子公司（持股比例大于 50%）的长期股权投资，采用成本法核算；对企业持有的以生产经营为目的但达不到独自控制地位且长期持有的资产，比如对合营企业（持股比例等于 50%）或联营企业（持股比例大于 20% 但小于 50%）的长期股权投资，采用权益法核算；为获取短期增值收益或资产保值增值目的为主的股权投资（比如持股比例不高于 20% 的股权投资），如果具有活跃市场报价，其账面价值将遵循《企业会计准则第 22 号——金融工具确认和计量》，以公允价值计量。一般来讲，只要有确凿证据表明资产公允价值能够持续可靠取得的，交易性金融资产、投资性房地产、其他权益工具投资（债权类资产除外）都采用公允价值计量法核算。长期股权投资主要采用成本法和权益法核算，但在某种情况下其初始投资成本采用公允价值计量法核算。诸如债权投资等债权类资产采用摊余成本法进行价值计量。上述资产以外的其他资产一般采用成本法核算。

由于长期股权投资在价值投资分析中是一个重要的会计科目，在对其账面价值进行核算的过程中，成本法、权益法和公允价值计量法都有可能有所涉及，很容易出现错误，从而误导投资者或其他决策者。因此，我们有必要以长期股权投资为例，对成本法和权益法进行更详细的介绍。

（二）长期股权投资的成本法核算

根据我国自 2014 年 7 月 1 日起实施的《企业会计准则第 2 号——长期股权投资》（下同），投资方对被投资单位实施控制性的长期股权投资应当采用成本法核算，但是，投资方对联营企业和合营企业的长期股权投资应当采用权益法核算。联营企业和合营企业的概念主要是从对企业控制权角度来讲的。合营企业一般指双方不分上下共同对企业进行控制，而联营企业一般指投资方对企业有重大影响，但还没有达到控制的程度，通常控股比例在 20%～50%，但是投资方通过风险投资机构、共同基金、信托公司等方式间接持有的联营企业的股权部分选择以公允价值计量且其变动计入损益。

企业采用成本法核算长期股权投资的资产价值时，除追加或收回投资外，长期股权投资的账面价值一般应保持不变，被投资企业报告期损益不计入本企业长期股权投资损益，但在被投资企业进行利润分配时，本企业收到的利润分配部分确认为当期投资收益。但如果被投资企业利润分配金额超过本企业投资该企业时点之后被投资企业产生的累计净利润，则超出的部分不作为投资收益，而作为投资成本的回收冲减企业长期股权投资的账面价值。

根据投资方与被投资单位是否被同一主体控制，控制性长期股权投资又区分为同一控制下企业合并和非同一控制下企业合并。这两种合并方式都采用成本法核算，并且在合并过程中发生的审计、律师、评估等相关费用都于发生时计入当期损益，而不会计入投资成本。企业合并中发行权益性证券发生的手续费、佣金等费用，应当抵减权益性证券溢价收入；溢价收入不足冲减的，冲减留存收益。

但两者在投资成本的初始计量上有差异。

同一控制下企业合并按取得被合并方权益份额（含商誉部分）的账面价值确认长期股权投资的初始投资成本。注意，这里的被合并方权益份额的账面价值是其最终控制方合并报表中对应的账面价值，该值如为负数，则对应长期股权投资成本为零。根据《企业会计准则第 20 号——企业合并》，合并方取得的净资产账面价值与支付的合并对价账面价值（或发行股份面值总额）的差额，应当调整资本公积；资本公积不足冲减的，调整留存收益。

对于非同一控制下的企业合并，购买方在购买日应当按照《企业会计准则第 20 号——企业合并》的有关规定确定的合并成本作为长期股权投资的初始投资成本。合并成本主要包括：购买方用于支付的现金、非现金资产或所承担债务的公允价值；购买方为进行企业合并发生的各项直接相关费用，注意，这里的直接相关费用不包括购买方为企业合并发生的审计、法律服务、评估咨询等中介费用及其他相关管理费用，这些费用应当于发生时计入当期损益；与合并相关的合同中若对影响合并成本的未来事项作出约定，该事项很可能发生，且影响合并成本的金额可以计量的，则该或有成本应计入合并成本；通过多次交换交易分步实现的企业合并，合并成本为每一单项交易成本之和。

根据《企业会计准则第 20 号——企业合并》，合并方对合并成本小于合并中取得的被合并方可辨认净资产公允价值份额的差额，应当计入当期损益，以非现金资产支付的视同资产处置；合并成本大于被合并方可辨认净资产公允价值份额的差额在合并报表中体现为商誉。

（三）长期股权投资的权益法核算

与成本法核算下的长期股权投资相比，权益法核算下的长期股权投资会计核算工作比较繁重，会下设投资成本、损益调整、其他综合收益变动和其他权益变动四个明细科目。其中，投资成本科目主要核算长期股权投资成本的初始计量和调整，损益调整、其他综合收益变动和其他权益变动科目主要核算长期股权投资的后续计量。

权益法核算下即通过非合并方式取得的长期股权投资按照如下公式确认初始投资成本：

权益法核算下的长期股权投资初始投资成本 = 付出对价的公允价值 + 直接相关
费用、税金及其他相关支出（如税费、评估费、审计费等）－
已宣告未发放的股利

注意，如果在取得长期股权投资过程中有发行权益性证券进行对价的，那么证券发行中发生的手续费、佣金等费用，应当抵减权益性证券溢价收入；溢价收入不足冲减的，冲减留存收益。

当长期股权投资初始投资成本与所享有被投资单位可辨认净资产公允价值份额存在差异时，关于是否调整初始投资成本，《企业会计准则第 2 号——长期股权投资》第十条是这样规定的："长期股权投资的初始投资成本大于投资时应享有被投资单位可辨认净资产公允价值份额的，不调整长期股权投资的初始投资成本；长期股权投资的初始投资成本小于投资时应享有被投资单位可辨认净资产公允价值份额的，其差额应当计入当期损益，同时调整长期股权投资的成本。"

关于权益法核算下长期股权投资与损益调整、其他综合收益变动和其他权益变动相关的后续计量规则，《企业会计准则第 2 号——长期股权投资》第十一条是这样规定的："投资方取得长期股权投资后，应当按照应享有或应分担的被投资单位实现的净损益和其他综合收益的份额，分别确认投资收益和其他综合收益，同时调整长期股权投资的账面价值；投资方按照被投资单位宣告分派的利润或现金股利计算应享有的部分，相应减少长期股权投资的账面价值；投资方对于被投资单位除净损益、其他综合收益和利润分配以外所有者权益的其他变动，应当调整长期股权投资的账面价值并计入所有者权益。"

表 1-1 展示了权益法和成本法下长期股权投资核算方法对比。

表 1-1　权益法和成本法下长期股权投资核算方法对比

权益性投资场景	同一控制下企业合并	非同一控制下企业合并	合营或联营
核算方法	成本法	成本法	权益法
长投初始投资成本的确定	1. 确定初始投资成本 按被合并方净资产账面价值确定 2. 调整成本 支付对价账面价值大于被合并方净资产账面价值，则依次冲减资本公积、盈余公积、未分配利润；反之，若前者小于后者，则贷记资本公积之股本溢价	1. 确定初始投资成本 按合并成本确定 2. 调整成本 合并成本小于被合并方可辨认净资产份额公允价值的差额，计入当期损益；合并成本大于被合并方可辨认净资产公允价值份额的差额部分在合并报表中计为商誉	1. 确定初始投资成本 付出对价的公允价值＋直接相关费用、税金及其他相关支出－已宣告未发放的股利 2. 调整成本 长投账面价值调整为初始投资成本与被投资股权可辨认净资产公允价值二者高者；前者若小于后者，则差额计为营业外收入

续表

权益性投资场景	同一控制下企业合并	非同一控制下企业合并	合营或联营
A. 标的损益时长投的损益调整	无影响		盈（亏）时，借（贷）记长投之"损益调整"科目，贷（借）记"投资收益"科目
B. 标的现金分红时长投的损益调整	长投账面价值不调整；确认投资收益		宣告现金分红时，借记"应收股利"科目，贷记长投之"损益调整"科目
C. 其他综合收益变动	无影响		增（减）时，借（贷）记长投之"其他综合收益"科目，贷（借）记"其他综合收益"科目
除A、B、C外的其他权益变动	无影响		增（减）时，借（贷）记长投之"其他权益变动"科目，贷（借）记"其他资本公积"科目
处置	如果处置后，长投变为共同控制或重大影响，则转为权益法核算		确认投资收益时，将其他资本公积和其他综合收益一并转为投资收益
处置	处置收回金额大于账面价值的差额确认为投资收益；如果处置后，长投变为金融资产（持股比例不高于20%），则转为公允价值计量法核算		

注：表中"长投"指"长期股权投资"。

综上所述，长期股权投资采用成本法和权益法核算出来的账面价值和投资收益等是有较大差异的，中间存在粉饰业绩的空间，因此，我们对利用上述核算规则进行业绩粉饰的情况一定要格外注意。比如拟投资标的因处置长期股权投资或其他原因而变更核算方法的，应审慎核查其变更的合理性。

第三节　流动资产科目分析

资产按流动性强弱可分为流动资产和非流动资产。会计上区分流动资产和非流动资产的标准是资产是否可以在一年（或一个营业周期）内变现。重要的流动资产科目包括货币资金，交易性金融资产，合同资产、应收账款、其他应收款及预付账款，存货等，下面详细分析这些科目。

一 货币资金

货币资金是流动性最强的资产，主要包括库存现金、银行存款及其他货币资金，是保证经营开支及流动负债偿付能力的重要流动资产。但是，企业货币资金账面余额并不一定都可以动用，可能包含受限制的货币资金，比如短期借款的补偿性存款、保证金存款或银行存款抵押、质押、冻结都会导致企业账面货币资金受限制。受限制的货币资金不能自由地用于补充企业经营流动资金和用于偿付各种债务，而且一般是无息或低息的。如果企业受限制的货币资金数额较大，那么其财务风险是被掩盖的。

货币资金虚增也需要我们格外注意。康得新和康美药业就曾虚增货币资金过百亿元。货币资金因其无须计提各种准备也不会产生相应的成本费用，而且它只体现为账上的一个数字，只需伪造银行对账单即可造假。我们可以通过比对报表相关科目来推断货币资金金额是否合理。例如，如果货币资金规模与利息收入不成比例，我们就可以判断货币资金有可能受限制或有虚增情况。

通过存贷关系也可以从商业逻辑上判断货币资金金额是否合理。存款与贷款双高意味着货币资金可能存在账实不符的情况。在尽职调查中，对企业进行现金盘点时需要格外注意企业在现金管理过程中是否合法合规，应该要求企业提供银行征信报告、向银行询证，必要时可以要求企业配合去开户银行柜台现场获取对账单。

企业货币资金规模与企业生产经营是否匹配也是推断货币资金真实性的依据。对于上下游业务往来比较频繁的企业来说，为保证日常营运周转，必须预留一定数量的流动资金作为周转资金。企业销售规模、销售政策等因素都会影响货币资金的规模。但货币资金占用过多，资金使用效率就会下降。货币资金与业务的匹配程度也是企业资金管理水平的体现。一般来说，企业货币资金与总资产之间有一个经验比例，对于 A 股上市公司，这一比例为 10% ~ 20%。对于不同行业与业务的企业，这一比例不尽相同，可以通过同行业横向比较和同一企业历史纵向比较来发现异常点。

二 交易性金融资产

交易性金融资产指以短期内（通常为一年）交易获取收益为目的而持有的债券、股票、基金等有价证券资产。首先需要注意企业对交易性金融资产与长期投资科目划分的合理性，因为这两个科目账面价值后续计量差异非常大，对当期损益有较大影响。交易性金融资产是以公允价值计量且其变动计入当期损益的金融资产。长期投资中其他权益工具投资（非债权类资产）也是采用公允价值进行后续计量的。在实践中，其他权益工具投资与交易性金融资产非常容易混淆。二者最直观的区别在于持有期长短。交易性金融资产的持有期在一年内，而其他权益工具投资的持有期超过一年。虽然二者都采取公允价值计量，但其他权益工具投资将公允价值变动计入其他综合收益，而交易性金融资产将该变动计入当期公允价值变动损益，这种差异将导致当期利润的差异。例如，笔者推断风华高科在2016年虚增利润的过程中曾将本应记为交易性金融资产的亏损理财产品记为其他权益工具投资，将当期亏损计入其他综合收益而非当期损益，从而粉饰了当期业绩。

长期股权投资价值是采用成本法或权益法计量的。如果将交易性金融资产与长期股权投资的科目归属进行相互转换，或者长期股权投资价值计量方法在成本法与权益法之间进行转换，那么当期利润将受到较大影响。

作为交易性金融资产的股权投资，其公允价值变动计入当期损益。但是，作为长期股权投资，当其核算方式为成本法时，只有当长期股权投资发生减值损失或被投资企业分派被投资后的股利时才对当期损益有影响（分派股利超过被投资企业投资后累积净利润部分冲减投资成本），被投资企业当期盈利与否对成本法核算下的长期股权投资的投资收益没有影响。而当长期股权投资以权益法核算时，被投资企业当期利润增减直接体现为企业当期投资收益的增减，而当被投资企业宣告现金分红时，企业借记"应收股利"科目，贷记"长期股权投资"科目，对当期投资收益没有影响。由此来看，交易性金融资产或推而广之到其他资产价值的计量方法的变换会对当期损益产生一定影响。

我们在考查这些资产科目时，必须同时考查其价值计量方法的合理性和一致性。例如，企业为了粉饰报表，当被投资企业盈利时采用权益法对长期股权投资进行核算，当被投资企业亏损时采用成本法对长期股权投资进行核算。这样做显然夸大了企业当期盈利。

三　合同资产、应收账款、其他应收款及预付账款

（一）合同资产的概念

根据自 2018 年 1 月 1 日起实施的《企业会计准则第 14 号——收入（财会〔2017〕22 号）》，企业应当根据本企业履行履约义务与客户付款之间的关系从原应收款项（预收款项）中区分出合同资产（合同负债），并在资产负债表中单独列示。企业拥有的、无条件（仅取决于时间流逝）向客户收取对价的权利应当作为应收款项单独列示。

合同资产是指企业已向客户转让商品而有权收取对价的权利，且该权利取决于时间流逝之外的其他因素。比如企业向客户销售两项可明确区分的商品，企业因已交付其中一项商品而有权在一年内收取款项，但收取该款项还取决于企业交付另一项商品的，企业应当将该收款权利作为合同资产。常见的合同资产有为保证产品无瑕疵或缺陷等质量问题从而符合既定标准而设置的质量保证金。注意，如果预计在资产负债表日起超过一年才能收取款项的收款权应计入其他非流动资产。比如，超过一年才能收回的质量保证金应计入其他非流动资产。

合同资产需要根据合同应收的所有合同现金流量与预期收取的所有现金流量之间的差额，即全部现金短缺的现值，计提损失准备。

合同资产与应收款项的概念非常相似，如无特殊说明，后文中提到的应收款项相关适用场景同样适用于合同资产。

（二）其他应收款背后的动机

应收款项包括商业性债权（如应收账款及应收票据）和非商业性债权（如其他应收款）。其他应收款这种非商业性债权与产品购销活动无关，不属于上下

游往来款项，一般是企业为员工垫付的款项、应收的各种赔款及罚款等，但如果该科目余额较大，那么企业有可能利用该科目为其子公司提供资金支持，是企业控制的关联公司对本企业资金的占用部分，属于控制性投资。这样做可以利用母公司集中融资，从而提高融资效率，降低融资成本。这里需要注意的是，其他应收款也是财务造假的惯用科目，本书介绍的康美药业和康得新财务造假案例中都有利用该科目占用上市公司资金的情况。此外，企业可能将本期应计入费用的金额在该科目挂账，导致企业当期费用减少，从而虚增利润。

（三）从应收及预付账款判断销售政策及行业地位

应收账款、应收票据及预付账款这类商业性债权通常与企业的业务往来有关，反映了企业与上下游的关系。由于应收账款存在潜在坏账风险，因此，当企业容忍更多应收账款时，往往表明企业面临更严峻的行业竞争形势，或者想通过牺牲收入质量的方式换取收入数量或减少存货积压。发审委在 IPO 审核中如果遇到 IPO 申请企业应收账款大幅增长的情况，常常会要求其说明"是否存在放宽信用期限达到收入增长的情形。"在考查企业这个科目时，还要结合存货周转指标进行综合分析。如果企业在牺牲收入质量的同时并没有得到存货周转率的提升，那么说明企业所处行业竞争过于激烈，另外，要考查企业是否存在其他问题，比如产品是否符合市场需求，或者企业存在虚增应收账款及存货的情况等。

预付账款主要是企业在未收到货物之前提前向上游供货商支付的货款。该项数值越高，表示企业在产业链中的地位越低或行业竞争激烈程度越高，企业愿意承担一定的信用风险来争取上游原材料或商品的采购权。

（四）应收账款坏账及其他潜在风险

商业性债权存在潜在坏账风险，我们对其风险的考查必不可少。对商业性债权风险的考查应着重从账龄、坏账准备计提情况、债务人情况、与收入增长的关系这几个方面进行分析。账龄与坏账往往是成正比的，通过账龄结构与相应坏账的计提比例可以判断企业对坏账的计提是否合理。判断坏账准备是否合理主要从坏账计提范围、计提比例及计提方法的变更情况等方面进行考查。此外，对于账龄超过一年的应收账款应予以注意，应结合企业具体业务特点判断该类应收账款收回的可能性，并判断是否存在应收账款长期挂账的情况。长期挂账的应收账款有可能是虚增的潜亏资产。

债务人信用情况是判断坏账风险的重要依据。需要从侧面了解债务人的信用高低及真实性。对于金额较大的商业性债权，应尽可能多地了解债务人的背景、资产状况、收入来源、诚信记录等信息。如果商业性债权过于集中于少数几个债务人，那么这些应收账款发生坏账会对企业业绩造成较大的影响。如果债务人与企业存在关联关系，那么必须分析相关应收账款的合理性。如果该笔应收账款的业务背景存在疑点，那么应该保持审慎的态度，审查该笔应收账款是否与企业资金非法占用或虚增资产有关。

应收账款、其他应收款的激增往往与关联方有关。企业与关联方的正常业务往来是无可非议的，但与关联方为特殊目的而形成的应收账款或其他应收款往往与虚构购销合同、虚增资产、现金流体外循环式虚增利润等非法行为相关。比如财务造假者经常利用潜在关联方冒充企业下游客户，虚构购销合同，虚增应收账款，虚增销售收入和利润。但是，这种利润是没有现金流入的。这就是典型的现金流体外循环式虚增利润手法。本书将在乐视网、康得新、獐子岛财务造假案例中详细介绍这种手法，这里不再赘述。

此外，我们还可以通过对比商业性债权增长与企业营业收入增长来判断企业商业性债权增长是否合理。

总而言之，应收账款历来都是企业财务造假的高发科目，我们在考查该科目时应着重分析。

四　存货

存货也是财务造假的高发科目。近年来，上市公司利用存货造假的典型案例有东方金钰虚增翡翠存货、獐子岛虚增扇贝存货等。这些案例都有一个共同的特点，就是普通人对相关存货很难盘点核实。

对于存货科目的分析，我们应注意以下几点。

（一）存货价值的真实性

存货包括库存材料、在产品、产成品等。存货按照实际成本入账。存货的实际成本包括存货的购入成本、运输及保管费用、生产加工成本（比如生产设备折旧及生产人员工资）等。对于存货数量容易盘点、市场价值容易获取的存货来说，其价值较易确定；而对于存货数量不易盘点、市场价值不易评估的存货来说，其价值较难确定。这类存货的造假空间往往较大。

基于这个原因，农林牧渔、医药生物及化工行业是存货造假的高发行业。农林牧渔企业通常会有大量的生物资产、种子、饲料、肥料存货。生物资产存货如果是猪还好说，因为猪的数量比较容易盘点，猪的价值也有较为标准化的市场评估标准。但是，很多生物资产是不好计量的，比如虾、鱼、螃蟹、扇贝这样的水产品，苗木、种子、种植中的农作物等。饲料、肥料如果是外购的标准化产品还好计量，但如果是自产的就很难计量了，比如生物堆肥等。

除存货的数量不容易盘点外，存货的价值也不容易估价。比如对于羊绒生产企业的存货盘点，没有羊绒行业经验的财务审计人员很难估计库存羊绒的真实价值；翡翠制品企业的翡翠原石的价值几何，非业内专家是很难准确评估的；医药生物行业涉及大量化学原料药、制剂、菌株或细胞培养存货产品，非专业人士同样很难对这些存货的价值进行准确估计。

（二）存货的计价

库存商品随着销售同步结转为销售成本。存货计价是对存货结转为销售成本价值的计量方法。一般的存货计价方法有先进先出法、加权平均法、移动加权平均法及个别计价法。由于存货结转与营业成本、流动资产、税项、现金流直接相关，因此，存货计价方法可以影响当期损益、存货周转率、毛利率、税项及经营活动产生的现金流。

先进先出法是指先收到的存货先结转为营业成本。当与存货相关的物价上涨时，采用先进先出法核算的存货成本会低于当时确认收入时的实际营业成本，因此容易导致当期利润被高估。鉴于此，加权平均法以核算期间所有存货的加权平均成本（权数为同价格存货数量）作为结转营业成本的计价依据。移动加权平均法是在有新存货入库时即计算一次存货的加权平均成本的方法，并以该加权平均成本作为结转营业成本的计价依据。个别计价法则以每次（批）新增存货的实际成本作为结转营业成本的计价依据。

销售收入与销售成本的这种配比结转的比例关系体现在销售毛利率上，反映了企业在产业链中的竞争地位和市场格局。一般来说，在市场和企业竞争力没有发生显著变化的情况下，企业的销售毛利率是比较稳定的，一旦我们发现销售收入与销售成本的这种比例关系或销售毛利率发生异常变化，比如存货价值增减异常，则很有可能是因为企业将本应结转为营业成本的存货继续挂在存货科目上，相应增加了当期毛利润，导致存货与毛利率异常双高，则存货存在虚增的情况。

也有企业为了少结转营业成本，提高存货周转率以掩饰存货与毛利率异常双高，干脆故意推迟办理存货入库手续，将存货挂在预付账款上。因此，我们在考查存货科目时，应该同时考查预付账款科目中是否存在存货挂账的情况。

（三）存货跌价准备的计提

存货跌价准备的计提应该以成本与可变现净值孰低为原则，将成本高于可变现净值部分计提存货跌价准备并计入当期存货跌价损失，利润将减少。当存货跌价因素已经消失时，前期计提的存货跌价准备将转回，利润增加。存货跌价准备及其他跌价准备或减值准备虽然是一个成本费用项，但计提的跌价准备或减值准备不能抵扣应纳税所得额，在相应的跌价准备或减值准备转回（注意，长期股权投资、固定资产、在建工程、无形资产、商誉减值准备一经计提不能转回）时是否需要纳税尚无规定，但一般情况下做不纳税处理，因此，跌价准备或减值准备对税项没有直接影响。对于产品技术更新换代快的行业，应尤其注意存货跌价准备的计提。

此外，我们还要关注企业存货跌价准备会计政策的一致性。由于存货跌价准备会影响当期损益，因此，如果企业存货跌价准备会计政策频繁变更，那么企业操纵利润的可能性较大。

（四）存货造假的识别

鉴于存货价值评估存在前述困难，在难以评估存货价值的真实性时，我们要保持审慎的态度，借助商业逻辑和指标异常点来判断存货是否造假。一般而言，存货规模与企业销售规模会保持一定的比例关系，一旦存货规模与企业销售规模的比例关系被打破，就意味着市场发生了变化，或者存货价值的真实性存在问题。如果经分析，发现企业市场地位、市场状况未发生明显变化，则说明存货造假的可能性极大，我们应进一步搜集违反商业逻辑的相关证据，以进一步推断存货是否造假。

比如存货周转率明显下降的同时销售毛利率升高，可能是由于企业改变了销售政策，由薄利多销转为厚利少销，或者市场其他变化所致，但也有可能是因为企业未结转存货成本或虚增存货造成的。这样企业凭空增加了一块没有对应成本的利润，必然导致存货与毛利率同时虚高。在市场及企业销售政策或其他因素没有发生明显变化的情况下，存货与毛利率双高是异常的，极有可能存在虚增存货的情况。

存货的构成变化也反映了重要信息，比如企业存货中产成品占比的增加往往意味着产品的积压。此时，我们可以通过市场调研了解企业产品需求是否旺盛。如果市场旺盛程度不支持企业产品积压，那么我们同样有理由怀疑企业存货价值的真实性。

总之，对于投资者而言，存货或者其他科目的增减只要违反了商业逻辑或价值投资逻辑，在审慎的原则下就应该回避投资，而不一定非要找出"犯罪证据"。有的财务造假仅凭个人有限的技术手段是无法用证据推断造假的（比如獐子岛的扇贝存货造假），只能采用逻辑推断造假。从这个意义上讲，财务造假识别在本质上就是价值投资判断过程。

第四节　非流动资产科目分析

重要的非流动资产科目包括长期投资、固定资产、在建工程、无形资产、商誉、长期待摊费用等，下面详细分析这些科目。

一　长期投资

（一）长期投资的概念及分类

长期投资是指一年内不能变现或不准备随时变现的股权类或债权类投资，主要包括长期股权投资、债权投资和其他权益工具投资。与短期投资（比如交易性金融资产）为获得流动资产保值、增值或差价收益并满足随时支取要求的流动性理财管理目的不同，长期投资主要是为了战略投资目的（比如长期股权投资）或以资产长期保值、增值为目的而进行的投资（比如其他权益工具投资及债权投资）。从投资形式来看，长期投资主要包括长期股权投资、长期债权投资（债权投资）及未列为交易性金融资产及长期债权投资的其他权益投资类金融资产，比如持有期在一年以上的理财产品或证券二级市场购入的且持有期在一年以上的股票及债券等证券（其他权益工具投资）。

（二）长期投资分析的一般性要点

前面介绍过，不同的资产有不同的价值计量方法。例如，当权益性投资持股比例发生增减变化时，相应权益性投资属性可能会在长期股权投资、交易性金融资产或其他权益工具投资之间变化。随着时间的推移，长期投资也可能转变为短期投资科目。这些变化都会导致相应资产价值计量方法的转换，这将对相关资产账面价值和损益产生深远的影响。我们应关注这种变化的合理性，以及对投资价值的影响。

从财务报表的钩稽关系上讲，长期投资与投资收益应该成正比。如果报表明显违反了这个比例关系，就属于异常点，应进一步判断长期投资是否有虚增情况，以及计提的长期投资减值准备是否合理，有无转回情况。

针对长期债权投资，我们需要分析债权的投资期限，以及被投资企业的偿债能力、信用及违约情况、担保措施等。

（三）长期股权投资的分析要点

长期股权投资是财务分析的重要科目，需要对投资的协同效应、被投资企业经营状况、投资退出便捷程度等方面进行着重分析。

由于长期股权投资不论是控制、共同控制还是重大影响，均以战略投资目的为主，因此，被投资企业与本企业主营业务之间的协同效应就显得尤为重要。被投资企业应该为投资方提供战略协同溢价，比如被投资企业在产业链中与本企业有关联，或者标的企业掌握了本企业主营产品的某项核心技术等。如果被投资企业在主营业务上与本企业没有关联或不能形成协同效应，就失去了战略投资的意义，我们甚至可以怀疑长期股权投资的动机不纯，有虚增资产之嫌。

对于长期股权投资收益及安全性的考查，我们主要从被投资企业经营状况和投资退出便捷程度这两个方面来进行判断。毋庸置疑，被投资企业经营状况越好，长期股权投资增值及带来的投资收益越高；相反，被投资企业经营状况越差，长期股权投资或相关商誉减值越多，投资收益越少或亏损越多。近年来，上市公司因长期股权投资减值而造成巨大投资损失的案例时有发生。因此，每一笔长期股权投资都需要独立的价值投资判断过程，不仅要研究被投资企业经营状况的好坏，还要对其业绩的真实性进行判断。

投资退出便捷程度也是长期股权投资分析不能忽视的问题。除了分析该项长期股权投资的投资回收期，还要研究被投资企业所处行业增长潜力及资本活跃程度等因素。

二 固定资产及在建工程

（一）固定资产的概念

固定资产是指使用年限在一年以上，单位价值比较高，为生产经营目的而持有的资产。租赁资产即使符合上述条件，也不能被列为固定资产（甚至不能被列为资产），但是融资租赁资产可以被列为固定资产。一般来说，标的企业的融资租赁行为最终将取得该资产的所有权，其形式类似于借款购置融资租赁资产，因此，本着实质重于形式的原则，融资租赁资产被列为固定资产。

（二）对固定资产规模及质量的分析

我们可以通过企业固定资产规模与企业生产及销售的对应关系来了解企业固定资产利用率高低情况。显然，固定资产利用率越高，产品单位生产成本越低，毛利率越高。如果我们发现企业有大量固定资产闲置，则说明企业固定资产利用率低下，总资产收益率通常会很低。如果总资产收益率低到无法覆盖有息负债利息率，则有可能落入"ROE 旋涡"无法自拔。"ROE 旋涡"这个概念是笔者在本书中首次提出的，在后面的章节中会有详细介绍。

在对固定资产的盘点过程中，我们应着重关注企业对于盘盈或盘亏的固定资产是否计入了"营业外收入/支出"科目。

对企业固定资产质量的分析侧重了解企业固定资产是否代表先进的生产力。如果企业固定资产不代表先进的生产力，则意味着企业生产效率低、成本高、产品毛利率低、产品竞争力差，企业固定资产会因为技术进步而产生较大减值或被淘汰，侵蚀企业利润。

（三）价值计量分析

固定资产的价值计量方法会影响固定资产的账面价值及折旧费用。通常固定资产采用成本法计价，既有按取得固定资产的成本计价，也有采用重置成本计价的情形，但多在固定资产历史成本无法取得时采用。取得固定资产的成本包括购置该固定资产所支付的所有价款、相关税费及为使固定资产达到预定可使用状态前所必需的支出。

融资租赁方式取得的固定资产按照租赁协议确定的价款加上运输费、途中保险费、安装调试费及投入使用前发生的利息支出和汇兑损益等费用后的价值计价，但是投入使用后发生的利息支出应记为财务费用。

对于自制自建的固定资产，按照制造或建造所实际支出的成本计价。对于委托施工单位建设完成的固定资产，按照交付企业使用时财产清册中所确定的价值计价。不论是自制自建还是委托施工单位建设，在固定资产达到预定可使用状态前都作为在建工程入账。

（四）在建工程转入固定资产的问题

在建工程是指企业资产的新建、改建、扩建、技术改造、设备更新和大修理工程等尚未完工的工程支出。在建工程达到可使用状态时应该转为固定资产核算。在建工程科目经常被利用作为粉饰财务报表的工具。对于在建工程，有两点需要格外注意：一是在建工程的成本核算问题，这关系到在建工程资产的价值，在建工程价值评估过高就会虚增资产和利润；二是在建工程完工时点的确定问题，这关系到在建工程转为固定资产核算的时点。一旦在建工程转入固定资产，就开始计提折旧，并且原在建工程产生的利息将不能继续资本化而转为计入财务费用，这将会降低当期利润。因此，在建工程完工时点的确定对当期利润有一定影响。

对于在建工程转入固定资产的时点，会计准则只规定达到预定可使用状态即转为固定资产核算，并未对转入标准做具体规定，因为各种在建工程随时间、地点、环境的变化确定其转入固定资产的客观标准不能统一。正因如此，企业利用在建工程科目调节利润的案例比较多，我们要格外注意。例如，当在建工程超出正常施工周期很长时间仍没有转入固定资产时，这期间的长期借款利息被资本化，应计提的折旧被推迟，这很有可能是人为调高当期利润的行为。

此外，由于固定资产和在建工程都以成本法计价，计价成本项通常比较杂，有些成本项容易受人为控制。企业财务人员很容易通过多计或少计成本而高估或低估资产账面价值。我们应格外注意固定资产和在建工程账面价值的计量，一旦发现固定资产或在建工程计价异常偏高，有可能是当事人在转移资产，侵占企业权益所有者的出资，也有可能是虚增利润。当发现企业固定资产计价异常偏低时，有可能是当事人有意减少固定资产折旧，调高当期利润。

（五）折旧分析

固定资产的折旧方法对企业利润的影响比较大。固定资产的折旧方法比较多，常见的有使用年限平均法、工作量法、双倍余额递减法、年数总和法。其中，使用年限平均法最常用，双倍余额递减法和年数总和法都属于加速折旧的方法。

使用年限平均法是对固定资产预先估计其使用年限和残值后，将年折旧额平均分摊到预计使用年限各年当中的折旧方法，其计算公式如下：

固定资产年折旧额 ＝（固定资产原值－净残值）÷ 固定资产预计使用年限

工作量法是对固定资产残值及所能提供的工作量进行估计，并据此计算出固定资产单位工作量对应固定资产价值（刨除残值）的折旧方法，固定资产工作量的耗用即代表固定资产折旧额。

双倍余额递减法是用使用年限平均法对应折旧率的两倍作为固定资产折旧率乘以报告期期初固定资产账面价值计算当期折旧额的折旧方法，但是在固定资产预计使用年限的最后两年内，将期初固定资产账面价值与预计残值的差额除以 2，记为最后两年各年的折旧额。

年数总和法是预先估计固定资产使用年限 n 和残值，将剩余使用年限求和（$1+2+\cdots+n$）作为分母，计提折旧当年剩余使用年限作为分子，计算出当年折旧率和折旧额的折旧方法。

由此可知，使用不同的固定资产折旧方法、固定资产使用年限及残值的估计，当期计提的折旧额大小差异很大。因此，我们在考查企业固定资产科目时，应关注企业对固定资产使用年限及残值的估计是否合理，计提折旧方法是否频繁变更。

（六）减值准备分析

固定资产有一个备抵科目与其直接关联，即固定资产减值准备。所谓备抵科目，是指准备用来抵减某项科目金额的会计科目。除固定资产外，常见的需要计提减值准备的资产主要有存货、应收账款、长期股权投资、投资性房地产、无形资产和商誉。按照会计准则，企业应至少于每个会计期期末对相关资产进行减值测试。如果发现资产账面价值高于预计可收回金额，则不进行账务处理；如果发现资产账面价值低于预计可回收金额，则应将资产账面价值减记至可收回金额，减记的金额确认为资产减值损失，计入当期损益，同时计提相应的资产减值准备。此时借记"资产减值损失"科目，贷记"资产减值准备"科目。

这里需要注意一点，根据《企业会计准则第 8 号——资产减值》，一般情况下资产减值损失一经确认，在以后的会计期间不得转回。但对于存货、应收账款、金融工具等另行规定的资产，当有迹象表明以前减记资产账面价值的影响因素已经消失的，减记的金额应当予以恢复，并在原已计提的减值准备金额内转回，转回的金额计入当期损益。此时借记"存货跌价准备""坏账准备"等科目，贷记"资产减值损失"科目。在编制资产负债表时，相关资产账面价值按刨除"资产减值准备"科目贷方余额等的净值列报，因此，计提固定资产减值准备可能导致当期固定资产折旧额减少。

长期停建并且预计在未来三年内不会重新开工的在建工程，或者性能、技术已经落后，给企业带来经济利益存在较大不确定性的在建工程，应该计提减值准备。在建工程减值发生时，将在建工程减值准备计入营业外支出。在建工程减值一经确认就不得转回。在建工程减值的计提将减少其将来转入固定资产的价值。

由于资产减值准备的计提具有一定的主观性，因此，我们应当仔细审核每项资产所计提的减值准备是否合理。如果资产减值准备计提不充分，则意味着存在虚增利润的情况，相关资产很有可能含有较多潜亏资产，对企业未来的业绩增长不利。本书讲解的獐子岛和康美药业等案例中就有利用存货跌价准备粉饰业绩的情况。

（七）固定资产清理分析

"固定资产清理"账户属于资产类账户，用来核算企业因出售、报废和毁损等原因转入清理的固定资产价值，以及在清理过程中所发生的清理费用和清理收入。该账户借方记录固定资产转入清理的净值和清理过程中发生的费用，余额为净损失，转入"营业外支出"账户或"资产处置损益"账户；贷方记录出售固定资产取得的价款、残余价值和变价收入，余额为净收益，转入"营业外收入"账户或"资产处置损益"账户。

在考查"固定资产清理"科目时，我们应关注"固定资产清理"账户的挂账情况。如果固定资产清理程序已经结束，那么"固定资产清理"账户余额应该转入"营业外收入／支出"账户或"资产处置损益"账户。有的企业为了调节当期利润，在固定资产清理程序已经结束时仍将"固定资产清理"账户挂账，这样当期利润就不会体现固定资产清理引起的营业外收支或资产处置损益的变化，从而达到调节当期利润的目的。

固定资产清理的合理性也是我们要着重分析的因素。例如，如果企业将不良固定资产以高于账面价值的价格转卖给关联方，就会增加当期利润；相反，如果企业将优质固定资产以低于账面价值的价格转卖给关联方，就会降低当期利润。

三 无形资产

（一）无形资产的规模及质量分析

无形资产是指企业拥有或控制的无实物形态的可辨认非货币性资产，主要包括专利权、非专利技术、商标权、著作权、土地使用权、特许权等。所谓可辨认是区别于不可辨认而言的。例如，商誉是与企业共生的，是不可辨认的资产，因此，按照现行会计准则，商誉不属于无形资产。

如果企业资产中无形资产占比较高，那么我们需要进一步分析这些无形资产与企业主营业务之间有没有密切联系。无形资产不管其技术含量有多高，只有能增加产品附加值时才能体现其在企业中的价值。不同行业的无形资产占比差异比较大。如果企业处在技术密集型行业中，但其无形资产占比相对较少，那么该企业在行业中的竞争优势就比较弱。

我们从无形资产的结构可以判断企业无形资产的质量。一般来说，专利权、商标权、著作权、土地使用权、特许权的商业价值比较高，非专利技术的商业价值相对较低。如果企业无形资产中非专利技术占比较高，那么该企业无形资产的质量较差。

顺便介绍一下，房地产开发企业持有的土地使用权是按照其开发成本计入存货的，因为对于房地产开发企业来讲，土地使用权相当于其商品房产品的"生产材料"。如果房地产开发企业将土地使用权用于出租获取租金收益，那么对应的土地使用权记为"投资性房地产"。

（二）无形资产的计价

无形资产是以取得时的实际成本入账的。外购的无形资产以购买价格加相关税费入账。通过接受捐赠等非货币性资产交换或债务重组等方式取得的无形资产按该无形资产公允价值和相关税费入账。对于自行开发的无形资产，将开发过程中符合资本化条件的成本计入无形资产价值，对于不符合资本化条件的成本计入当期管理费用。会计准则对符合资本化条件与否的标准做了规定，区分研究和开发两类工作。由于研究性工作为企业创造商业价值的不确定性较大，因此，对于研究性工作的支出不符合资本化条件，计入当期管理费用。由于开发性工作通常与企业的商业应用比较接近，为企业创造商业价值的不确定性较小，因此，对于开发性工作的支出符合资本化条件，计入无形资产价值。对于无法确认是研究性工作还是开发性工作的支出视同不符合资本化条件，计入当期管理费用。

无形资产的计价方式直接影响着当期利润。如果企业将不符合资本化条件的支出计入无形资产，那么企业当期的成本费用会相应减少，利润会相应增加。因此，我们在考查企业无形资产科目时，如果发现企业无形资产账面价值存在较大幅度增减，就需要深入分析背后的原因，看看是否存在成本费用过度资本化的问题。当然，也有一种情况是企业将本应资本化的成本费用不资本化，这有可能是因为企业想增加当期成本费用，调低利润，达到避税的目的。

（三）无形资产的摊销

按照现行会计准则，无形资产的摊销方法根据其使用寿命是否能够确定而有所不同。对于如专利权、非专利技术、商标权、著作权、土地使用权等具有确定使用寿命的无形资产，应当在使用寿命内合理摊销。对于使用寿命不确定的无形资产不应摊销。对于使用寿命确定的无形资产摊销，与固定资产的计提折旧方法类似，一般可以分为直线法摊销和加速摊销。例如，对于土地使用权、商标权、专利权等预计使用年限确定，并且减值风险较低的无形资产，一般采用直线法摊销；对于非专利技术、影视产权这种贬值风险较大的无形资产，一般采用加速摊销。

企业选择的无形资产摊销方法应该反映与该项无形资产有关的经济利益预期实现方式。无法可靠确定预期实现方式的，应采用直线法摊销。在一般情况下，摊销计入当期费用，但当某项无形资产所贡献的商业价值是通过附加在产品或其他资产上实现的时，其价值或摊销金额应计入相关资产的成本。例如，房地产开发企业开发用于销售的商品房所占用的土地使用权价值计入商品房开发成本由存货结转。专门用于生产产品的专利权摊销应计入生产成本。企业应至少于每个会计年度末对使用寿命有限的无形资产的使用寿命和摊销方法进行复核。

无形资产使用寿命和摊销方法的确定对企业利润有一定的影响。如果企业选择加速摊销或减少摊销年限，那么其当期费用会增加，利润会减少，税务负担会减少。如果企业对无形资产延长摊销年限或不进行摊销，就会减少当期费用，从而增加利润。

（四）无形资产减值

在资产负债表中，无形资产科目余额为扣除无形资产减值准备后的无形资产净值。企业应至少于每个会计年度末对无形资产进行减值测试，对无形资产可收回金额进行评估。可收回金额应当根据资产的公允价值减去处置费用后的净额与资产预计未来现金流量的现值两者之间的较高者确定。将无形资产账面价值超过可收回金额部分确认为无形资产减值准备。当无形资产出现以下情况时，需要计提减值准备。

（1）该无形资产已经被新技术代替，为企业创造经济利益的能力下降。

（2）该无形资产当期的市场价格大幅下降，并且预计在剩余摊销年限内不会恢复原有价格。

（3）该无形资产在超过法律保护年限的情况下仍在使用。

（4）其他足以证明该无形资产出现减值的情形。

无形资产减值准备一经计提不得转回。企业将无形资产减值准备转回是不符合会计准则规定的，我们应该把减值准备转回所造成的利润增加部分剔除，并估计相应摊销费用变化的影响。

四 商誉

（一）商誉的概念

商誉与无形资产有类似的特征，类似于企业的品牌价值，但商誉是与企业共生的，没办法与企业分离。正是由于它的不可辨认性，现行会计准则将其从无形资产中独立出来，在资产负债表非流动资产项目下以净额列示。

《企业会计准则第20号——企业合并》中对商誉的定义为：在非同一控制下的企业合并时，购买方在购买日应当对合并成本进行分配，按照本准则第十四条的规定确认所取得的被购买方各项可辨认资产、负债及或有负债。购买方合并成本小于合并中取得的被购买方可辨认净资产公允价值份额的差额，经复核后，计入当期损益（计入营业外收入）。购买方对合并成本大于合并中取得的被购买方可辨认净资产公允价值份额的差额，应当确认为商誉。初始确认后的商誉，应当以其成本扣除累计减值准备后的金额计量。商誉的减值应当按照《企业会计准则第8号——资产减值》处理。

这里要注意，只有在非同一控制下企业合并时才确认商誉。对于同一控制下的企业合并，现行会计准则规定采用权益集合法，相关资产和负债按照在被合并方的原账面价值入账，合并溢价只能调整资本公积和留存收益，并不确认商誉。

企业与非同一控制下企业合并发生当期的期末，购买方应当在附注中披露被购买方各项可辨认资产、负债在上一会计期间资产负债表日及购买日的账面价值和公允价值及其确定方法、商誉的金额及其确定方法、被购买方的收入及利润数据等相关信息。

在以上信息中，我们应格外注意账面价值、公允价值和合并成本这三项数据。如果被合并方净资产公允价值明显高于账面价值，则有可能存在相关资产被高估的情况；如果合并成本远高于被合并方净资产公允价值，则所确认的商誉资产很可能是虚增的。如果被合并方盈利数据比较差，那么以上判断更确切。

在被合并方公允价值与其盈利数据明显不匹配的情况下，收购方仍愿意以明显高于公允价值的成本对其进行收购显然不符合商业逻辑。这就是我们判断虚增商誉的重要依据之一，它可以为我们防范日后商誉减值的风险。要知道商誉一旦减值，可不单单是商誉自身价值的减少，往往还伴随着相关高估资产的减值。

（二）商誉减值规则

商誉是在企业合并中产生的，具有不可辨认的属性，因此，只能体现在合并报表中。但是，在企业合并后，商誉会给相关资产带来协同效益，因此，在企业合并时商誉会按一定规则被分摊到各个受益的资产组或者资产组组合当中，以备日后对包含商誉价值的各个受益资产组或者资产组组合分别做减值测试和计提减值准备（如需）。《企业会计准则第8号——资产减值》中对商誉减值有如下记载。

1. 商誉资产账面价值在各相关资产组的分摊规则

《企业会计准则第8号——资产减值》第二十四条规定：企业进行资产减值测试，对于因企业合并形成的商誉的账面价值，应当自购买日起按照合理的方法分摊至相关的资产组；难以分摊至相关的资产组的，应当将其分摊至相关的资产组组合。

在将商誉的账面价值分摊至相关的资产组或者资产组组合时，应当按照各资产组或者资产组组合的公允价值占相关资产组或者资产组组合公允价值总额的比例进行分摊。公允价值难以可靠计量的，按照各资产组或者资产组组合的账面价值占相关资产组或者资产组组合账面价值总额的比例进行分摊。

2. 减值测试

企业应当在资产负债表日判断资产是否存在可能发生减值的迹象。因企业合并所形成的商誉和使用寿命不确定的无形资产，无论是否存在减值迹象，至少应当于每年年度终了进行减值测试。商誉应当结合与其相关的资产组或者资产组组合进行减值测试。

《企业会计准则第 8 号——资产减值》第二十五条规定：在对包含商誉的相关资产组或者资产组组合进行减值测试时，如与商誉相关的资产组或者资产组组合存在减值迹象的，应当先对不包含商誉的资产组或者资产组组合进行减值测试，计算可收回金额，并与相关账面价值相比较，确认相应的减值损失。再对包含商誉的资产组或者资产组组合进行减值测试，比较这些相关资产组或者资产组组合的账面价值（包括所分摊的商誉的账面价值部分）与其可收回金额，如相关资产组或者资产组组合的可收回金额低于其账面价值的，应当确认商誉的减值损失，按照本准则第二十二条的规定处理。

3. 减值损失的确认

《企业会计准则第 8 号——资产减值》第二十二条规定：资产组或者资产组组合的可收回金额低于其账面价值的（总部资产和商誉分摊至某资产组或者资产组组合的，该资产组或者资产组组合的账面价值应当包括相关总部资产和商誉的分摊额），应当确认相应的减值损失。减值损失金额应当先抵减分摊至资产组或者资产组组合中商誉的账面价值，再根据资产组或者资产组组合中除商誉之外的其他各项资产的账面价值所占比重，按比例抵减其他各项资产的账面价值。

以上资产账面价值的抵减，应当作为各单项资产（包括商誉）的减值损失处理，计入当期损益。抵减后的各资产的账面价值不得低于以下三者之中最高者：该资产的公允价值减去处置费用后的净额（如可确定的）、该资产预计未来现金流量的现值（如可确定的）和零。

五 长期待摊费用

长期待摊费用是指企业已经支出，但应由本期和以后各期负担的，摊销期限在一年以上（不含一年）的各项费用，包括固定资产修理支出、经营性租入固定资产改良支出等费用。例如，股份有限公司发行股票支付的手续费或佣金等相关费用，减去股票发行冻结期间的利息收入的净额，从发行股票的溢价中不够抵消的，或者无溢价的，可作为长期待摊费用在不超过两年的期限内平均摊销，计入管理费用。其他长期待摊费用应该在受益期内平均摊销。

长期待摊费用是企业将来的费用，其规模越大，对企业将来利润增长的阻力也就越大。我们在考查该科目时，应注意企业是否存在有意将应计入当期费用的项目挂账在长期待摊费用上，虚增当期利润。

第五节　负债及所有者权益科目分析

重要的负债及所有者权益科目包括短期借款与长期借款、应付票据与应付账款、预收账款与合同负债、应付职工薪酬、应付股利、应交税费、其他应付款、长期应付款、应付债券、实收资本、资本公积、其他综合收益、盈余公积、未分配利润等，下面详细分析这些科目。

一 短期借款与长期借款

一般而言，短期借款与长期借款都是为了满足企业生产经营需要而产生的借款，属于有息负债。短期借款主要用于满足企业短期内的资金周转需要，主要用于流动资产周转，因此，我们在分析短期借款的规模时，需要对比同期的流动资产规模与之是否匹配，尤其是存货规模与短期借款规模是否匹配。

在分析短期借款效益时，用当期新增短期借款与当期利润进行对比可以大致得知企业短期借款的财务杠杆作用。

长期借款主要是为了满足企业长期生产经营需要而产生的借款。长期借款的规模应该与企业非流动资产尤其是固定资产、在建工程及无形资产的规模相匹配。如果当期新增长期借款明显大于新增固定资产、在建工程及无形资产，那么企业存在挪用部分长期借款资金的可能性。

作为有息负债，短期借款与长期借款的规模与当期的利息支出应该成正比。如果企业当期有息负债的规模与利息支出出现背离，那么企业可能将利息费用过度资本化。此外，我们应格外关注借款规模和利息率的变化。尤其是在企业息税前总资产收益率不高的情况下，一旦借款这种有息负债过度增加，新增财务费用将会侵蚀大量利润，导致企业盈利能力下降。

二 应付票据与应付账款

企业的应付票据对应于负债债权方的应收票据。在一般情况下，应收票据较应收账款的信用等级高，因为应付票据到期具有支付刚性。相对于应付票据，应付账款的到期支付刚性没那么强，其内容主要是企业向上游购买原材料所形成的应付款。一般而言，应付账款应低于存货账面价值。应付账款付款期超过预期付款期可能表明企业现金流紧张，对此我们应进一步分析造成现金流紧张的原因有哪些（比如市场、销售环节、收款环节等）。

一般来讲，应付账款周转率与企业付款政策有关，一般会比较稳定，一旦出现明显的增减变动，则有可能与现金流体外循环有关。本书将在康得新、乐视网等案例中详细介绍这个概念。

三 预收账款与合同负债

（一）预收账款与合同负债的区别

合同负债是在预收账款的基础上延伸出来的会计科目，是指企业已收或应收客户对价而应向客户转让商品的义务。企业在向客户转让商品之前，如果客户已经支付了合同对价，或者企业已经取得了无条件收取合同对价的权利，那么企业应当在客户实际支付款项与到期应支付款项孰早时点，将该已收或应收的款项列示为合同负债。注意，合同负债预收到的不一定是货币资金，还可能是一项无条件向客户收款的权利（应收款项）。而预收账款一定是预收到货币资金才确认的，而且该部分预收货币资金并不建立在合同约定的基础上，一旦相关合同确立，该部分预收款项就转为合同负债。

（二）预收账款的特点及其对偿债能力的影响

预收账款是在商品（或服务）购销双方购销合同未确立之前，由购货方向供货方预先支付的现金货款，形成供货方的一项负债，这项负债要由供货方以双方购销合同约定的商品或劳务来偿付。一般而言，企业预收账款越多，表明企业在产业链中的地位越强势。我们可以将应付账款、预收账款与应收账款、预付账款相结合进行分析。如果相对于应收账款和预付账款，应付账款和预收账款增长速度比较快，则说明企业在产业链中的地位比较高；反之则代表市场地位下降。

由于预收账款是无息负债，对企业偿债压力较有息负债小，而且一般情况下预收账款代表着未来企业销售收入的增加和对应现金流的流入，偿付部分也只是企业库存商品而非现金。从这个角度来讲，如果将预收账款等同于其他负债作为企业偿债风险因素进行考核，就会夸大企业的偿债风险。正是由于预收账款的上述特点，在对企业的财务风险进行评估时，需要对预收账款进行单独评估。可以单独计算剔除预收账款后的资产负债率，其计算公式为：资产负债率＝（负债总额－预收账款）÷资产总额。

（三）预收账款的真实性问题

根据收入确认原则，企业已将产品所有权上的重要风险和报酬转移给买方，企业不再对该产品行使管理权和实际控制权是收入确认的必要条件。但显然预收账款欠的是产品，即对该产品仍在行使管理权和实际控制权，因此，预收账款是不能确认为当期收入的。也有企业利用这一点将本应确认为当期收入的款项挂账在预收账款上，从而减少了当期收入。

四 应付职工薪酬

（一）应付职工薪酬贷方余额与相关成本费用的关系

应付职工薪酬是指企业为获得职工提供的服务或解除劳动关系而应付职工的各种形式的报酬或补偿。职工薪酬包括工资、奖金、津贴、补贴、职工福利、社会保险费、住房公积金、离职后福利、辞退福利和其他长期职工福利。应付职工薪酬属于流动负债科目，借方登记企业已支付（或预提）的职工薪酬，贷方登记企业未支付的职工薪酬。在一般情况下，该科目余额在贷方，表现为企业的一项流动负债。但在个别情况下，该科目期末贷方余额可能为负，即出现贷方红字，在资产负债表中表现为一项资产。

应付职工薪酬不一定体现为企业当期成本或费用。在一般情况下，企业员工当月工资都是企业于下个月月初向员工支付的。因此，几乎所有涉及员工薪酬成本费用的科目都必经应付职工薪酬科目过渡。当期应付职工薪酬——职工工资贷方增加，与此同时，生产工人的工资体现为生产成本借方增加，生产车间管理人员的工资体现为制造费用借方增加，企业行政管理人员的工资体现为管理费用借方增加，销售人员的工资体现为销售费用借方增加。针对以上情形，有如下会计分录。

借：生产成本 A

制造费用 B

管理费用 C

销售费用 D

贷：应付职工薪酬——职工工资 A+B+C+D

但是，对于研发人员的工资，分研究人员的工资和开发人员的工资两种情况。研究人员的工资体现为管理费用借方增加，开发人员的工资体现为无形资产借方增加。对于在建工程建设人员的工资，体现为在建工程借方增加。针对以上情形，有如下会计分录。

借：管理费用 E

无形资产 F

在建工程 G

贷：应付职工薪酬——职工工资 E+F+G

从以上会计分录中可以看到，应付职工薪酬并没有完全结转为当期成本费用项，有一部分可能被资本化了。

如果企业当期实际支付了部分上述职工工资（比如实际支付了 A+B+C+D+E），则有如下会计分录。

借：应付职工薪酬——职工工资 A+B+C+D+E

贷：银行存款 A+B+C+D+E

应付职工薪酬——职工工资期末余额体现为贷方金额 F+G。我们可以发现，这个期末余额与当期工资相关成本费用没有直接联系。

（二）应付职工薪酬借方余额与相关成本费用的关系

企业当期应计入成本费用项的金额有可能被企业有意计入应付职工薪酬的借方，从而隐瞒了部分当期成本费用，虚增了当期利润。例如，企业将本应计入成本费用的离退休人员的福利性支出计入了应付职工薪酬借方。又如，企业将本应计入当期成本费用的餐费补贴、岗位津贴、加班工资等包装成过节费等福利支出计入了应付职工薪酬借方。此外，在公费医疗的背景下，有大量的医药医疗费被计入了应付职工薪酬借方。以上情况会导致企业应付职工薪酬科目期末贷方红字，即应付职工薪酬表现为企业资产项，实际上相当于费用资本化，这项资产实质上是企业的潜在亏损因素。由于它冲减了应付职工薪酬贷方金额，因此，也夸大了企业的偿债能力。

五 应付股利

应付股利是指企业应分配给投资者的利润。该科目核算的是企业应支付给投资者的现金股利。现金股利是企业以货币形式支付给股东的股息红利，不包括股票股利。股票股利的分配不涉及所有者权益的增减，只涉及股东持股数量的增加。现金股利会减少所有者权益。企业在进行利润分配前，必须先弥补以前年度亏损，未弥补完企业以前年度亏损不得提取盈余公积，在企业提取盈余公积之后才能向股东分配利润。因此，如果企业在没有履行完弥补以前年度亏损和提取盈余公积义务之前就对股东分配利润，则是不合规的。此外，我们在考查企业应付股利科目时，还应仔细计算股利分配金额是否正确，是否存在同股不同利的情况，以排除企业向特定股东转移利润的情况。

六 应交税费

应交税费是指企业根据税法规定应缴纳的各种税费在尚未缴纳前所形成的企业负债。各种税费包括与该企业相关的增值税、所得税、消费税、城市维护建设税、教育费附加、印花税等。企业纳税额与企业收入、成本费用、利润规模都有关系。

应交税费可能为负值，此时说明企业多缴纳了税款，或者报告期内企业增值税销项税额小于进项税额。增值税是一种流转税，与所得税不同，只要企业有销售就要缴纳。增值税也是一种价外税，也就是说，企业销售产品的价格一般是含税价格，不含税价格是企业销售收入部分，价格中的税金部分是由购方在商品价格之外所缴纳的增值税部分。这部分税金由企业暂时代收，就形成了应交税费，这是企业因销售产品（简称"销项"）而产生的。同样的道理，企业从其他企业那里购入了商品，如果这个商品也是以含税价格购入的，就相当于企业已向税务部门缴纳了增值税，这是企业因购入商品（简称"进项"）而产生的。由于进项税可以抵扣销项税，因此，如果报告期内企业增值税进项税额大于销项税额，在没有其他税负的情况下，企业应交税费就为负值。

可以通过分析企业当期纳税额与企业收入、成本费用、利润规模的比例关系来判断企业是否存在少缴税款或虚构收入/利润的情况。可以借助以下等式关系辅助判断：

资产负债表应交税费（不含应交增值税）期末期初差额 + 报告期已缴纳税额

（不含增值税）− 管理费用及存货涉及的税金

≈ 损益表营业税金及附加 + 损益表所得税

≈ 营业收入 × 相应税率 + 利润总额 × 所得税税率

根据以上等式，可以对企业提供的相关财务数据加以粗略计算。如果等式两边计算金额差异很大，那么企业财务造假的可能性很高。

七 其他应付款

其他应付款是与企业生产经营没有直接关系的暂收款项，比如应付经营租入固定资产和包装物租金、职工未按期领取的工资、存入企业的保证金，以及应付、暂收所属单位、个人的款项等。在通常情况下，该科目的金额不会太大，期限也不会太久，否则该科目中可能隐藏着不正当资金拆借或占用行为。

八 长期应付款

长期应付款是指除长期借款和应付债券外的其他各种长期应付款，主要包括应付融资租入固定资产租赁费和其他具有融资性质的分期支付购买资产的款项，比如应付补偿贸易引进设备款等。

虽然以融资租赁方式租入的固定资产所有权尚未归租入方所有，但是按照实质重于形式的原则，融资租赁租入的固定资产在固定资产——融资租入固定资产科目列示，未偿还的融资租赁费在长期应付款科目列示。

补偿贸易引进设备类似于以货换设备的交易，即用从国外引进的设备生产的产品来偿付设备价款，设备引进时形成了引进企业的应付补偿贸易引进设备款，将来用该设备生产的产品偿付设备价款。整个交易过程中没有企业的现金流入和流出，不会构成对企业现金流的压力。此外，类似于预收账款，该项负债只需用产品来偿付，对于企业来说偿付的实际支出只相当于库存商品成本部分，因此，实际偿债压力比账面显示偿债压力小。

九 应付债券

应付债券主要核算企业发行在外的债券对应的本息合计额，也属于有息负债，对企业财务杠杆和财务风险有较大影响，分析时应与短期借款和长期借款相结合。由于企业发行债券有一定的门槛要求，因此，大部分企业的负债项没有这个科目。

⑩　实收资本

所有者权益主要包括五大项内容：实收资本、资本公积、其他综合收益、盈余公积和未分配利润。其中，前两项是靠企业股权融资等资本运作而积累起来的，后两项（合称为留存收益）是靠企业自身经营而积累起来的。从它们在所有者权益中的占比可以大致推断企业的扩张模式。

实收资本，即股份有限公司的股本，是指股东按照企业章程或合同的约定实际投入企业的资本。各股东实收资本占比代表着各股东所有者权益对应的份额比例。注意，认缴资本不计入实收资本，也不具备实收资本质押或抵押的担保功能。在乐视网财务造假案例中，乐视控股（北京）有限公司就曾以认缴的注册资本向重庆基金 10 亿元的增资款提供质押担保。但在重庆基金提出索赔要求时，该项担保起不到任何作用。

⑪　资本公积

资本公积是指资本（或股本）溢价、接受捐赠、股权投资准备、拨款转入、外币资本折算差额、补充流动资本、无偿调入（出）固定资产、债务重组收益、关联交易差价、权益法核算的长期股权投资之其他资本公积变动等原因所形成的公积金。区别于实收资本，资本公积是所有股东共享的权益。当然，盈余公积与未分配利润也是所有股东共享的权益。

股本溢价是企业发行股票价格超过票面价格的部分，比如企业股权融资定价为 10 元 / 股，这 10 元中 1 元计入股本，9 元计入资本公积。权益法核算的长期股权投资之其他资本公积变动也会影响资本公积。汇率变动因素造成的资本折算差额同样会导致资本公积的增减。另外，修订前的会计准则规定可供出售金融资产（会计准则修订后将其称为"其他权益工具投资"）公允价值变动会计入其他资本公积，但现行会计准则规定该变动计入其他综合收益。

注意，以上情形中并不包括资产评估价值与相应资产账面价值的差额。因为在企业存续期内，企业大部分经营性资产是按成本法入账的，因此，在企业正常经营期内，这些资产的价值是不随外界因素变化的，当然也不受资产评估的影响。只有以下两种情况可以按资产评估入账：一是企业改制为股份有限公司的过程中应该按照资产评估价值对企业资产账面价值进行调整；二是企业兼并时应该对被兼并企业资产进行资产评估并确认其资产账面价值。由于以上两种情况的发生会造成企业法人资格的消亡，从而意味着企业正常存续经营的结束，因此，可以用资产评估价值对资产重新入账。除上述两种情况外，资产评估价值与相应资产账面价值的差额计入当期损益——营业外收入／支出。

有企业借改制、重组、对外投资、抵押等名义，将企业有潜亏因素的不良资产通过资产评估确认为减值，冲抵资本公积，从而减少了潜在营业外支出，虚增了利润。也有企业将本应计入当期收入的金额挂账在资本公积上，从而达到减轻税负的目的。

十二 其他综合收益

其他综合收益是指企业根据会计准则规定未在损益中确认的各项利得和损失扣除所得税影响后的净额，主要由其他权益工具投资公允价值变动、权益法核算下被投资方其他综合收益变动、外币报表折算差额及现金流量套期工具利得或损失产生。其他综合收益属于未计入损益的业绩，但将来有可能转为损益，与净利润合计后形成企业综合收益总额，更全面地反映了企业的经营成果，是净利润的重要补充指标。

其他综合收益在损益表和资产负债表中都有列报，在损益表中列报的是会计期间发生额，在资产负债表中列报的是报告期时点的累积额。

十三 盈余公积

盈余公积和未分配利润构成企业的留存收益。盈余公积是企业按照规定从净利润中提取的各种积累资金，用于应对经营风险。盈余公积分为法定盈余公积和任意盈余公积。《中华人民共和国公司法》规定，企业必须从年税后净利润中提取 10% 作为法定盈余公积，当法定盈余公积累计金额达到企业注册资本的 50% 时，可以不再提取。盈余公积可以用于弥补以往年度亏损、转增股本和分配股利。当法定公积金转为资本时，所留存的该项公积金不得少于转增前公司注册资本的 25%。

⑭ 未分配利润

　　企业税后净利润经提取盈余公积、弥补以往年度亏损及分配股利之后的剩余部分就是未分配利润。未分配利润是未来年度利润分配的基础。从数值上讲，资产负债表未分配利润期末值是期初值与本期提取盈余公积及分配股利之后的净利润值之和，是一个累计存量值，包含企业有史以来的所有盈亏信息。当企业以往年度亏损时，企业可以用之后 5 年内的税前利润对以往年度的亏损进行弥补，仍不能弥补的只好用 5 年后税后净利润进行弥补，或者考虑用盈余公积进行弥补。

　　除实收资本、资本公积、其他综合收益、盈余公积和未分配利润外，有时我们在所有者权益中还会看到其他权益工具或少数股东权益等内容。其他权益工具主要核算企业发行的除普通股外的归类为权益工具的各种金融工具，比如优先股、永续债等。优先股是享有优先权的股票，它与普通股的区别主要在于收益分配和股东权利两个方面。优先股股东对公司资产、利润分配等享有优先权，在进行资产清算时分配顺序排在债权之后、普通股之前，风险较小。优先股不能主动退股，而应根据与企业签订的赎回条款以赎回的方式退股。优先股股东不能参与公司治理，对公司事务无表决权，也没有选举权和被选举权。少数股东权益是企业进行长期股权投资时，被控股的子公司其他股东对子公司的所有者权益，只在企业合并资产负债表中体现。

第二章　认识财务报表之损益表及现金流量表

损益表和现金流量表之间的关系对于识别经营成果的真实性具有重要意义，下面将进行详细介绍。

第一节　损益表科目分析

损益表记录了标的企业报告期期间的经营成果。经营成果主要以收入、成本费用、利润和综合收益的形式反映。其中重要的会计科目有营业收入、成本、费用。这些科目的核算方法直接影响着报表展示出来的当期经营成果的多少，也是粉饰业绩常被利用的科目。

此外，损益表相关会计科目也是评估企业盈利能力、产品附加值、行业地位、管理效率等方面的重要信息来源。

一　营业收入

营业收入科目反映的是企业主营业务和其他业务在报告期内所确认的收入总额。对营业收入应着重分析收入确认和收入构成。按照世界大部分国家和地区普遍遵循的国际会计报告准则（international financial reporting standards，IFRS），收入的确认遵循权责发生制原则，应该同时满足以下几个条件。

（1）标的企业已将产品所有权上的重要风险和报酬转移给买方，标的企业不再对该产品行使管理权和实际控制权。

（2）相关收入能够可靠地计量，已经取得了收款凭证。与收入相关的经济利益应当流入标的企业，并引起标的企业资产的增加或负债的减少。

（3）相关成本能够可靠地计量，遵循收入与成本配比原则。

按照收入与成本配比原则，存货被销售后创造营业收入的同时即结转为营业成本。营业收入减去营业成本即为毛利润。毛利润代表着企业产品的盈利能力，反映了企业在产业链中的地位。但是，损益表一般并不单独列示毛利润这一项。

需要指出的是，提供劳务及资产转让取得的收入有其特殊性，其确认原则在这里需要单独介绍。

（一）提供劳务收入的确认

根据会计准则，企业在资产负债表日提供劳务交易的结果能够可靠估计的，应当采用完工百分比法确认提供劳务收入。所谓完工百分比法，是指按照提供劳务交易的完工进度确认收入与费用的方法。企业确定提供劳务交易的完工进度，可以选用下列方法。

（1）已完成工作的测量。

（2）已经提供的劳务占应提供劳务总量的比例。

（3）已经发生的成本占估计总成本的比例。

提供劳务交易的结果能够可靠估计应满足以下几个条件。

（1）收入的金额能够可靠地计量。

（2）相关的经济利益很可能流入企业。

（3）交易的完工进度能够可靠地确定。

（4）交易中已发生和将发生的成本能够可靠地计量。

企业应当在资产负债表日按照提供劳务收入总额乘以完工进度扣除以前会计期间累计已确认提供劳务收入后的金额，确认当期提供劳务收入；同时，按照提供劳务估计总成本乘以完工进度扣除以前会计期间累计已确认劳务成本后的金额，结转当期劳务成本。

笔者观察过一家医药研发外包服务企业，也即合同研究组织（contract research organization，CRO）。CRO 与制药企业或其他医药研发机构签订医药研发服务合同，约定为其提供特定药品从临床前、临床期间到向药物监管部门申请相关批件的各环节相关研发服务并取得相应的研发服务收入。这家 CRO 企业的主营业务是提供临床前研发服务，是通过完工百分比法确认研发服务收入的，如图 2-1 所示。

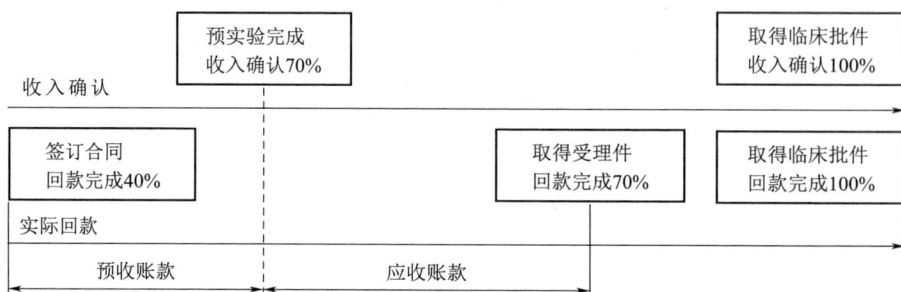

图 2-1　某 CRO 企业研发服务收入的确认

该 CRO 企业的完工百分比是依据已经发生的成本占估计总成本的比例确认的。按照该 CRO 企业的业务流程，企业接到制药企业委托对特定药品进行研发的主要工作包括与药品有关化合物有效成分的发现、合成或提取，与药品有关化合物有效成分的毒理、病理分析及预试验，药代动力学分析，安全性评价，生产工艺设计，临床试验设计及申请等。根据该 CRO 企业的业务特点，在完成预试验时，企业已经发生的成本占药品研发预估总成本的 70%，因此，企业以预试验验收通过评审作为时间节点确认该研发服务总收入的 70%。后续诸如安全性评价、生产工艺设计等环节的合计成本占药品研发预估总成本的 30%，当这些工作完成后，企业将确认此次研发服务的全部收入。

在通常情况下，CRO 企业研发服务合同规定，研发服务回款是根据阶段标志性成果确定的，比如取得 CFDA 的临床试验受理件或 CFDA 的临床试验批件。而在一般情况下，CRO 企业研发成果的取得会易于收入确认时点。这个时间差就是 CRO 企业研发服务应收账款的账期。

（二）让渡资产使用权收入的确认

让渡资产使用权收入包括利息收入、使用费收入等。让渡资产使用权收入同时满足下列条件的，才能予以确认。

（1）相关的经济利益很可能流入企业。

（2）收入的金额能够可靠地计量。

企业让渡资产使用权收入金额的计量原则如下。

（1）利息收入应该在资产负债表日，按照使用人使用本企业货币资金的时间和实际利率计算确定利息收入金额。

（2）使用费收入金额应该按照有关合同或协议约定的收费时间和方法计算确定。

让渡资产使用权收入一般通过损益表中的"其他业务收入"科目核算，相关支出通过损益表中的"其他业务成本"科目核算。

（三）营业收入的构成分析

营业收入的构成包括产品构成、客户构成、销售地区构成。通过对营业收入的产品构成进行分析，我们可以了解企业目前主要靠什么创收、各产品近年收入增长情况、毛利率情况及未来市场成长空间，从而对企业业绩增长有一个初步判断。虽然有些非主打产品当前并无较多收入和利润贡献，但具备很强的成长潜力，这些产品往往是企业储备的可能成为未来利润增长点的产品。还有些非主打产品所在市场与主打产品所在市场在增长上是对冲关系，可以提高企业的抗市场风险能力。比如同时生产钢材与医药产品，前者属于周期型行业产品，后者属于抗周期型行业产品，由于两种业务的负相关性较强，因此，无论宏观经济环境好坏，企业整体业绩波动都不大。

对企业客户构成的分析要着重了解各主要客户的收入占比、行业地位、回款情况、关联方客户占比等信息。例如，企业当前及历史各期前五大（或前N大）客户销售收入占比情况反映出企业对大客户的依赖度、客户关系维护及新客户开拓情况。企业过度依赖单一客户，一方面，会存在收入大起大落的风险；另一方面，意味着企业对下游客户的话语权相对较少，在销售政策上让步较多，比如出现应收账款较高、账期较长、毛利率较低等不利情况。

对关联方客户的分析着重在于其销售定价的公允性、交易的真实性等问题。企业通过关联方输送利益或与关联方虚构购销合同虚增销售收入的案例比比皆是，因此，对于关联方客户一定要格外注意。在实务中，关联方客户很可能是隐性的，我们可先通过财务分析发现其中的财务异常点，比如应收账款过高，再借助财务推断方法，比如现金流体外循环推断法，判断其中的造假情况。

此外，我们还可以通过分析企业的销售地区构成来判断企业的商业模式、市场定位、营销策略等，这些信息有助于我们判断企业未来业绩增长潜力。

二 成本

对企业成本进行考查，一方面，可以了解企业的毛利润或毛利率、单位生产成本、成本分摊及规模效应等情况；另一方面，通过毛利率的异常变化可以顺藤摸瓜，发现企业所处的市场环境是否发生了重大变化，或者存货向成本的结转环节是否存在问题。

毛利率是企业在产业链中的地位和产品附加值的体现。毛利率越高，表明企业在产业链中的地位越高，产品附加值也越高。可以进一步分析企业各产品的成本构成及毛利率情况，进一步了解哪些产品的市场竞争力强或附加值高。

此外，毛利率与销售规模一般成正比。所有企业的成本都包括固定成本和可变成本两部分。企业销售规模的增长必然导致单位产品固定成本的下降，进而导致毛利率水平的上升。我们可以观察企业的历史销售额数据并与对应期毛利率进行比较，如果企业的毛利率与销售额有明显的同步变动关系，则说明销售量对摊薄生产成本的作用明显，这样的企业销售规模对其业绩增长将起到重要的驱动作用，其市场空间和开拓能力将对其估值起到关键作用。

成本占比低、毛利率高除与企业在产业链中的地位高有关外，还与产品附加值高有关。产品附加值所附加的其实是一种行业门槛溢价，是一种产品差异化的体现，越难模仿，毛利润中的门槛溢价越高。如果这道门槛被人跨越了，那么这种差异化所带来的溢价就会消失，企业很快就只能取得市场平均甚至更低的毛利率。

企业毛利率的异常变动可能与企业所处的市场环境、竞争地位或存货结转成本变化有关。例如，行业上游成本上涨，但下游需求疲软，当企业无法将上游成本顺利转移到下游时，企业毛利率就会下降，这就是企业所处市场环境或竞争地位变化导致的结果。排除这些因素后，企业毛利率出现异常变动，比如出现存货与毛利率双高的情况，则需要判断存货是否存在造假。我们要对企业存货结转成本的情况、企业发出存货成本的计量、存货会计政策及其变更情况、存货进 / 出库的记录、存货盘点与计价方式等方面进行分析。

三　费用

（一）费用与资产及负债的关系

费用是指不能直接或间接归属于某个特定产品的各种支出，不受企业产品产量或销量增减变动的影响。与成本相区别，费用虽然容易确定其发生期间和归属期间，但很难判别其归属对象。

费用也是调节利润常用的科目。尚未支付的费用形成当期负债。已经支付的费用根据其归属期间可以成为资产（资本化），也可以成为期间费用计入损益表（费用化）。如果费用可以使未来各期产生收益，这类费用属于投资性质的费用，是企业为了未来收益而支出的费用，那么这个费用就可以被认定为资产，在未来与对应收益同步确认。如果费用只能为当期带来收益，那么这个费用就应该被认定为期间费用。

根据以上规则，可以判断企业当期费用资本化或费用化是否合理，从而判断企业是否利用这一点调节利润。

（二）营业税金及附加

营业税金及附加主要核算的是营业税及其附加（比如教育费附加、城市建设维护税等）。与所得税不同，营业税属于流转税及价内税，只要企业有销售收入就征收。我们在介绍负债类科目时讨论过应交税费科目。应交税费科目主要核算应交增值税金额。增值税属于价外税，由商品购买方缴纳，不属于企业成本。企业作为代扣代缴方，每销售一单位产品就会相应增加代扣增值税的缴纳义务，相当于对税务部门的负债，因此，应交增值税在应交税费科目下核算。

（三）期间费用

期间费用包括三项费用——销售费用、管理费用、财务费用。销售费用是与销售环节直接相关的费用，主要包括销售人员工资、差旅费、销售店面租金等费用。管理费用是企业行政管理部门为开展生产经营活动而产生的费用，主要包括行政管理人员工资、行政管理部门办公场所租金、行政管理部门固定资产折旧、各种税金（如印花税、土地使用税、车船税等）等费用。销售费用、管理费用与营业成本之间的区别在于，销售费用与销售人员的业务直接相关，管理费用与行政管理人员的业务直接相关，营业成本与生产环节直接相关，它们各自独立核算，没有交集。

财务费用主要核算的是企业报告期内有息负债资金成本净额。财务费用不仅含有利息支出，也可能含有利息收入。当报告期内利息收入大于利息支出时，财务费用体现为负值。这种情况多发生于股权融资多于借款的企业。股权融资的资金在短期内不一定马上支出就会产生利息收入，在企业借款金额较少的情况下，报告期内利息收入可能会大于利息支出，这样财务费用就体现为负值。

与成本类似，费用也有固定费用和可变费用之分。比如固定资产折旧、无形资产摊销、行政管理人员工资等都属于固定费用。销售业绩提成工资、没有结转到存货中的运输费用、业务招待费、差旅费等一般都与业务量有正比例关系，因此，它们都属于可变费用。

一般来讲，费用的增加应该带来销售收入的增加，二者正相关，最好产生规模效应或协同效应（主要见于并购），费用增速慢于销售收入增速，即最好是费用率随销售规模的增加而下降。费用率可以用企业期间费用（销售费用、管理费用、财务费用）与营业收入的比值来计算。如果企业的费用率随销售规模的增加而明显下降，则说明这种规模效应或协同效应比较明显；反之，如果费用率增速快于销售规模增速，甚至呈现反比，则说明企业的费用管理可以提升效率或出现了问题。费用率指标也通常用来评价并购后的协同效应。

营业收入减营业成本、营业税金及附加、研发费用及期间费用得到的利润为企业核心利润（表2-1中营业总收入与营业总成本的差额）。核心利润反映企业经营性资产的经营成果。核心利润再经资产减值损失、公允价值变动收益、投资收益、汇兑收益等费用加减后就得到了营业利润。资产减值损失、公允价值变动收益、投资收益、汇兑收益虽然也属于营业利润的范畴，但是这四项损益与经营性资产或经营活动没有直接联系，损益增减具有不确定性，因此，它们不属于核心利润的范畴，在分析企业主营业务的盈利能力时，可以暂将它们排除在外。

表 2-1　正邦科技损益表

项　　目	2022 年一季度	2021 年度
营业总收入	64.90 亿元	476.7 亿元
营业收入	64.90 亿元	476.7 亿元
营业总成本	85.86 亿元	654.6 亿元
营业成本	70.90 亿元	596.7 亿元
税金及附加	711.4 万元	4 905 万元
销售费用	8 039 万元	3.752 亿元
管理费用	10.52 亿元	36.36 亿元
研发费用	5 712 万元	5.459 亿元
财务费用	2.992 亿元	11.78 亿元
其中：利息费用	3.095 亿元	12.59 亿元
利息收入	2 587 万元	9 485 万元
其他经营收益	—	—
加：投资收益	−6 236 万元	8 469 万元
资产处置收益	−33.22 万元	198.9 万元
资产减值损失（新）	−3.983 亿元	−3.805 亿元
公允价值变动收益	—	—
信用减值损失（新）	—	−1.317 亿元
汇兑收益	—	—
其他收益	1 641 万元	1.239 亿元
营业利润平衡项目	0	0
营业利润	−25.41 亿元	−180.9 亿元
加：营业外收入	3 164 万元	2.253 亿元
减：营业外支出	1.511 亿元	12.17 亿元
利润总额平衡项目	0	0
利润总额	−26.61 亿元	−190.8 亿元
减：所得税	318.8 万元	3 528 万元
净利润	−26.64 亿元	−191.1 亿元
（一）按经营持续性分类	—	—

项　目	2022 年一季度	2021 年度
持续经营净利润	−26.64 亿元	−191.1 亿元
（二）按所有权归属分类	—	—
归属于母公司股东的净利润	−24.33 亿元	−188.2 亿元
少数股东损益	−2.305 亿元	−2.958 亿元
扣除非经常性损益后的净利润	−23.14 亿元	−180.7 亿元
每股收益	—	—
基本每股收益	−0.78 元	−6.01 元
稀释每股收益	−0.78 元	−5.80 元
其他综合收益	−1 712.65 万元	−3 605.45 万元
归属于母公司股东的其他综合收益	−1 712.47 万元	−3 543.58 万元
归属于少数股东的其他综合收益	−1 806.12 元	−61.86 万元
综合收益总额	−26.81 亿元	−191.51 亿元
归属于母公司股东的综合收益总额	−24.50 亿元	−188.54 亿元
归属于少数股东的综合收益总额	−2.31 亿元	−2.96 亿元

数据来源：东方财富网。

四　其他损益科目

（一）资产减值损失

资产减值损失主要核算资产账面价值高于其可收回金额而造成的损失。该科目与资产减值准备同步计提，只不过借贷方向相反。前文介绍过资产减值准备的相关内容，这里仅强调一下，由于虚增资产是虚增业绩最常见的手法，因此，财务造假通常也会伴随异常资产减值，但当异常资产减值出现的时候，往往也是前期潜亏资产纷纷爆雷的时期，投资损失已经在所难免。应重点关注相关资产的减值迹象及减值准备是否合理计提，避免投资存在较大潜在资产减值损失的标的。此外，还应关注资产减值损失转回的情况，看看是否存在不合乎规则的转回情况。

（二）公允价值变动收益

公允价值变动收益主要核算以公允价值进行后续计量且其变动计入当期损益的资产损益，比如交易性金融资产、投资性房地产，其公允价值当期变动计入公允价值变动收益。我们应着重评估该类公允价值计量是否合理。

（三）投资收益及汇兑收益

投资收益主要核算的是长期股权投资、交易性金融资产等在报告期内确认的投资收益及投资损失。需要注意的是，采用不同方法核算的长期股权投资，其投资收益的确认方法也是不同的。前文已对其做过介绍，这里不再赘述。

汇兑收益是由于汇率变动而引起的收益变动金额。

（四）营业外收入和支出

营业利润加减营业外收入和支出得到企业的利润总额，也就是税前利润。营业外收入和支出是由于与主营业务无关的事项引起的收入和支出。比如库存盘点时出现的盘盈或盘亏、报告期内的赔偿金、罚没收入、处置固定资产或其他资产收入、政府补助收入等都列为营业外收入。这些收入或支出与企业的主营业务无直接关联，具有偶发性和不可持续性，属于非经常性损益，对于评估或提升企业的持续盈利能力没有帮助。因此，我们需要将营业外收入和支出剔除后，才能了解企业主营业务真实的盈利能力和盈利增长速度。中国证监会要求上市公司在披露净利润的同时披露扣除非经常性损益的净利润，也即扣非净利润。扣非净利润更能真实、公允地反映企业的持续盈利能力。

但扣非净利润有时也会被用于粉饰业绩。在乐视网财务造假案例中，乐视影业各年分别向导演及制片人支付的对价为 9.55 亿元和 2.38 亿元的股份被认定为非经常性支出。而笔者认为，这两笔股份对价应当主要被认定为与主业相关的管理费用，而不应被认定为非经常性支出，按非经常性损益进行剔除后，将大幅夸大乐视影业的扣非净利润。无独有偶，獐子岛在处理以往年度虚增资产或潜亏资产时，曾前后三次核销扇贝存货共计 15.4 亿元，并且都记为当年的营业外支出，使这部分巨额亏损没有体现在当年的扣非净利润中。

五　净利润及其他综合收益

利润总额扣除所得税就是净利润。细心的读者可能会发现，按照现行 25% 的所得税税率，大部分企业的净利润并不一定是利润总额的 75%。造成这种差异的原因在于会计的利润总额与税法的应税利润额往往存在偏差。按照税法规定，有些成本费用项不能完全在税前扣除。

企业还会专门编制利润分配表用于核算利润分配过程和未分配利润。报告期净利润经提取盈余公积并经利润分配后得到报告期未分配利润，与资产负债表未分配利润期初余额加总后形成期末余额。未分配利润相当于股东对企业的追加投资，因此，未分配利润将体现为所有者权益的增加。从数量关系上讲，这个未分配利润就是资产负债表未分配利润期末与期初的差额。

其他综合收益是不能进行利润分配的业绩。前文已对其做过介绍，这里不再赘述。

第二节　现金流量表科目分析

现金流量表主要核算的是一定时期内企业经营活动、投资活动和筹资活动引起的现金流入与流出量（见表 2-2），描述了企业经营活动、投资活动和筹资活动中现金的来龙去脉，也从一个侧面反映了企业的财务风险状况。现金流是企业开展经营活动、投资活动和筹资活动的基础，一旦企业的现金流紧张，无论企业的账面盈利有多少，都会对企业的持续经营构成威胁。

表 2-2　正邦科技现金流量表

项　目	2022 年一季度	2021 年度
经营活动产生的现金流量	—	—
销售商品、提供劳务收到的现金	67.36 亿元	423.3 亿元
收到的其他与经营活动有关的现金	25.73 亿元	25.03 亿元
经营活动现金流入的平衡项目	0	0
经营活动现金流入小计	93.10 亿元	448.3 亿元

项　目	2022 年一季度	2021 年度
购买商品、接受劳务支付的现金	77.88 亿元	388.9 亿元
支付给职工及为职工支付的现金	4.705 亿元	48.34 亿元
支付的各项税费	7 738 万元	7 546 万元
支付的其他与经营活动有关的现金	23.35 亿元	32.32 亿元
经营活动现金流出的平衡项目	0	0
经营活动现金流出小计	106.7 亿元	470.3 亿元
经营活动产生的现金流量净额平衡项目	0	0
经营活动产生的现金流量净额	−13.61 亿元	−22.04 亿元
投资活动产生的现金流量	—	—
收回投资收到的现金		2.072 亿元
取得投资收益收到的现金	—	720.0 万元
处置固定资产、无形资产和其他长期资产收回的现金净额	134.5 万元	51.87 亿元
处置子公司及其他营业单位收到的现金净额	—	1.948 亿元
投资活动现金流入的平衡项目	0	0
投资活动现金流入小计	134.5 万元	55.96 亿元
购建固定资产、无形资产和其他长期资产支付的现金	1.792 亿元	64.92 亿元
投资支付的现金	—	2 695 万元
取得子公司及其他营业单位支付的现金净额	—	1.112 亿元
投资活动现金流出的平衡项目	0	0
投资活动现金流出小计	1.792 亿元	66.30 亿元
投资活动产生的现金流量净额平衡项目	0	0
投资活动产生的现金流量净额	−1.779 亿元	−10.34 亿元
筹资活动产生的现金流量	—	—
吸收投资收到的现金	2.761 亿元	10.67 亿元
其中：子公司吸收少数股东投资收到的现金	—	6.110 亿元

项　目	2022 年一季度	2021 年度
取得借款收到的现金	41.91 亿元	158.3 亿元
收到的其他与筹资活动有关的现金	4.284 亿元	5.943 亿元
筹资活动现金流入的平衡项目	0	0
筹资活动现金流入小计	48.96 亿元	174.9 亿元
偿还债务所支付的现金	39.05 亿元	150.7 亿元
分配股利、利润或偿付利息支付的现金	2.887 亿元	36.00 亿元
其中：子公司支付给少数股东的股利、利润	—	2 004 万元
支付的其他与筹资活动有关的现金	2.739 亿元	54.76 亿元
筹资活动现金流出的平衡项目	0	0
筹资活动现金流出小计	44.68 亿元	241.4 亿元
筹资活动产生的现金流量净额平衡项目	0	0
筹资活动产生的现金流量净额	4.279 亿元	−66.55 亿元
汇率变动对现金及现金等价物的影响	−5.709 万元	−23.34 万元
现金及现金等价物净增加额平衡项目	0	0
现金及现金等价物净增加额	−11.11 亿元	−98.94 亿元
加：期初现金及现金等价物余额	18.17 亿元	117.1 亿元
期末现金及现金等价物余额平衡项目	0	0
期末现金及现金等价物余额	7.062 亿元	18.17 亿元

数据来源：东方财富网。

现金流量表对企业经营活动、投资活动和筹资活动现金流入与流出的记账原则是收付实现制。损益表从某种程度上讲反映了企业经营活动、投资活动和筹资活动的成果，这个成果是以收入、成本和费用体现的，记账原则是权责发生制。这两种制度的差异导致现金流量表与损益表核算科目之间既有联系又有区别。比如经营活动现金流入量是与营业收入相关的业务活动导致的，但是因为存在应收账款及预收账款等往来款项，使得经营活动现金流入量与营业收入通常是不相等的。

正是由于现金流量表与损益表之间的这种差异和联系，在分析现金流量表时应结合损益表相关科目判断企业盈利中现金含量的高低，以此推断企业在行业上下游中的竞争地位甚至业绩水分。业绩虚增通常都会表现出净利润中经营活动产生的现金流入净额占比偏低的情况。因此，现金流量表相关科目也是判断财务造假的重要信息来源。

一　经营活动产生的现金流量分析

（一）收入质量分析

经营活动产生的现金流量与企业采购、生产、销售活动相关。经营活动产生的现金流入主要包括销售商品、提供劳务收到的现金，收到的税费返还，以及收到的其他与经营活动有关的现金。经营活动产生的现金流出主要包括企业向上游购买用于生产经营的原材料、设备、接受劳务、发放员工工资、税款、经营租赁及日常开销等现金支出。其中购买商品、接受劳务支付的现金和支付的其他与经营活动有关的现金通常占比较高。前者主要形成成本和存货；后者主要为非工资费用项。二者的增减变动反映出企业在成本和费用上的控制。

经营活动产生的现金流入量（净额）与同期确认的营业收入（净利润）的比值反映了当期的收益质量。显然，该比值越大，收益质量越高。如果该比值长期处于较低水平，则很有可能存在通过虚增非货币资产而虚增利润的情况。比如收入中存在较高比例虚构的应收账款，这是初步推断虚增利润的常用方法。但该比值小也有可能是因为企业对下游客户的话语权较低。如果是这种情况，那么，即使应收账款是真实的，这样的营业收入也存在较高的计提大额坏账准备的风险。

销售商品、提供劳务收到的现金是经营活动现金流入的核心部分，其与营业收入的比值为销售收现率，二者有如下关系式：

销售商品、提供劳务收到的现金 = 营业收入 + 收到的增值税销项税额 −
应收账款 / 票据及合同资产的增加 + 预收账款及收现合同负债的增加

理论上，如果购销双方一手交钱一手交货，那么销售收现率是否为 1 呢？答案是否定的，因为企业销售商品还要收取一个商品价外税——增值税。如果考虑增值税，那么，在一手交钱一手交货的购销情况下，销售收现率为1+增值税税率。我们可以以1+增值税税率作为这个指标的一个比较基准。

影响销售收现率高低的因素主要体现在资产负债表的预收账款和应收账款科目中（参考以上关系式）。当企业的销售收现率高于1+增值税税率时，说明企业当期销售回款良好，新增的预收账款大于新增的应收账款。尤其当企业新增的应收账款为负值时，说明企业大量收回了以往年度的应收账款，降低了坏账风险，这是企业收入质量提升的表现。当企业的销售收现率低于1+增值税税率时，说明企业新增的应收账款大于新增的预收账款。这有可能是企业销售政策变化引起的，比如加大了赊销力度等，这是市场竞争激烈或企业竞争地位较低的表现。如果企业的销售收现率长期低于1+增值税税率，而销售收入没有体现出应有的增长，那么这种为增加销售收入数量而牺牲销售收入质量的做法往往是难以为继的。

销售收现率低代表企业对下游客户的话语权不强。如果此时企业的销售毛利率反而异常增长，表现出强势特征，并且伴随着存货或应收账款的显著增加，则说明企业虚增存货／应收账款及利润的概率非常大。

（二）其他分析

（1）企业同期销售商品、提供劳务收到的现金与购进商品、接受劳务付出的现金的比值代表了企业报告期内经营活动现金投入与产出的对比关系。该比值越大，说明企业主营业务获得现金的能力越强，企业投入的产出效率越高。

（2）企业同期销售商品，提供劳务收到的现金中预收账款或收现合同负债或应收账款／票据或合同资产增量的比例通常反映出企业与下游客户地位的相对高低。我们可以用"（预收账款或收现合同负债的增加－应收账款／票据或合同资产的增加）÷同期销售商品、提供劳务收到的现金"这一比值来进行量化分析。该比值越大，说明企业对下游客户的相对地位越高，可以在与下游客户的往来款中占用较多的经营活动现金流。

（3）经营活动产生的现金净流入量同比值越大，说明企业销售回款状况及企业经营获取现金的能力都在向好。

二 投资活动产生的现金流量分析

（一）投资活动产生的现金流入分析

投资活动产生的现金流入主要包括收回投资收到的现金，取得投资收益、处置固定资产、无形资产和其他长期资产收回的现金净额，处置子公司及其他营业单位收到的现金净额。收回投资主要包括收回短期投资、长期股权投资、长期债权投资本金增值部分的现金。投资收益主要包括实际收到的现金股利和利息。

在分析中需要注意以下两点。

一是收回投资收到的现金与取得投资收益收到的现金是有差异的。收回投资收到的现金是指交易性金融资产、债权投资、其他权益工具投资、长期股权投资的出售、转让或到期收回的现金流入净额，但是其中不包括债权投资的利息现金流入部分，后者在"取得投资收益收到的现金"科目中核算。取得投资收益收到的现金主要核算的是企业报告期内股权投资收到的现金股利及债权投资收到的现金利息。例如，当企业控制的子公司向本企业分配股利时，投资活动产生的现金流量子栏目中的"取得投资收益收到的现金"科目的金额相应增加；但当本企业将所控制的子公司股权转让取得现金收入时，该笔收入体现在投资活动产生的现金流量子栏目的"处置子公司及其他营业单位收到的现金净额"科目中。该科目专门用来核算企业转让其子公司及其他营业单位控股股权收到的现金净额，因为这种控股股权的转让行为会导致所转让股权子公司及其他营业单位当期不再纳入企业合并报表合并范围，所以要单独列示。但是，对于处置子公司及其他营业单位收到的现金净额的跨越当期收到的现金净额部分，是在"收回投资收到的现金"科目中核算的。

二是投资性房地产是以取得租金或资产增值收益为目的的资产，其取得的租金收入所带来的现金流入按经营活动产生的现金流入核算，在"收到的其他与经营活动有关的现金"科目中体现。而投资性房地产的处置收入在"处置固定资产、无形资产和其他长期资产收回的现金净额"科目中体现。

（二）投资活动产生的现金流出分析

投资活动产生的现金流出主要包括购建固定资产、无形资产和其他长期资产支付的现金，取得子公司及其他营业单位支付的现金净额，投资支付的现金。其中前两项反映的是企业为获得长远经营收益而进行的长期经营性投资支出，规模越大，表明企业对未来业务增长的信心越强，但是规模过大将造成企业近期现金流压力。因此，在分析这两个科目时，应与企业目前的营业收入规模相比较，如果二者不匹配，表现为远超现有生产规模的态势，则表明企业扩张过于激进，企业未来可能面临现金流紧张，甚至可能因产能过剩而导致亏损；反之，则表明企业扩张过于保守。

我们还要进一步评估购建固定资产、无形资产和其他长期资产支付的现金及取得子公司及其他营业单位支付的现金净额这两项投资对企业未来经营是否具有增益作用。前者一般是用于扩大企业产能或提升产品附加值的生产经营性长期投资；后者一般是控制性投资，比如企业对子公司的长期股权投资，具有一定的财务杠杆作用。二者均为企业扩张的表现。如果在市场低迷的情况下企业反而加大扩张力度，那显然不符合商业逻辑。如果投资活动产生的现金流出并没有对应的相关非流动资产的增加，那么当事人很有可能利用虚构的投资活动卷走公司的资金。

投资支付的现金主要反映了企业为达到现金保值、增值目的而支付的投资款项，通常是理财性质的现金支出，从一个侧面反映了企业的现金管理能力。如果该科目的金额一直过大，则说明企业经营对现金的利用程度不足。

三　筹资活动产生的现金流量分析

筹资活动产生的现金流入量主要分为股权融资产生的现金流入量和债权融资产生的现金流入量。前者没有支付利息压力，因此，企业的偿债风险主要受债权融资产生的现金流入量影响。我们需关注债权融资与股权融资产生的现金流入量的比例，前者占比过高会增加企业的偿债风险，后者占比过高会摊薄每股盈利和净资产收益率。

负债融资的现金流不仅包含借款产生的现金流，还包含融资租赁产生的现金流。根据实质大于形式的原则，融资租赁本质上是一种融资购置固定资产的行为，在资产负债表中体现为长期应付款。融资租赁支付的现金在"支付的其他与筹资活动有关的现金"科目中核算。

在分析筹资活动产生的现金流量时，还要结合投资活动产生的现金流量。一般投资活动是筹资活动的主要动因，如果二者发展不协调，就会出现现金流时间错配的情况。如果融资流入的现金流远大于当期投资流出的现金流，则说明企业的投、融资安排没有做好，资金筹集上来后没有马上用于募投项目，产生了较多闲置资金，无谓增加了资金成本。如果融资流入的现金流远小于当期投资流出的现金流，则说明企业需要动用自有资金进行投资扩张。在通常情况下，靠自身积累扩张的效率是比较低的，适当增加财务杠杆或增资扩股有利于提升企业的规模效益。尤其是在规模效应比较明显的行业中，扩张意味着企业市场占有率的升高、市场地位的提升、定价权的提升、成本的节约和毛利率的提升。

经营活动、投资活动、筹资活动这三项基本经济活动引起的现金流净流量就是现金及现金等价物净增加额。它与资产负债表货币资金期末与期初余额的差额不完全一致，因为现金流量中的现金指的是现金及现金等价物，不一定仅包含货币资金。比如黄金属于现金等价物，而不属于货币资金。

第三章　三大财务报表之间的关系及财务粉饰的原理、手法综述

　　资产负债表、损益表、现金流量表之间是存在一定的钩稽关系的，全面掌握这些关系，有助于识别财务上的虚假披露等问题。

第一节　三大财务报表之间的关系

　　企业经营活动、投资活动、筹资活动这三项基本经济活动必然是相互关联的，三大财务报表之间也必然存在密切的钩稽关系。可以通过三大财务报表之间的钩稽关系对财务报表数字进行印证。

一　资产负债表与损益表之间的钩稽关系

　　存货会随着销售的推进逐步转化为损益表中的成本及费用，并贡献与之相应的收入及利润，因此，损益表的起点与资产负债表中的存货对接。而损益表中的未分配利润及其他综合收益是资产负债表中未分配利润及其他综合收益期末值与期初值的差额，因此，损益表的终点又与资产负债表中资本来源的起点对接。资产负债表与损益表之间存在如下钩稽关系。

（一）营业成本／存货匡算法

　　存货与营业成本有如下基本关系：

　　　　期初存货 + 本期新增存货 − 期末存货 = 本期营业成本

　　上式稍做变形，有：

　　　　本期新增存货 = 本期营业成本 + 期末存货 − 期初存货

上式中的新增存货剔除生产部门固定资产折旧及工人工资等固定成本后，应该与生产车间水电费等可变成本呈现成比例关系。如果经匡算没有发现这种比例关系，那么企业有可能存在存货账实不符的情况。

（二）固定资产／折旧匡算法

行政管理部门固定资产于报告期内计提的折旧金额应该与损益表中"管理费用——折旧费"科目的金额大致相等。

（三）中短期投资、长期投资／投资收益对比法

由于损益表中的投资收益主要来源于资产负债表中的交易性金融资产及长期投资科目，因此，逻辑上它们应该有数量上的对应关系。如果资产负债表中的投资性资产余额与损益表中的投资收益在金额大小上不匹配，那么相关科目可能存在异常。

（四）税项／收入、利润匡算法

我们可以根据税项判断收入或利润的真实性。企业报告期内营业收入与报告期内流转税与所得税之间存在税率关系，即有：

资产负债表应交税费（不含应交增值税）期末期初差额 + 报告期已缴纳税额

（不含增值税）- 管理费用及存货涉及的税金

≈损益表营业税金及附加 + 损益表所得税

≈营业收入 × 相应税率 + 利润总额 × 所得税税率

注意，因为增值税为价外税，而企业营业收入是不含增值税的，所以以上等式中需要剔除增值税金额。此外，由于会计的利润总额与税法的应税利润总额存在差异，因此以上等式只是约等于的关系。即便如此，如果等式两边的数值相差较大，则意味着企业存在粉饰收入或利润的情况。

二　资产负债表与现金流量表之间的钩稽关系

资产负债表是标的企业筹资活动、投资活动和经营活动这三项基本经济活动

在报告期期末时点上的缩影。而现金流量表是企业报告期内筹资活动、投资活动和经营活动这三项基本经济活动所产生现金的来龙去脉，也是对资产负债表中货币资金项的展开说明。资产负债表与现金流量表之间存在如下钩稽关系。

（1）资产负债表中"货币资金期末余额与期初余额之差"≈现金流量表中"现金及现金等价物净增加额"（需要剔除现金等价物的增加额）。

（2）现金流量表中"吸收投资收到的现金"≈资产负债表中"实收资本或股本报告期期末余额与期初余额之差"+资产负债表中资本公积报告期期末余额与期初余额之差+资产负债表中"应付债券报告期期末余额与期初余额之差"。

（3）现金流量表中"取得借款收到的现金"+"发行债券收到的现金"−"偿还债务支付的现金"≈资产负债表中"短期及长期借款、应付债券报告期期末余额与期初余额之差"。

（4）现金流量表中"收回投资收到的现金−投资所支付的现金"≈资产负债表"交易性金融资产、长期股权投资、债权投资、其他权益工具投资报告期期初余额与期末余额之差"。注意，该等式需要剔除长期股权投资因分红而引起的变动额。

（5）现金流量表中"处置固定资产、无形资产和其他长期资产收回的现金净额−购建固定资产、无形资产和其他长期资产所支付的现金"≈"固定资产清理"的贷方余额+资产负债表中"在建工程、固定资产、无形资产及其他长期资产报告期期初余额与期末余额之差"。如果报告期期初余额与期末余额之差为负值，则在现金流量表"购建固定资产、无形资产和其他长期资产支付的现金"科目中核算。注意，其他长期资产包括投资性房地产。

三 三大财务报表之间的钩稽关系

（1）现金流量表中"销售商品、提供劳务收到的现金"≈损益表中"营业收入"×（1+销项增值税税率）+资产负债表中"预收账款及收现合同负债报告期期末余额−期初余额"−资产负债表中"应收账款、应收票据及合同资产报告期期末余额−期初余额"−（计提的应收账款坏账准备报告期期末余额−期初余额）。

（2）现金流量表中"购买商品、接受劳务支付的现金"≈（损益表中"营业成本"＋资产负债表中"存货报告期期末余额－期初余额"）×（1＋进项增值税税率）＋资产负债表中"预付账款报告期期末余额－期初余额"－资产负债表中"应付账款及应付票据报告期期末余额－期初余额"。

（3）现金流量表中"取得投资收益收到的现金"＝损益表中"投资收益"－资产负债表中"应收利息、应收股利报告期期末余额与期初余额之差"。

事实上，经营活动产生的现金流量通常是由资产负债表和损益表科目推导计算得到的，见表3-1。

表 3-1　将净利润调整为经营活动产生的现金流量净额的推导过程

项　　目	备　注
净利润	
加：存货的减少（增加以"－"号填列）	与经营活动相关的资产负债增减
经营性应收项目的减少（增加以"－"号填列）	
经营性应付项目的增加（减少以"－"号填列）	
经营性预付项目的减少（增加以"－"号填列）	
经营性预收项目的增加（减少以"－"号填列）	
固定资产折旧、生产性生物资产折旧	
无形资产摊销	
长期待摊费用摊销	
递延所得税资产的减少（增加以"－"号填列）	
递延所得税负债的增加（减少以"－"号填列）	
资产减值准备	
财务费用（收益以"－"号填列）	与经营活动无关的损益
处置固定资产、无形资产和其他长期资产的损失（收益以"－"号填列）	
公允价值变动损失（收益以"－"号填列）	
固定资产报废损失（收益以"－"号填列）	
投资损失（收益以"－"号填列）	
其他	
经营活动产生的现金流量净额	

从表 3-1 中可以看到，如果现金滞留在与经营活动相关的资产科目中，那么，即使与收入确认无关（比如经营性预付款项），也会造成现金被占用，经营活动产生的现金流量净额就会少于净利润；相反，如果现金滞留在与经营活动相关的负债科目中，那么，即使与收入确认无关（比如经营性预收款项），也会造成企业对上下游往来款的占用，经营活动产生的现金流量净额就会多于净利润。非现金资产转为成本会造成经营活动产生的现金流出量少于确认的成本金额，经营活动产生的现金流量净额也会多于净利润。

有些科目虽参与了损益的核算，却是与经营活动无关的损益，比如损益表中公允价值引起的收益、投资收益、营业外收益和财务费用。其中，公允价值引起的收益、投资收益、营业外收益（比如处置固定资产、无形资产和其他长期资产的损失 / 收益）是与投资活动相关的现金流量，财务费用是与筹资活动相关的现金流量。在推导经营活动产生的现金流量时，应该将这些与经营活动无关的损益造成的现金流量剔除。

从以上经营活动产生的现金流量的推导过程中可以清楚地了解净利润、经营活动现金流及资产负债之间的关系，这个关系可以表述为以下关系式：

经营活动产生的现金流量净额 = 经营性净利润 − 经营性资产的增加 +
经营性负债的增加

其中，经营性净利润 = 净利润 − 非经营性收益净额 + 财务费用。

从以上关系中至少可以得知两点。

一是如果经营性负债的增量大于经营性资产的增量，那么企业经营活动产生的现金流量会大于经营性净利润，这说明企业在产业链中的地位较高，可以通过经营往来款占用资金。

二是如果企业经营性资产增加过多，就会造成现金较大占压，从而导致公司经营性现金流不足，净利润的现金含量偏低。如果经营性资产的增加是违反价值投资逻辑的，就可以认定其中有虚增资产和虚增利润的情况。

第二节　财务粉饰的原理及常用手法

财务粉饰的概念较财务造假的概念更宽泛，财务造假必然是财务粉饰，但财务粉饰不一定就是财务造假，也有利用会计准则粉饰业绩的情况。比如乐视网将收购的影视版权作为无形资产而非存货入账，而且对该无形资产的摊销政策定为直线法而非行业惯用的加速摊销法，从而提前确认收入。这就属于财务粉饰，但不属于财务造假。利用会计准则粉饰业绩大多是将收入确认提前，将成本费用确认推后，只相当于拆东墙补西墙，企业基本面没有得到本质上的改善。

一 财务粉饰的目的及基本原理

财务粉饰的动机可能是隐瞒利润以减轻税负、虚增利润以吸引投资、获取信贷资金和商业信用、应付业绩考核、转移资产、侵吞公司财产等。无论财务粉饰的动机如何，都会给投资者造成潜在的经济损失。显然，对于投资者来说，识别财务粉饰手法对于规避投资风险是十分重要的。

我们发现，财务粉饰的手法虽然五花八门、防不胜防，但万变不离其宗，只要了解了财务粉饰的原理，就能一眼看出其中的本质。

上一节介绍了三大财务报表之间的钩稽关系，当时我们将净利润、经营活动现金流及资产负债之间的关系用关系式表述为：

经营活动产生的现金流量净额 = 经营性净利润 − 经营性资产的增加 +

经营性负债的增加

如果对以上关系式稍加变形，就可以看到财务粉饰的原理。变形后的关系式如下：

经营性净利润 = 经营活动产生的现金流量净额 + 经营性资产的增加 −

经营性负债的增加

从以上关系式中可以看到，经营性净利润同时受到经营活动产生的现金流量、经营性资产、经营性负债三个因素的影响。经营活动产生的现金流量净额本质上可归属于货币资金资产，主要用于经营，因此，以上关系式中经营性净利润的影响因素可简化为经营性资产和经营性负债。具体而言，经营性资产的增加和经营性负债的减少会导致企业当期经营性净利润的增加。这就是财务粉饰的基本原理。

企业通过人为调高资产项或人为调低负债项就会虚增利润。比如人为虚增应收账款及存货、少计提折旧、摊销及资产减值准备、费用资本化、将应结转为成本的存货挂账在预付账款科目上或将其他成本费用项挂账为资产等都是虚增利润的手法。相反，企业通过人为调低资产项或人为调高负债项就会虚减利润。比如无故对存货、固定资产等资产做减值或核销处理，对应收账款做坏账处理，人为将本期收入挂账在长期应付款、递延收益科目上，都会虚减企业当期利润。

当然，除以上人为调节资产项和负债项外，还有在资本公积项目上做文章的。比如，被投资企业在所有者权益发生除净损益、其他综合收益和利润分配以外的其他变动时，将本应调整资本公积的金额计入投资收益。又如，通过资产评估减值冲减资本公积而回避计提当期费用。除此以外，还有利用资产重组将劣质资产高价转让给关联公司以提高利润、利用关联交易调节利润、变更收入确认方式等更丰富的手法。

二　财务粉饰的常用手法

（一）虚构收入

虚增应收账款是虚构收入的常用手法。企业与关联方签订形式上的购销合同，并真实发货做出库单据，却并未收到货款或仅收到部分货款，当期确认的收入全部或部分为应收账款。企业即使收到部分货款，也仅相当于存货的价值，用该部分货款从关联那里将前期已结转为成本的存货购回，再重复上述操作。这样用同一笔货款和同一批存货每周转一次，就虚增一次利润及等额的应收账款，这就是现金流体外循环式虚增利润的手法。这种手法还有虚增存货的情况。不管是虚增应收账款还是虚增存货，都是潜亏资产。

在实务中，体外关联方可能不止一个。为了增加财务造假的隐秘性，同一笔现金可能会被包装成多笔关联方之间的业务往来款，最终完成循环。但不管体外循环有多复杂，我们只需记住，采用这种手法虚增的利润是没有对应的现金流入的。如果企业的利润增长与经营活动产生的现金流量净额增长不成比例，我们就应该审慎怀疑企业的利润可能就是通过此种手法虚增的。

利用关联方低买高卖也是虚构收入的常用手法。例如，当上市企业因连年亏损而面临摘牌压力时，就会通过向关联方低价采购原材料并向另一关联方高价出售来制造利润。也有的企业将不良资产以远高于公允价值的价格转让给关联企业，以达到虚增利润的目的。因此，我们要审慎对待这些定价不公允的交易。

（二）提前确认收入

根据收入确认原则，企业未将商品所有权上的主要风险和报酬转移给买方时不能确认收入，否则为提前确认收入。这种情况比较普遍。例如，企业虽然已将商品送达买方仓库，但买方在验收时仍对商品质量存有疑问，在双方就此交涉过程中企业确认了该笔销售收入，就属于提前确认收入。又如，企业已将商品销售给买方，买方也已验收入库，但在购销合同中约定，如果商品在一个月内出现质量问题，那么买方可以要求退货。由于在商品验收入库后的一个月内企业承担着接受退货的风险，因此，在此期间确认收入也属于提前确认收入。

在商品销售后买方分期支付货款时，比如采用完工百分比法确认收入时，也常有提前确认收入的情况。例如，某设备销售合同约定，买方于签订合同时、设备送达指定地点时、验收通过时分别向卖方支付设备款总额的20%、60%、10%，剩余的10%设备款作为质量保证金在设备正常运行一年后支付。对于这种情形，一般来讲，收入确认时点应该为买方对设备验收通过的时点。企业在此之前收到80%的设备款都应该记为预收账款，在买方验收通过时才确认全部设备款为当期收入，剩余10%的质量保证金作为应收账款处理。如果企业将预收款项确认为当期收入，就属于提前确认收入。有时企业会为了提前确认收入而伪造设备验收报告，在分析时应向客户函证。

笔者亲身经历过远程医疗设备销售收入提前确认的案例。拟投资标的与医院共同搭建远程医疗科室，通过向医院提供远程医疗设备来获得销售收入。但由于此类设备价格比较高，通常为数百万元到数千万元，对一般医院来说支付设备款是有难度的。因此，拟投资标的将远程医疗设备先行卖给融资租赁公司，同时确认销售收入，医院再通过融资租赁的方式使用该设备，并向融资租赁公司支付设备租金。

仅凭以上信息判断，销售收入的确认似乎没有问题，实则不然。医院在租赁医疗设备的同时附带了一项类似对赌的条款，即当共建的远程医疗科室贡献的收入小于设备租金时，差额部分由拟投资标的垫付，记为拟投资标的的其他应收款。因此，即使拟投资标的账面显示远程医疗设备销售确认了大量收入，但由于远程医疗科室的收入贡献比较小，因而产生了大量的其他应收款，这些收入都附带其他应收款（垫付资金）无法收回的风险，在销售设备时，这一重要风险并没有转移给买方，不满足收入确认的前提条件。因此，从本质上讲，拟投资标的通过这种方式确认的远程医疗设备销售收入在垫付风险消失前都属于提前确认收入。当越来越多的其他应收款成为坏账时，投资者醒悟为时已晚。

（三）推迟确认收入

推迟确认收入通常是为了减轻税负。但当企业需要达到某种收入或利润增长的考核标准时，比如，董事会对管理层的考核目标或企业 IPO 标准，也会将当期较充裕的利润推迟到未来各考核期分期确认，这样企业收入和利润就会呈现高增长的假象。

利用递延收益科目推迟确认收入是常用的手法。递延收益是指尚待确认的收益，记在资产负债表的负债方，其应用范围比较有限，主要体现在租赁准则和收入准则的相关内容中。递延收益主要包括预收的出租包装物租金、预收的出租房屋或设备租金、成为会员后可享受相关优惠的会员费、与资产相关的政府补助、用于补偿企业以后期间相关成本费用或损失的与收益相关的政府补助等（见表 3-2）。

表 3-2　格力电器的递延收益

单位：元

项　　目	期初余额	合并范围增加	本期增加	本期减少	期末余额
一、与收益相关的政府补助	181 089 774.04		67 387 011.32	37 124 718.37	211 352 066.99
其中：环境保护升级项目	2 656 866.22		24 833 400.00	2 196 632.83	25 293 633.39
制冷领域科研项目	115 014 244.49		35 491 861.32	25 268 671.05	125 237 434.76
其他	63 418 663.33		7 061 750.00	9 659 414.49	60 820 998.84

项　　目	期初余额	合并范围增加	本期增加	本期减少	期末余额
二、与资产相关的政府补助	255 943 928.42	1 179 257 549.38	1 138 820 771.43	89 286 347.52	2 484 735 901.71
其中：环境保护升级项目	13 707 325.37		14 759 808.25	2 038 753.26	26 428 380.36
制冷领域科研项目	210 623 822.17		1 075 495 434.86	56 482 290.10	1 229 636 966.93
能源汽车项目		1 179 257 549.38	210 528.32	10 494 868.66	1 168 973 209.04
其他	31 612 780.88		48 355 000.00	20 270 435.50	59 697 345.38
合计	437 033 702.46	1 179 257 549.38	1 206 207 782.75	126 411 065.89	2 696 087 968.70

资料来源：格力电器 2021 年年报。

与资产相关的政府补助在相关资产于使用寿命结束前被出售、转让、报废或发生毁损的，应当将尚未分配的相关递延收益余额转入资产处置当期损益。有的企业为了减轻税负，在出售有关资产后并不同时结转递延收益。

与收益相关的政府补助要区分其是用于已经发生的还是用于未来各期将要发生的成本费用或损失的补偿。政府针对工业、农业生产环节的生产性补贴就属于前者，应当计入当期损益或冲减相关成本。但如果将其记为后者，比如将本应冲减当期借款费用的财政贴息资金记为递延收益，在借款存续期内分期确认，冲减相关借款成本，就属于推迟确认收入。

除了利用递延收益科目推迟确认收入，企业也可能将本期应确认的收入挂账在长期应付款科目上，以达到推迟确认收入的目的。

（四）虚增（减）资产和虚减（增）负债

事实上，几乎所有调节利润的手法都可以归结为虚增（减）资产和虚减（增）负债，这是财务粉饰的基本原理性手法。企业通过将应计入损益表的成本费用（收入）项披上资产（负债）的外衣而滞留在资产负债表中，就可以达到调节利润的目的。例如，采用虚构应收账款的方式虚增收入实质上就是采用虚增资产调增利润的手法，采用虚增递延收益的方式虚减当期利润实质上就是采用虚增负债调减利润的手法。现将通过调节资产和负债会计科目来调节利润的常用手法总结如下，见表 3-3。

表 3-3 通过调节资产和负债会计科目来调节利润的常用手法

资产 / 负债项科目	调节利润的手法
应收账款	虚构应收账款； 调减账龄，少计提或不计提坏账准备
其他应收款	成本费用或潜亏挂账
存货	虚构存货； 将无关成本费用作存货入账； 少计提或不计提存货跌价准备； 调节存货计价方法
短期投资	少计提或不计提短期投资跌价准备
长期投资	少计提或不计提长期投资减值准备
固定资产	多计固定资产购置成本； 调增固定资产折旧年限，变更固定资产折旧计提方法； 少计提或不计提固定资产减值准备
在建工程	将无关成本费用计入在建工程； 在建工程达到预计使用目标后迟迟不转为固定资产，从而将期间贷款利息及工人工资资本化； 少计提或不计提在建工程减值准备
无形资产	将无关成本费用计入无形资产； 调增无形资产摊销年限，少计提无形资产摊销； 少计提或不计提无形资产减值准备
长期待摊费用	将本应计入当期成本费用或潜在亏损项计入本科目
递延资产	将本应计入当期成本费用或潜在亏损项计入本科目
商誉	少计提或不计提商誉减值准备
应付职工薪酬	将本应计入当期成本费用或潜在亏损包装成员工福利支出计入本科目借方
应付款	将本应计入当期收入的金额计入本科目
递延收益	将本应计入当期收入的金额计入本科目
预提费用	将本应计入应付账款或当期收入的金额计入本科目

表 3-3 中仅列示了虚增相关资产或负债的情况，虚增资产会虚增利润，虚增负债会虚减利润。虚减相关资产或负债的情况与虚增情况对利润的调节方向相反，只不过虚减负债的情况比较少见。企业会根据当年或未来年度的利润需要，通过虚增或虚减相关资产或负债来调节利润。

从表 3-3 中我们也可以看到，很多资产是需要计提跌价或减值准备的。资产负债表中的资产登记的是净值，即扣除对应跌价或减值准备的价值。理论上对资产跌价或减值准备的计提进行控制就可以调节利润。其中应收账款科目是调节利润的常用科目。企业经常先通过调集闲置资金制造应收账款收回的假象，再通过做账将该笔资金如数转出，应收账款账面余额没有变化，却免于计提当期坏账准备。

存货也是调节利润的重要工具。企业可以通过虚构存货的方式虚增利润，也可以通过控制存货跌价准备的计提而调节利润。在审计人员对存货进行盘点前，企业会事先借入一批存货或开出假仓单瞒天过海。当存货价值很难评估时，比如医药生物行业的化学试剂或原料药存货，或者养殖行业的生物资产，企业干脆不做这些手脚，如果审计人员没有深厚的行业经验，则很难对存货价值进行准确估计。

对于估价难度较高的固定资产、在建工程和无形资产，这些资产的真实价值及计提的资产减值准备高低有时很难判断，在计价过程中也很容易将当期无关的成本费用计入成本当中，造成这些资产账面价值的高估，从而虚减了当期的成本费用。

商誉是在非同一控制下企业合并过程中合并成本大于被合并方净资产公允价值的部分。这个合并成本一旦被人为调高，商誉资产就会被虚增，变为日后的潜亏资产。会计准则规定企业在每个会计期期末应该对商誉进行减值测试。如果相关资产组或资产组组合的可收回金额低于其账面金额，则确认商誉的减值损失。但很多企业对商誉的减值测试并不严谨，或者故意隐瞒潜在亏损。商誉要么不减值，一减值就会带来巨额亏损。这种案例在 A 股市场上经常出现。

2020 年 4 月 29 日，A 股上市公司顺利办（000606）发布年报称，公司 2019 年计提商誉减值准备 7.59 亿元。这导致顺利办当年巨亏。2022 年 4 月 30 日，国华网安（000004）发布公告称，公司对商誉计提减值准备 5.57 亿元。商誉计提减值准备后，公司 2021 年净利润由原预计的 1 亿余元立即转为亏损超过 4 亿元。

商誉减值很可能与关联利益输送有关。当企业作为关联方对另一企业输送利益时，以远超公允价值的收购价从另一企业那里收购了一家子公司，从而相当于向另一企业输送了利益，在本企业资产负债表合并报表中就会增加一项商誉资产。当然，商誉减值也可能与侵吞公司资产有关，比如当事人利用虚构的长期股权投资交易套现。不管背后目的如何，这个虚增的商誉就是本企业的潜亏项，迟早要爆雷。

此外，我们还需要对表 3-3 中的预提费用科目进行特别说明。预提费用是指由未来各期实际支付但确认为本期费用的负债科目。如果企业将当期形成的但可能不包含当期成本费用的应付账款记为预提费用，或者直接将本期收入挂账在预提费用科目上，就会导致当期成本费用被夸大或收入被隐藏，从而虚减当期利润。

（五）转移费用

转移费用的主要方式是费用长期化或资本化。正如前文介绍的那样，将应列入当期成本或费用的项目挂账在递延资产或长期待摊费用等科目上就属于费用长期化，将本应结转为固定资产的在建工程产生的期间费用计入在建工程成本就属于费用资本化。费用资本化本质上也属于费用长期化，只不过是在时间维度上的费用转移。除费用长期化和资本化外，转移费用的方式还有很多，比如企业将广告费用交由母公司承担，这样本企业既享受了广告投入所带来的销售收入增长，又没有承担相应的广告费用，从而虚增了利润。某医药生物上市公司长期以来无偿使用其大股东的医药研发中心，在享受研发成果的同时并不向其大股东支付任何费用，这也是一种转移费用的方式。

其他应收款也是费用经常挂账的科目。企业为员工垫支的差旅费等费用在员工取得相关发票向企业会计报账时，差旅费对应的其他应收款应该相应结转为当期费用。但是，如果我们发现其他应收款明细项目中涉及为员工垫支项目金额比较大并且挂账时间比较久的情况，则很有可能是因为企业已收到相关发票但故意不结转为当期费用，从而虚增利润。

（六）利用长期股权投资调节利润

我国股权投资市场发展相对较晚，投资机构优胜劣汰过程还在进行中，很多投资机构的投资决策受非理性因素的影响比较大，不具备投资价值的标的估值可能很高，这就为企业利用股权投资调节利润创造了条件。企业可以将其不盈利的子公司以远超公允价值的价格堂而皇之地转让给关联方，从而达到虚增利润的目的。

企业还可以通过变更股权投资计价方法来调节当期利润。例如，当企业子公司盈利时，企业将原本采用成本法核算的长期股权投资变更为采取权益法核算；而当企业子公司亏损时，企业则将权益法核算变更为成本法核算。这样变更的目的就是多确认投资收益而回避投资亏损。

（七）利用资产评估虚增利润

按照现行会计准则，在一般情况下，企业在存续经营的情况下，资产评估减值损失应该计入当期损益；但是，当企业进行改制重组或兼并收购时，资产评估减值是可以冲抵资本公积的。有的企业就是通过改制重组或兼并收购的资产评估减值将长期积累的各种潜亏、坏账、损失进行大清洗，一次性冲抵资本公积。这样不仅清理了潜亏资产，还清除了未来潜在的成本费用，而且并未影响当期利润。

（八）利用关联交易进行财务造假

关联交易是指在关联方之间转移资源、劳务或义务的行为，它本是一个不含褒贬的中性词汇。在企业正常的业务往来中也会有关联交易。正常的关联交易有时可以降低交易费用。利用关联交易还可以减轻税负。例如，当关联企业存在税率差的时候，通过关联交易可以将利润集中于适用税率较低的企业，以达到减轻整体税负的目的。为了输送利益或虚构业绩而进行的关联交易属于财务造假行为，这里的关联方可能是包装成客户或其他交易对手的隐性关联方，这是我们要重点分析的对象。

通过关联交易进行财务造假的主要手法总结如下，见表 3-4。

表 3-4　利用关联交易进行财务造假的主要手法

关联交易方式	财务造假手法
商品购销	与关联方虚构购销合同
	以高于市场的价格销售给关联方

续表

关联交易方式	财务造假手法
提供服务	向关联方提供名义上的委托经营服务并收取服务费
	向关联方提供名义上的资产或其他管理服务并收取服务费
资产交易	虚构被并购标的业绩和并表利润
	用劣质资产置换或以低价收购关联方的优质资产
	以较高价格向关联方转让无盈利子公司
	将闲置/劣质资产以较高价格转让给关联方
资金融通	以劣质资产抵押向关联方融资
	关联方以高于公允价值的成本向本企业子公司股权投资
	关联方为本企业提供超出自身偿还能力的融资担保
转移劳务或义务	约定企业可以使用关联方的商标等无形资产的许可协议
	企业高级管理人员或核心技术人员在关联方领薪
	关联方免费向企业提供办公场所、固定资产或其他资产
	企业相关成本费用由关联方承担

表 3-4 所列行为中有些属于输送利益行为,比如"以高于市场的价格销售给关联方",有些属于虚构业绩行为,比如"虚构被并购标的业绩和并表利润"。后者对投资者的伤害更大,粤传媒并购香榭丽财务造假案就是典型的案例。

上市公司借收购兼并利好信息可以拉升其二级市场的股票价格,这主要归功于并表利润所带来的新增市值。财务造假者策划上市公司收购一家盈利良好的公司,但是该公司的业绩是虚构的,并且其实际控制人为隐性关联方。收购完成后,被收购公司于收购日之后产生的利润将被纳入上市公司合并报表,从而达到虚增上市公司业绩的目的。但这并不是财务造假者的最终目的。被收购公司的实际控制人往往与财务造假者为同一人或是利益关联方。上市公司的收购款被他们侵吞了,而且财务造假者还会在上市公司兼并利好刺激股票价格上涨到高点时将股票质押获利,直到这次收购形成的商誉资产湮灭时投资者才醒悟过来。

笔者将近年来典型的上市公司财务造假案例汇总如下,见表 3-5(标"※"的案例为本书所讲案例)。

表3-5　近年来典型的上市公司财务造假案例汇总

所涉及上市公司	财务造假手法
※ 獐子岛	虚增存货、商誉等资产
※ 康美药业	通过伪造、变造大额定期存单等方式来虚增货币资金资产，将不满足会计确认和计量条件的工程项目纳入报表，虚增固定资产，同时虚增收入、成本及利润
※ 康得新	通过虚构购销合同来虚增收入及利润，相应虚增货币资金资产，同时通过虚构采购、运输费用及研发费用来虚增相应的成本及费用
※ 乐视网	虚增无形资产、应收账款、存货等资产，并利用关联交易及现金体外循环虚构销售收入和利润
东方金钰	通过虚增存货、应收账款等资产来虚增利润； 利用现金体外循环虚增利润
粤传媒	虚构被并购标的业绩和并表利润，虚增商誉
风华高科	用自有资金认购以本企业本应记为坏账的应收账款包装成的理财产品，同时将剩余的本企业本应为坏账的应收账款转让给关联方，从而隐瞒坏账损失，虚增利润
天业股份	在股权转让未完成前，提前确认投资收益； 将融资居间费、违约金及财务顾问费等挂账在其他应收款科目上，从而虚减相关费用，虚增利润； 将预缴所得税计入其他流动资产并重复计提递延所得税资产，虚增利润； 虚增存货，虚减营业成本，虚增利润； 以预算总成本结转工程成本，虚减工程成本，虚增利润
瑞幸咖啡	通过虚增单个门店销售量来虚增销售收入，同时虚增销售费用
盈方微	未达到收入确认条件而确认收入
欢瑞世纪	在版权转让协议未生效时提前确认版权转让收入及对应成本； 虚构收回应收款项，从而少计提坏账准备，虚增利润
千山药机	虚构销售回款，虚减应收账款及坏账准备，虚增利润； 虚增在建工程，虚增销售收入； 有可能利用关联方非经营性占款虚构利润
神雾环保	利用关联交易虚构销售收入和利润
神马股份	利用关联交易虚构销售收入和利润
金亚科技	通过虚构购销合同来虚增收入； 通过虚增银行存款及预付工程款来虚增收入、虚减费用
新大地	先虚构原材料采购、在建工程或预付款，并向关联方实际支付相关款项，再虚构与关联方的销售合同，将前期支付出去的款项以销售收入的方式回流，从而虚构收入和现金流

所涉及上市公司	财务造假手法
绿大地	虚增存货—苗木生物资产，从而少计营业成本，少计提存货跌价准备，虚增利润
万福生科	通过自有资金体外循环的方式虚构预付款、存货、应收账款，虚增收入，伪造了销售回款的银行回单
紫鑫药业	先通过自有资金体外循环的方式向上游关联方支付采购款，关联方再将该笔采购款转给下游关联客户，关联客户用该笔款项购买本企业产品，从而虚构收入及利润。此外，公司存货入账凭证不足，存在虚增存货的情况
佳电股份	资产重组收购的标的为达到业绩承诺，虚减成本费用，虚增利润
昆明机床	虚构购销合同，虚增应收账，虚增合同价格，虚增收入，虚减存货，虚增营业成本
皖江物流	通过签订阴阳合同来虚增销售收入及利润； 通过虚构购销合同来虚增收入及利润； 将应收账款记为应收票据，从而少计提坏账准备，虚增利润
鞍重股份	用虚构购销合同、虚减成本费用、虚增收入的方式包装出优质资产，并打包溢价转让给鞍重股份
宁波东力	收购深圳市年富供应链有限公司形成的商誉 1 716 910 705.55 元，因收购标的虚增应收账款等资产虚增利润而减值
*ST 国药（现名"*ST 仰帆"）	*ST 国药为避免退市，利用大股东关联方虚构钢材贸易购销合同，虚增收入及利润

第二篇

财务指标分析与价值判断

上一篇介绍了遵循会计准则的会计科目，财务指标分析与价值判断遵循的是价值投资逻辑。两者的关系就好比下棋一样，掌握了会计准则相当于学会了"马走日，相走田"这样的行棋规则，但不代表懂得下棋的攻、杀、战、守。而财务指标分析与价值判断相当于下棋的攻、杀、战、守，但也要合乎行棋规则。

只有建立起以价值投资逻辑为基础的财务指标分析体系，才能正确运用财务指标分析开展"去伪存真"和"价值发现"工作。本篇将为读者建立起以价值投资逻辑为基础的财务指标分析体系。

第四章　偿债能力分析

在所有的财务指标中，"净资产收益率"（ROE）所包含的企业信息量是最多的。ROE 同时涵盖了资产负债表和损益表的大量重要信息，是企业盈利能力、营运能力和偿债能力三个维度综合作用的结果。财务指标的这三个维度是价值投资判断体系的基本维度，也反映了企业所处行业和商业模式特征。同时，这三个维度也相互影响、相互制约。比如，企业偿债能力就与营运能力相关联，并对盈利能力产生影响和制约。

图 4-1 和图 4-2 所示分别为商业贸易行业上市公司武商集团及公用事业行业上市公司湖南发展的 ROE 杜邦分析。

对比二者的 ROE 杜邦分析，我们可以看到两个行业的企业在盈利能力、营运能力、偿债能力及商业模式上的鲜明特征。商业贸易行业属于典型的薄利多销行业，而公用事业行业与商业贸易行业恰好相反，属于典型的厚利少销行业。商业贸易行业的资产周转率普遍较高，而销售净利率普遍较低。武商集团 2021 年的资产周转率为 0.28 次，是湖南发展该指标的两倍，但销售净利率仅为 10.56%，远低于湖南发展的 25.03%。根据这两个指标，武商集团的 ROA（总资产收益率，为总资产周转率与销售净利率的乘积）为 2.96%，比湖南发展 3.50% 的 ROA 低。但武商集团的 ROE 为何高于湖南发展的 ROE 呢？

这是因为武商集团拥有较高的权益乘数，使得武商集团在 ROA 落后于湖南发展的情况下，ROE 却能反超。无论是武商集团 2.96% 的 ROA，还是湖南发展 3.50% 的 ROA，息税前 ROA 大概率都会低于有息负债利息率，增加财务杠杆将使得新增盈利不足以弥补新增利息，因而导致企业销售净利率、ROA 及 ROE 更低。也就是说，企业的盈利能力、营运能力和偿债能力其实是相互影响和制约的。

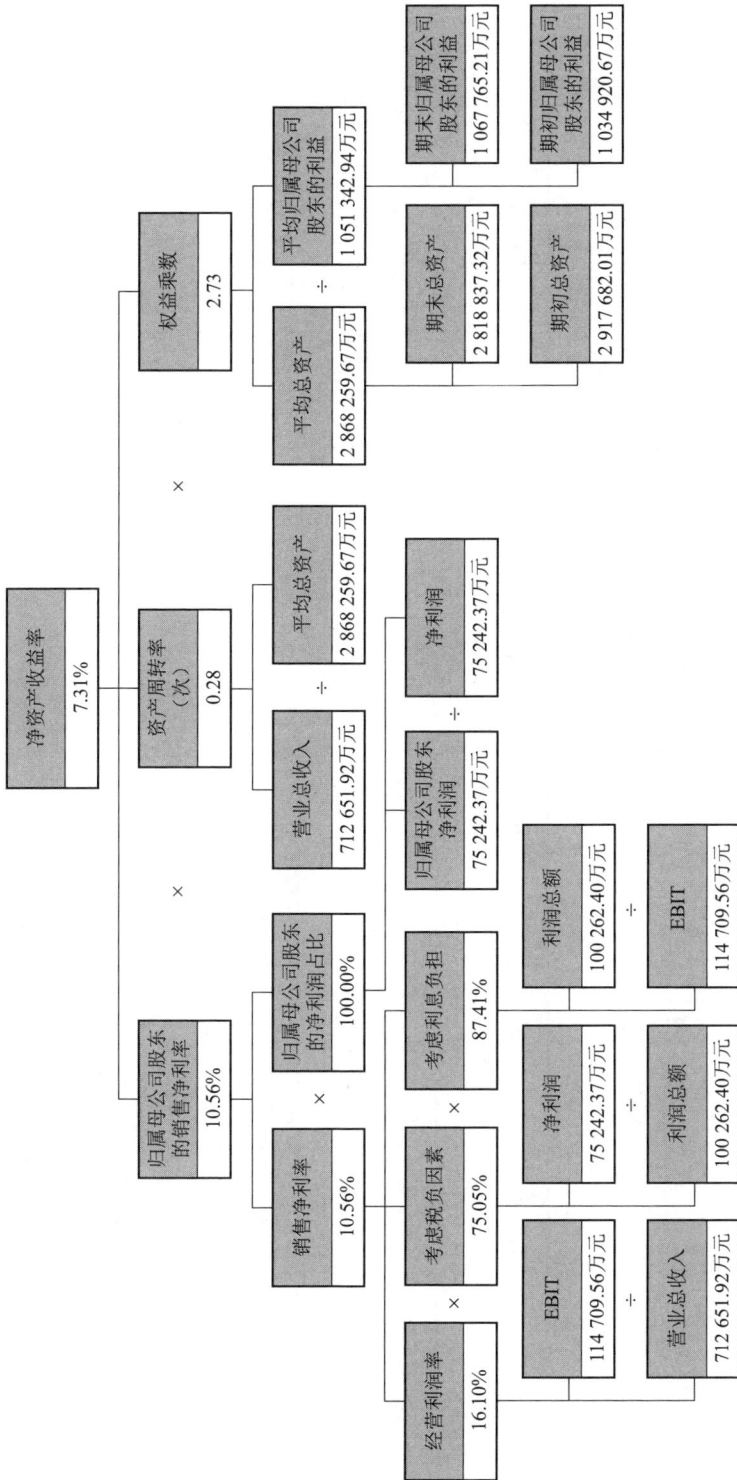

图 4-1　武商集团（sz000501）2021 年度 ROE 杜邦分析

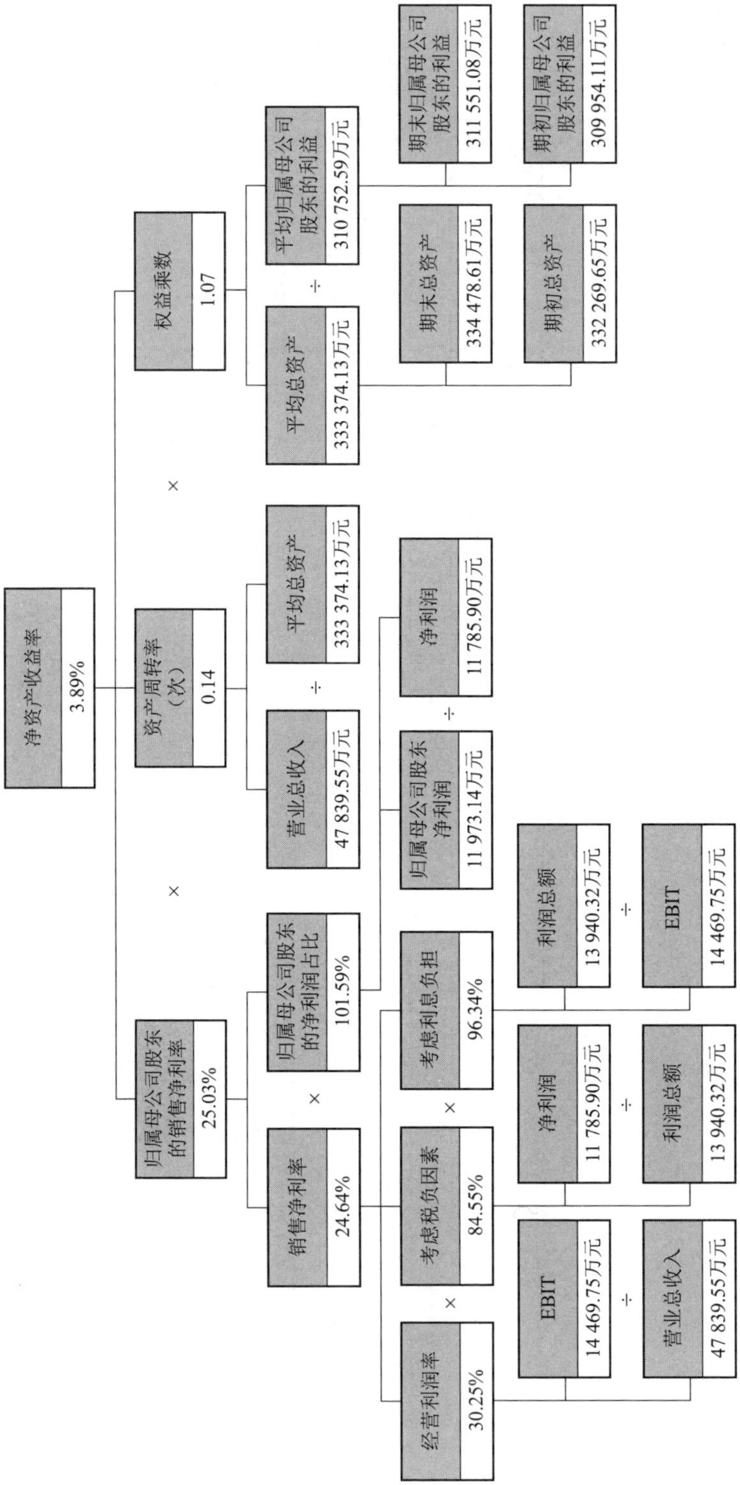

图 4-2　湖南发展（sz000722）2021 年度 ROE 杜邦分析

资料来源：新浪财经。

在武商集团息税前 ROA ＜湖南发展息税前 ROA ＜有息负债利息率的情况下，增加财务杠杆将导致武商集团 ROE 下降幅度＞湖南发展 ROE 下降幅度。看似如此，但事实上武商集团敢于承担较湖南发展高出一倍多的权益乘数，反而令 ROE 反超。这是为什么呢？

第一节　短期偿债能力指标分析

短期偿债能力是指假设企业在极端的情况下通过货币资金或变现流动资产偿还流动负债的能力。一般来说，自有资金或变现流动资产能够覆盖流动负债的倍数越多，企业的短期偿债能力越强，债务人的资金也就越安全。但是，当债务人的资金过于安全时，企业的资金占用也就过高，资产的利用效率就偏低。因此，在考查企业的偿债能力时，不能单纯地认为偿债能力越强越好，而要兼顾效率。

企业的短期偿债能力体现在流动资产与流动负债的对比上，见表 4-1。

表 4-1　流动资产与流动负债的对比

流动资产	流动负债
货币资金	短期借款
应收票据及应收账款	应付票据及应付账款
预付账款	预收账款
合同资产	合同负债
其他应收款	应付职工薪酬
存货	应交税费
一年内到期的非流动资产	其他应付款
其他流动资产	一年内到期的非流动负债
流动资产合计	流动负债合计

根据表 4-1，可以分别计算反映企业短期偿债能力的指标。

一　营运资本

营运资本 = 流动资产 – 流动负债

营运资本是流动资产多于流动负债的差额部分，是一个绝对值指标，其数值越大，表明企业对流动负债的偿还能力越强。营运资本除了含有偿债能力信息，还反映了企业对营运资本的管理能力和企业的上下游关系。营运资本值越高，企业对流动资产的利用效率越低，单位产出对流动资产的耗用越多，同时说明企业在产业链中处于劣势地位，必须动用较多的流动资产才能带来同样的产出。如果我们想更确切地了解企业在产业链中的地位，可以再对营运资本做细化分析。比如用往来资金占用指标可以更精确地反映企业在产业链中的地位，即有：

往来资金净占用 =（应收款项 & 合同资产 + 预付账款）−（应付账款 + 预收账款 & 收现合同负债）

如果企业的往来资金净占用为正值，则表明企业在产业链中的地位较低；相反，如果该指标为负值，则表明企业在产业链中的地位较高。

② 二 流动比率

流动比率 = 流动资产 ÷ 流动负债

流动比率代表企业的流动资产用于偿还流动负债的保障倍数，该比率值越高，表明企业的短期偿债能力越强。一般认为该比率值为 2 是比较适当的。如果该比率值过高，则企业的营运资本占用就会偏多，企业的营运效率就会下降。通常这个比率值大小与行业有关，也会随时间的变化而变化，因此，我们还要与行业内的其他企业进行横向比较，并进行同比分析。

对于该指标的分析，还应注意与企业的流动资产营运效率相结合。流动资产营运效率越高，表明企业用等额流动资产创造收入的速度越快。此时企业的应收账款周转天数和存货周转天数是比较短的，正常情况下经营所产生的现金流对流动负债的偿还能力也是比较强的，适当降低流动比率并不意味着企业短期偿债能力的下降。

③ 三 速动比率

速动比率 =（流动资产 − 存货）÷ 流动负债

速动比率与流动比率的区别在于用于保障流动负债偿还的流动资产扣除了存货。因为存货相对于其他流动资产而言，变现能力比较差，并且存在跌价的风险，如果仅用流动比率衡量偿还流动负债的保障倍数，则可能会夸大企业的短期偿债能力，所以需要结合速动比率一同分析。在通常情况下，如果企业的存货周转率比较低、存货变现能力比较差，那么用速动比率更能反映企业真实的短期偿债能力。

四　现金比率

现金比率 = 货币资金 ÷ 流动负债

由于货币资金是流动资产中流动性最强的资产，因此，该指标反映的是企业绝对的短期偿债能力。显然，现金比率越高，企业的短期偿债能力越强。该指标可以作为其他评价指标的补充。如果企业的流动资产过多地集中于变现能力比较差的诸如应收账款及存货等资产上，并且相应资产的周转率较低，那么仅仅比较流动资产与流动负债的差额或比率就会夸大企业的短期偿债能力。

但是，在运用该指标进行分析时，需要注意企业货币资金的"含金量"有多少。有的企业货币资金是受限制的，比如受抵押或质押等因素影响，这部分货币资已经丧失了偿债能力，因此，在分析时应该首先将这部分受限制的货币资金剔除。

五　收益现金含量

由于收入的确认原则是权责发生制，收入未必对应现金流入，这样营业收入对应的现金流入可能被应收账款或其他资产占压，不但存在坏账的风险，而且不能用于流动资金周转。缺少现金流支撑的收益对于企业持续营运及偿还债务都是不利的。显然，收入中现金含量越高，收入质量越高，出现坏账损失的风险越小，偿还债务的能力越强。

体现收益现金含量的指标有销售现金比、总资产经营现金净流量率、净资产经营现金净流量率、每股经营现金净流量等，计算公式如下：

销售现金比 = 经营活动现金净流入量 ÷ 营业收入

总资产经营现金净流量率 = 经营活动现金净流入量 ÷ 平均总资产

净资产经营现金净流量率 = 经营活动现金净流入量 ÷ 平均净资产

每股经营现金净流量 = 经营活动现金净流入量 ÷ 加权平均普通股数量

以上指标可以与净利润率、总资产收益率、净资产收益率、每股收益指标相结合使用。有时后者的指标值较高，但现金含量不高，则说明收益质量较低。

六　经营活动产生的现金流量与流动负债比

经营活动产生的现金流量与流动负债比 = 经营活动产生的现金流量净额 ÷ 平均流动负债

其中，平均流动负债为流动负债期初余额与期末余额的平均值。该指标反映的是企业报告期内经营活动产生的现金流用于偿还同期内产生的流动负债的能力。相对于前述时点指标，该指标更能反映企业一段时期内对流动负债的偿债能力。

七　速动资产够用天数

速动资产够用天数 = 速动资产期末余额 ÷ 预计下期日均营业支出

速动资产够用天数反映的是速动资产可以支持企业正常营业的天数。该指标值越高，表明企业维持日常运营的资金压力越小，自然对短期债务的偿还能力也会越强。

公式中的速动资产一般有两种计算方法，可以是现金、短期投资、应收票据及应收账款之和，也可以是大家熟知的流动资产扣除存货的金额。笔者认为，前者更能反映速动资产的特征，因为流动资产中的预付账款是企业在采购产品或服务前预先支付的费用，企业只拥有未来收到相应产品或接受服务的债权，而不是现金债权，所以将其剔除出速动资产的核算范围是比较合适的。

预计下期日均营业支出可以用最近会计年度日均营业支出来估计，有如下计算公式：

预计下期日均营业支出 = 最近会计年度营业支出总额 ÷ 365

其中，最近会计年度营业支出总额 = 营业成本 + 销售费用 + 管理费用。

八　其他指标

如果读者能够举一反三，就会发现，既然企业的预付账款要从速动资产的核算范围中剔除，那么预收账款是否也应该从流动负债中剔除才能反映企业承担的更真实的短期负债呢？答案是肯定的。因为预收账款意味着企业未来用库存商品的成本价值偿还该笔短期负债，而不是用现金偿还，所以，如果用包含预收账款的流动负债来代表企业的短期现金偿债义务，就会夸大企业的短期现金债务。因此，笔者建议在应用前述指标时，也用剔除预收账款的流动负债计算相应的指标值作为补充信息参考。

第二节　长期偿债能力指标分析

短期偿债能力指标反映的是企业对流动负债的偿付能力，而长期偿债能力是指企业对非流动负债及有息负债利息的偿付能力。长期偿债能力指标主要有利息保障倍数、资产负债率、财务杠杆、经营杠杆等。

一　利息保障倍数及固定支出覆盖倍数

利息保障倍数 = 息税前利润 ÷ 利息费用

其中，息税前利润（earnings before interest and tax，EBIT）为净利润与

所得税费用及利息费用之和。也有的利息保障倍数是从现金支付能力的角度考查的，其计算公式变形为：

利息保障倍数 =（经营活动产生的现金流量净额 + 利息费用 +

所得税）÷ 利息费用

这里需要注意的是，公式中的利息费用不仅包括财务费用中的利息部分，还包括计入固定资产、在建工程等资本化的利息部分。

利息保障倍数强调企业盈利对有息负债利息部分偿还能力的考核，主旨是衡量财务杠杆风险。从直观上讲，如果该指标值小于 1，则表明企业盈利不足以偿还利息。更深的含义是，企业通过新增有息负债所新增的利润不足以补偿新增利息，导致边际资产收益率为负值。这是财务杠杆偏高的预警信号，继续增加财务杠杆将导致 ROE 下降。

在企业负债中，除借款会产生利息费用外，因融资租赁形成的长期应付款、因发行优先股形成的应付优先股股息都有与利息费用类似的定期支付的义务，与借款对企业付息的要求是类似的，我们将此类有定期支付义务的支出项统称为固定支出。固定支出较利息支出更能全面反映企业的偿债义务，因此，除考查利息保障倍数外，还应计算固定支出覆盖倍数，计算公式如下：

固定支出覆盖倍数 =（EBIT+ 利息以外的其他固定支出）÷ 固定支出

或者计算从现金支付能力的角度分析的固定支出覆盖倍数，计算公式如下：

固定支出覆盖倍数 =（经营活动产生的现金流量净额 + 固定支出 +

所得税）÷ 固定支出

二 资产负债率

资产负债率 = 负债总额 ÷ 资产总额

与资产负债率指标等效的指标还有产权比率及权益乘数，计算公式如下：

产权比率 = 负债总额 ÷ 所有者权益总额

权益乘数 = 资产 ÷ 所有者权益

以上两个指标为资产负债率的变形，其反映的信息与资产负债率反映的信息相同，这里不再赘述。

资产负债率反映企业负债经营的程度，也是反映一般意义财务杠杆高低的指标。一般来说，资产负债率越高，企业的偿债风险也越高。但这并不是绝对的，不同行业的资产负债率会有差异。我们不能单纯以资产负债率的高低来判断企业偿债风险的高低，还要结合企业的盈利能力和现金流状况进行综合判断。如果企业的盈利能力比较强，经营活动产生的现金流良好，利息保障倍数比较高，那么，此时即使企业的资产负债率比较高，其偿债风险也是比较低的；反之，企业承受相同的资产负债率，偿债风险就会相对较高。

除了要结合企业的盈利能力、现金流状况对偿债能力进行综合判断，在运用资产负债率指标进行分析时还需要注意负债的构成。相同负债率的企业由于负债的构成不同，财务风险差异可能很大。显然，负债中流动负债占比越高，对企业偿债的现金流压力越大，财务风险越高。

负债按是否需要现金偿付可以分为偿现负债和偿货负债。我们在短期偿债能力的讨论中介绍过，预收账款属于偿货负债，所欠的债务主要是应发但尚未发给客户的库存商品，企业将来用库存商品来偿还，因此，对企业的现金流压力相对较小。而且预收账款预示着一笔销售收入及后续现金流入，偿债风险显然较有息负债小得多。因此，计算剔除预收账款后的资产负债率可以排除因企业存在较高比例的预收账款而夸大其偿债风险的情况。

负债按是否需要付利息可以分为有息负债和无息负债。比如借款属于有息负债，而应付账款、应付职工薪酬属于无息负债。无息负债不会放大企业的财务杠杆，财务风险仅限于债务本身的偿还上。只有有息负债才会放大企业的财务杠杆。

虽然武商集团息税前 ROA ＜湖南发展息税前 ROA ＜有息负债利息率，却敢于放大财务杠杆，反而拥有了更高的 ROE。商业贸易行业企业的预收账款和应付账款普遍较高，导致权益乘数也普遍较高。但预收和应付款项为经营往来款项，属于无息负债，因此，纵然权益乘数较高，但有息负债率并不高，财务杠杆也就不高。商业贸易行业的武商集团就是如此，通过提高非承息负债率提高权益乘数实现了 ROE 的反超。这既是武商集团行业特征的体现，也是其商业模式核心竞争力的体现。

三 财务杠杆

财务杠杆是指企业承担有息负债的比率，而非资产负债率。在正常情况下，财务杠杆会导致企业每股收益或净资产收益率变动幅度大于息税前利润变动幅度。为了说明这个问题，我们引出杠杆系数（degree of financial leverage，DFL）的概念。DFL 的计算公式如下：

$$DFL = \frac{\dfrac{\triangle EPS}{EPS}}{\dfrac{\triangle EBIT}{EBIT}}$$

或者：

$$DFL = \frac{\dfrac{\triangle ROE}{ROE}}{\dfrac{\triangle EBIT}{EBIT}}$$

DFL 可以当作 EPS 或 ROE 的 EBIT 弹性系数。以上两个公式经推导，殊途同归，均可以得出以下简化公式：

$$DFL = \frac{EBIT}{EBIT - I}$$

其中，I 为利息。当企业息税前总资产收益率（息税前 ROA）为负值时，EBIT 也为负值，此时企业资产越扩张，亏损越多，自然更不能增加有息负债。

当息税前 ROA 大于有息负债利息率时，EBIT 始终会大于有息负债利息 I，DFL 始终大于 1。也就是说，无论 EPS 或 ROE 是增大还是减小，变动幅度都会大于 EBIT 的变动幅度，因此，股东的财务风险被有息负债放大。而且财务杠杆越大，DFL 越大，也即财务风险越大。

而当息税前 ROA 大于零但小于有息负债利息率时，增加有息负债的边际收益为负值，（EBIT-I）将转为负值，DFL 也相应地由正转负。此时财务杠杆将对 EPS 或 ROE 起负向作用。虽然此时增加有息负债可以增大 EBIT，但是 EPS 或 ROE 将随着财务杠杆的放大而减小。

总之，在 ROA 极低的情况下，过高的财务杠杆会对企业的盈利能力造成负面影响，这将导致更深远的财务风险——"ROE 旋涡"。笔者将在介绍企业盈利能力财务指标 ROE 时详细介绍这个概念。

第五章　营运能力分析

营运能力财务指标着重反映企业经营者对企业各项经营性资产的管理和利用效率。企业资产利用效率越高，表明企业用同样的资产能创造更多的价值，或者说企业创造同样的价值所占用的资产更少。

营运能力其实也会对企业的偿债能力和盈利能力产生深远影响。例如，企业对其经营往来款项的营运能力也是其利用上下游地位提升自身偿债能力的体现。企业对资产的营运效率则直接影响着企业的资产收益率水平。

企业经营性资产主要包括应收账款、存货、固定资产。企业营运能力财务指标主要是这些资产的周转率指标。

第一节　应收账款周转率

应收账款是企业因赊销确认收入对应的款项。理论上应收账款周转率反映的是赊销收入的回收速度或现金占用天数（账期），其理论计算公式如下：

应收账款周转率 = 赊销收入 ÷ 应收账款平均余额

应收账款平均账期 = 360 ÷ 应收账款周转率

一般企业不会披露赊销收入，因此，常用营业收入代替赊销收入，此时应收账款周转率的计算公式如下：

应收账款周转率 = 营业收入 ÷ 应收账款平均余额

其中，应收账款平均余额为应收账款期初余额与期末余额的平均值。应收账款周转率越高，表明企业销售回款速度越快，营运资金在应收账款上的占用时间越短，相反，该指标值越低，表明企业销售回款速度越慢，营运资金在应收账款上的占用时间长，出现坏账的可能性越大。

应收账款管理既体现了企业的管理效率，也体现了企业的销售政策。企业管理层依据应收账款周转率制定合理的销售政策，强化购销合同、货款结算、应收账款催收等管理。应收账款周转率下降可能是销售政策不当造成的。例如，企业为促进销售而增加了赊销力度，但是并没有达到预期效果，赊销额增速快于销售额增速，这样就会造成企业应收账款周转率下降。有些企业的销售政策强调现金支付，应收账款大幅下降，如果销售额下降速度更快，那么企业应收账款周转率也会表现为下降。

应收账款管理也是企业偿债能力的体现。应收账款周转率越高，表明企业应收账款的变现能力越强，对企业的短期偿债能力有所助益。

此外，由于应收票据的形成原因与应收账款的形成原因基本上是相同的，因此，为了全面反映企业应收款项的管理效率，应将应收票据也纳入应收款项周转指标的考核范围内。一般来讲，应收票据到期支付的执行力更强，出现坏账的可能性较应收账款小。

第二节　存货周转率

存货周转率是企业报告期内营业成本与平均存货的比率，其计算公式如下：

$$存货周转率 = 营业成本 ÷ 存货平均余额$$

$$存货周转天数 = 360 ÷ 存货周转率$$

其中，存货平均余额为存货期初余额与期末余额的平均值。

存货是企业产品转为销售收入的最后一道环节，存货周转率能够反映企业从原材料采购、生产到销售确认收入及成本各环节的管理效率。存货周转率越高，存货转化为企业现金流入或应收账款的速度越快，存货变现能力越强，企业短期偿债能力越强。

存货周转率还可以用存货平均余额与营业收入的比值（存货收入比）来衡量。存货收入比越低，则存货周转率越高。存货收入比还有另一层含义，即1元销售收入需要存货的投资额。显然，该比值越低，说明投入产出效益越高。

以上两种存货周转率的差异只在于毛利率。它们之间的关系如下：

$$存货收入比 = （存货平均余额 ÷ 营业成本）×（营业成本 ÷ 营业收入）$$

$$= （1 ÷ 存货周转率）×（营业成本 ÷ 营业收入）$$

$$= （1 - 毛利率）÷ 存货周转率$$

或者：

$$存货周转率 =（1-毛利率）÷ 存货收入比$$

由上式可知，在存货收入比稳定的情况下，毛利率与存货周转率是反向变动的。在一般情况下，当市场需求饱和、竞争越发激烈、商品滞销、存货周转率偏低时，企业会通过降价促销（调低毛利率）来达到提升存货周转率的目的。如果企业此时仍然逆市场而为，保持高毛利率与高存货状态，就违反了商业逻辑，很可能存在虚增存货及利润的情况。

在将存货周转率指标同比或与其他企业进行横向比较时，应当注意企业采用的存货计价方法是否存在差异。例如，采用先进先出法、加权平均法等不同的存货计价方法计算出来的存货周转率是有差异的。

第三节 营运周期与现金周期

营运周期（operational cycle，OC）是指从采购原材料，经生产加工形成存货及销售存货确认收入，再经回款周期，到收回货款的一个完整周期。营运周期等于存货周转天数与应收款项账期之和。现金周期（cash cycle，CC）是指从企业向上游供货商支付原材料采购货款到收回全部货款的一个完整周期。企业向上游供货商采购原材料通常也会有一个付款周期，这期间形成企业对上游供货商的应付账款。这个付款周期可以用应付账款周转天数计算，计算公式如下：

$$应付账款周转天数 =360 ÷ 应付账款周转率$$

$$应付账款周转率 =（营业成本 + 期末存货 - 期初存货）÷ 平均应付账款余额$$

营运周期、存货周转天数、应收款项账期、应付账款周转天数及现金周期之间有如下等式关系：

$$营运周期 = 存货周转天数 + 应收款项账期 = 应付账款周转天数 + 现金周期$$

对以上等式稍做变换，有如下公式：

$$现金周期 = 营运周期 - 应付账款周转天数 = 存货周转天数 +$$

$$应收款项账期 - 应付账款周转天数$$

由以上等式可知，企业加快存货及应收账款周转速度可以缩短营运周期及现金周期，企业增加应付账款周转天数也可以缩短现金周期。现金周期的缩短，一方面，表明企业的营运管理效率有所提升；另一方面，表明企业在上下游关系管理中处于较强势地位。

第四节　其他资产周转率

其他常用的资产周转率还有流动资产周转率、固定资产周转率、总资产周转率等，计算公式如下：

流动资产周转率 = 营业收入 ÷ 流动资产平均余额

固定资产周转率 = 营业收入 ÷ 固定资产平均余额

总资产周转率 = 营业收入 ÷ 总资产平均余额

相应资产周转率的周转天数的计算公式如下：

相应资产周转率的周转天数 =360 ÷ 相应资产周转率

与前述资产周转率一样，相应资产周转率越高，表明企业对相应资产的利用效率越高，相应资产闲置率越低，营运管理效率越高，相应资产盈利能力越强。

第六章　盈利能力分析

企业盈利能力主要体现在资本创收效率和产品盈利效率两个维度，如图6-1所示。

图 6-1　企业盈利能力的分解

在图6-1中，销售收入 ÷ 资本投入即资本创收效率，盈利 ÷ 销售收入即产品盈利效率。资本创收效率其实就是资产周转率，反映了企业资产的营运和盈利效率。产品盈利效率其实就是销售净利润率，是产品附加值、管理效率、规模效益、品牌价值等的综合体现。图6-1其实可以用 ROE 的杜邦分析来表达。

$$ROA= 资产周转率 × 销售净利润率$$

$$ROE= 资产周转率 × 销售净利润率 × 权益乘数 =ROA × 权益乘数$$

由此可见，企业盈利能力分别体现在产品层面的销售净利润率和资产层面的ROA。也就是说，资产营运效率对企业盈利能力有较大影响。

反映产品层面盈利能力的财务指标主要有毛利率、核心利润率、息税前利润率、净利润率等。反映资产层面盈利能力的财务指标主要有总资产收益率、总资本收益率、净资产收益率、每股收益等。

第一节　产品盈利效率指标分析

一　毛利率

毛利率是一个很重要的指标，无论是在对投资标的的价值判断中，还是在财务造假识别中，都会用到毛利率。

（一）基本概念

毛利率 = 毛利润 ÷ 营业收入 = （营业收入 − 营业成本）÷ 营业收入

毛利润是营业收入扣除由存货结转而来的营业成本的利润。如果把损益表视为利润分配的过程，那么毛利润就是营业收入经第一次分配后的利润，相当于向原材料供应商、生产工人、机器设备等固定资产等分配采购成本、工资、折旧费用等之后的利润。

企业毛利率的高低反映了企业的产品定价策略、成本控制、行业地位及市场竞争情况等方面的信息。一般来说，同行业内企业间的毛利率水平相差不大。如果企业毛利率显著高于行业平均水平，则说明企业的议价能力强、产品溢价高，企业既能压低采购价格，又能抬高销售价格，而且在上游原材料价格上涨时能将成本顺利转移到下游。当上游产品价格下降时，企业仍然可以维持较高的产品定价。这样的企业毛利润中除行业平均利润外，还包括市场给予企业的溢价部分。这个溢价是企业品牌、技术门槛、规模效应等核心竞争力的体现。

直接成本在会计上是指与销售收入能直接匹配的营业成本，很大一部分产生于上游采购，即上游企业确认的销售收入。因此，毛利率在很大程度上能够反映企业在行业上下游中的地位。通常来讲，企业毛利率越高，说明企业的产品定价能力较强，下游客户可以接受产品的较高定价，而企业对上游原材料的采购议价能力也可能较强，可以以较低的价格采购原材料。当行业上游涨价时，行业地位较高的企业可以顺利地将上游上涨的成本通过提价方式转移到下游，从而保持毛利率不变。

行业毛利率也反映了行业的竞争激烈程度。当行业市场需求未得到满足时，行业竞争不激烈，行业毛利率是上升的。当行业参与者越来越多，行业市场需求已经得到满足甚至已经供给过剩时，行业竞争相当激烈，行业毛利率逐年下降。

毛利率也体现了企业的销售策略。企业调低销售毛利率的目的是期望提升销售规模，以换取较高的资产周转率。如果企业毛利率的下降并未带来较高的资产周转率，则说明企业的市场竞争力较弱。此时企业应当寻求差异化策略，通过提升产品技术门槛来提高销售毛利率。

（二）毛利率与产销规模及存货的关系

由于所有企业的成本都包括固定成本和可变成本两部分，因此，企业销售规模的增长必然会导致单位产品生产成本的下降，进而导致毛利率水平的上升。如果企业的毛利率对销售额增减比较敏感，则说明企业的规模效应比较明显。对于该企业来讲，销售策略是业绩增长的重要影响因素。

然而，在企业销售规模不变的情况下，仅增加生产规模也会提高毛利率。这听上去难以理解，但这就是存货与毛利率微妙关系的体现，见表6-1。

表6-1 某企业四个年度不同产量、销量情况下毛利率与存货指标的变化情况

财务指标	年度 1 正常产量情况	年度 2 扩产不扩销	年度 3 扩产后产大于销	年度 4 扩产后产销平衡
一、期初存货（万元）	100	400	400	400
可变成本（万元）	20	320	320	320
固定成本（万元）	80	80	80	80
二、销售收入（万元）	200	200	280	3 200
三、营业成本（万元）	100	25	35	400
四、毛利润（万元）	100	175	245	2 800
五、毛利率	50.0%	87.5%	87.5%	87.5%
六、期末存货（万元）	0	375	365	0
七、存货周转率	2	0.06	0.09	2
八、存货收入比	0.25	1.94	1.37	0.06

从表6-1中可以看到，前两个年度的销售量是相同的，但是产量不同。在正常产量的情况下，企业生产存货100万元就可以完全满足市场需求。价值100万元的存货中可变成本为20万元，固定成本为80万元。这价值100万元的存货贡献的销售收入为200万元，与该销售收入配比的存货价值为100万元，即营业成本为100万元，毛利率为50.0%。企业在第二个年度扩大生产，产量增加到正常年度产量的16倍，即可变成本由20万元增加到320万元。但是固定成本仍为80万元，此时存货价值为400万元。由于市场需求不变，因此，即使增加了产量，销售收入仍为200万元。按照配比原则，由于销售数量不变，因此，这200万元的销售收入配比的存货价值中可变成本为20万元。同样按配比原

则，这 20 万元的可变成本配比的固定成本为 20×（80÷320）=5 万元，因此，200 万元的销售收入配比的存货价值为 20+5=25 万元，也即营业成本为 25 万元，毛利率为 87.5%。年度 2 较年度 1 销售量没变，仅增加了产量，而毛利润和毛利率却分别增加了 75 和 37.5 个百分点。

看上去企业年度 2 的毛利润同比增长 75%，业绩大幅增长了。但是，我们在分析存货周转率这个指标时就会发现，企业在毛利润／毛利率大幅增加的同时，存货周转率大幅下降，利润增长并非来自企业基本面的改善。正常产量情况下的年度 1 报告期期初存货为 100 万元，期末存货为 0 万元，平均存货为 50 万元，存货周转率为 100÷50=2，存货收入比为 0.25。扩大生产情况下的年度 2 报告期期初存货为 400 万元，期末存货为 375 万元，平均存货为 387.5 万元，存货周转率为 25÷387.5 ≈ 0.06，存货收入比为 1.94，显然对存货的利用效率远低于前者，造成资本较多占用。对于价值投资者而言，即使年度 2 的毛利润明显好于年度 1 的毛利润，但年度 1 的业绩更被认可。

假设企业后两年期初均保持年度 2 期初的扩产规模，但年度 3 的销售规模仅略微增长，年度 4 扩产后全部销售。我们会发现，年度 3 的毛利率未变化，存货周转率与存货收入比略优于年度 2；年度 2 和年度 3 表现出了明显的毛利率／存货双高的现象；年度 4 的毛利率也未变化，但其存货周转率与存货收入比远优于年度 2 甚至年度 1。从价值投资的角度对四个年度的投资价值进行排序，可以得出：年度 4 的投资价值＞年度 1 的投资价值＞年度 3 的投资价值＞年度 2 的投资价值。

由此可见，企业在不增加销量或增加较少的情况下单纯通过扩大生产规模可以摊薄单位产品固定成本并提升毛利润及毛利率，却会导致存货与毛利率双高的情况，资本被存货大量占用，存货利用效率偏低，收益现金含量偏低。因此，我们单纯比较毛利润／毛利率高低可能会失之偏颇，应与存货利用效率等指标相结合来判断投资价值。

现在我们换一个视角。如果以上例中企业并非真实扩产，而是虚增存货，表 6-1 中的结果不变，只不过年度 2 和年度 3 表现出来的存货与毛利率双高就是虚增存货及利润的结果，这就属于财务造假了。虽然存货与毛利率双高并不一定都是财务造假的结果，但是如果当时的市场环境及企业市场地位明显不支持"厚利少销"的商业模式，或者存货与毛利率出现异常增长，我们就可以推断企业行为属于财务造假。比如康美药业 2017 年出现的存货与毛利率双高就属于异常情况，如图 6-2 和图 6-3 所示。

毛利率（%）

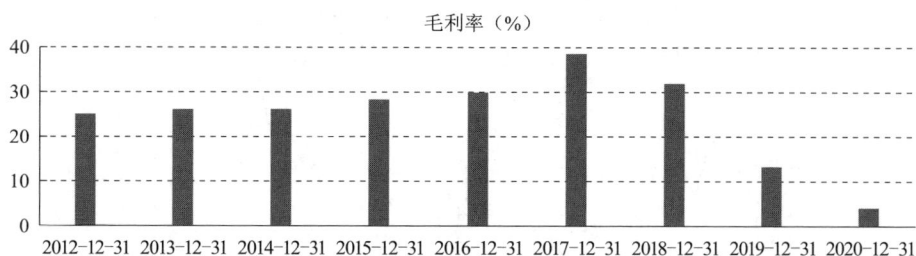

数据来源：东方财富网。

图 6-2　康美药业历年毛利率

存货周转天数（天）

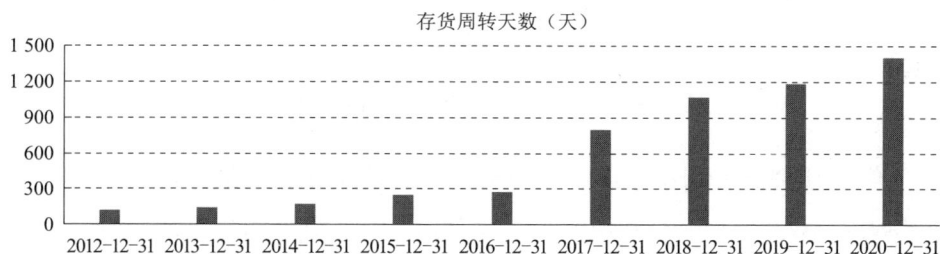

数据来源：东方财富网。

图 6-3　康美药业历年存货周转天数

但在实务中，财务造假者会刻意掩盖存货与毛利率双高异常，会隐藏存货以使存货周转率及毛利率变得正常，比如故意推迟办理存货入库手续、将存货挂账在预付账款科目上。乐视网和康美药业都曾采用更隐秘的手法掩盖存货与毛利率双高异常。事实上，图 6-2 和图 6-3 所示为康美药业财务造假被曝光后的修正数据。在曝光前，其存货与毛利率双高异常是被掩饰过的。即使康美药业的财务造假手段再厉害，我们依然有办法推断其财务造假。

（三）毛利率与证券估值是否正相关

图 6-4 所示为通用设备制造业毛利率与申万机械设备指数走势对照，可以看到，通用设备制造业毛利率与申万机械设备指数呈现出较明显的反向变动关系。这一点可能会令很多人费解。笔者分析造成该行业毛利率与证券指数走势呈负相

关关系的原因可能有二。

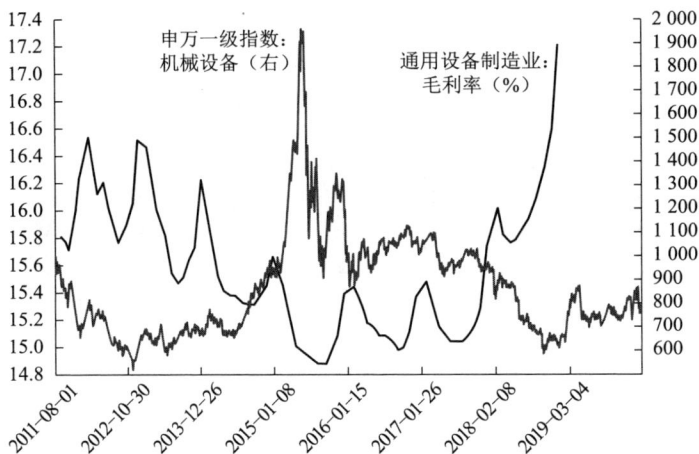

数据来源：Choice 数据。

图 6-4　通用设备制造业毛利率与申万机械设备指数走势对照

　　第一个原因来自进出口。当人民币汇率升值时，出口企业以美元计价的产品销售收入结算为人民币的金额就会减少，而出口企业的成本并不受人民币汇率升值的影响，因此，出口企业的毛利率就会下降。而人民币汇率升值本身可能就是外资净流入的结果，或者将引起外资流入，这时国内证券指数通常是上涨的。因此，出口占比较高的行业的毛利率与行业证券指数表现为反向变动关系。

　　第二个原因是通过量化分析得到的。笔者曾采用回归分析对 ROE 与市盈率的关系做过实证研究，结论是二者成反比关系。ROE 与市盈率的反比关系根源于公式：ROE= 市净率 ÷ 市盈率。由于毛利率与 ROE 成正比关系，因此，毛利率与市盈率也成反比。

二　核心利润率

　　核心利润是与企业经营活动密切相关的经营成果，能更精确地反映企业经营活动的盈利能力，其计算公式如下：

核心利润 = 营业收入 − 营业成本 − 营业税金及附加 − 期间费用 − 研发费用

　　＝毛利润－营业税金及附加－期间费用－研发费用

　　其中，期间费用为销售费用、管理费用和财务费用三者之和。

　　核心利润率的计算公式如下：

$$核心利润率 = 核心利润 \div 营业收入$$

　　核心利润率与毛利率的差异主要体现在费用率上。核心利润率较毛利率增加了费用率信息，核心利润率高，不仅说明企业成本控制良好，还说明企业管理效率较高，销售、财务及研发投入产出效益较好，是企业经营管理效益的综合反映。

三 息税前利润率

　　息税前利润（earnings before interest and tax，EBIT）是指扣除企业所得税费用和利息费用之前的净利润，其计算公式如下：

$$EBIT= 净利润 + 所得税费用 + 利息费用$$

　　因为所得税费用和利息费用体现的是企业税收政策和融资政策方面的信息，与企业自身的盈利能力无关，所以 EBIT 消除了所得税和利息影响之后就可以更精准地反映消除税收政策和资本结构影响后企业经营管理的效益。此外，债务人通常关心的不是企业净利润有多少，而是息税前利润有多少，因为这个利润才是对其债务的偿还保障（债务本金的偿还顺序先于税务的偿还顺序及利息）。因此，EBIT 不仅是衡量企业盈利能力的指标，还是衡量企业偿债能力的指标。EBIT 与利息的比值也可作为利息保障倍数。

　　息税前利润率的计算公式如下：

$$息税前利润率 = 息税前利润 \div 营业收入$$

　　由于折旧和摊销是不需要现金流出的，这两项费用会低估企业当期偿债能力，因此，这两项费用通常被加回利润，这就有了税息、折旧及摊销前利润（earnings before interest, taxes, depreciation and amortization，EBITDA）的概念，其计算公式如下：

$$税息、折旧及摊销前利润 = 息税前利润 + 折旧费用 + 摊销费用$$

$$税息、折旧及摊销前利润率 = 税息、折旧及摊销前利润 \div 营业收入$$

与 EBIT 一样，EBITDA 可以用于计算利息保障倍数，也可以用来反映企业的偿债能力。

四 净利润率

净利润率也被称为销售净利润率，是营业收入经向所有相关人、事、物进行利润分配后剩余的可用于向股东分配的利润比率，其计算公式如下：

净利润率 = 净利润 ÷ 营业收入

净利润虽然是企业最终经营成果的体现，但是在运用净利润衡量企业的盈利能力时，一定要结合前述几个盈利能力财务指标一同分析。因为净利润中包含了非经营性损益，比如投资收益、非经常性损益等，这些收益项目的偶发性较强，不能反映企业的持续盈利能力，所以通常需要将企业净利润中的非经常性损益扣除后再进行分析。

第二节 资产盈利效率指标分析

一 总资产收益率

总资产收益率（return on total assets，ROTA 或 ROA）是衡量企业总资产投资回报率的指标，该指标同时反映了企业对总资产的利用效率。债权人会通过该指标判断企业偿债风险的大小。当 ROA 比有息负债利息率低时，企业会面临较大的财务风险。总资产收益率的计算公式如下：

总资产收益率 = 净利润（或 EBIT）÷ 平均资产总额

在计算时常用 EBIT 代替净利润，因为 EBIT 中包含所得税费用和利息费用，消除了税收政策和资本结构对收益的影响。

按照杜邦分析，总资产收益率还可以分解为如下形式：

总资产收益率 = 销售净利润率 × 总资产周转率

可以看到，ROA 中包含企业销售净利润率和总资产周转率两个方面的信息，是企业投入产出及产品附加值两个维度的综合体现。ROA 越高，表明企业在产品附加值、增收节支和资产利用效率上的表现越好。

二　总资本收益率

总资本收益率（return on total capital，ROTC）是衡量企业总资本投资回报率的指标。总资本与总资产的区别在于无息负债。企业负债按是否付息可以分为有息负债和无息负债。应付职工薪酬及应付税费均属于无息负债。无息负债通常是在经营往来过程中形成的，与资本投入无关。因此，要确切地反映资本投入的回报率水平，就必须计算 ROTC，其计算公式如下：

总资本收益率 ＝EBIT÷ 平均（有息负债 + 股东权益）

我们可以将 ROTC 与 ROA 进行比较，如果两者的差额较大，则表明企业利用非投资性资本的比例较大，这从一个侧面表明了企业的资本张力和上下游地位。

三　净资产收益率

（一）基本概念

净资产收益率（return on equity，ROE）是衡量企业所有者权益投资回报率的指标，其计算公式如下：

净资产收益率 ＝ 净利润 ÷ 平均股东权益

如果企业发行了优先股，那么净资产收益率的计算公式如下：

普通股净资产收益率 ＝（净利润 － 优先股股利）÷ 平均普通股股东权益

由于 ROE 核算的是标的为股东盈利的效率，因此，ROE 越高的标的，股价在较长阶段内的涨幅一般会比较高。其实 ROE 中还包含企业商业模式、财务风险及收益增长等方面的信息。因此，ROE 不仅是一个盈利能力财务指标，还是一个反映企业基本面的综合指标。

（二）ROE 的杜邦分析

具有相同 ROE 的企业，其商业模式很可能大相径庭。这一点可以用杜邦分析来解答。杜邦分析将净资产收益率分解为销售净利润率、总资产周转率和权益乘数三部分的乘积，计算公式如下：

ROE＝（净利润 ÷ 销售收入）×（销售收入 ÷ 总资产）×（总资产 ÷ 净资产）
　　　＝销售净利润率 × 总资产周转率 × 权益乘数

由杜邦分析可以得知，ROE 中包含企业营运管理效率、销售净利润率及财务杠杆三个方面的信息。具有相同 ROE 的企业在这三个方面的表现不一定相同，这既与企业的商业模式有关系，也与企业所处的行业有关系。例如，以 JIT 库存管理见长的汽车制造业企业，ROE 较高的原因可能在于其较高的营运管理效率；以核心技术壁垒见长的高新技术企业，ROE 较高的原因可能在于其较高的产品定价；融资能力强的企业，ROE 较高的原因可能在于其较低的资金成本和较高的财务杠杆。快速消费品行业 ROE 的主要支持力量是高资产周转率，而销售利润率通常比较低；可选消费品或奢侈品行业与快速消费品行业恰好相反，其ROE 的主要支持力量是高销售利润率，而资产周转率相对较低。我们来看一个例子。食品饮料子行业白酒的高 ROE 与其高销售利润率及高资产周转率有关，可以说是一个厚利多销的行业，如图 6-5 所示。

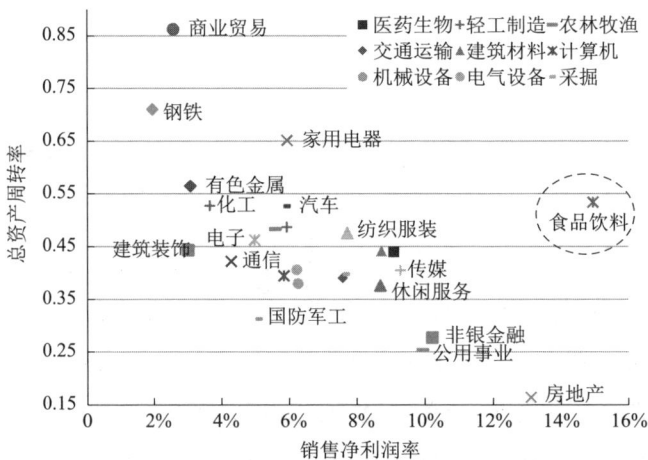

图 6-5　食品饮料子行业白酒是"厚利多销"的行业

由此可见，相同的 ROE 数值一经杜邦分析，能够更深刻地剖析企业是如何为股东创造价值的。

（三）ROE 与财务杠杆的关系

如果我们将 ROE 的计算公式与财务杠杆关联，则有如下公式：

$$\mathrm{ROE}=\frac{(A \times R - D \times i)}{E}=\frac{(E \times R + D \times R - D \times i)}{E}=\frac{E \times R + D \times (R - i)}{E}$$

其中，A 为企业总资产，R 为总资产息前税后收益率，D 为负债，E 为净资产，i 为税后负债利息率。

由上式可知，如果企业的总资产息前税后收益率小于税后负债利息率，那么企业增加有息负债（增加财务杠杆），企业因承债而创造的盈利将不足以覆盖新增负债产生的利息，此时权益乘数的增幅是小于销售净利润率的降幅的，增加财务杠杆将降低 ROE。因此，并不是在所有的情况下增加财务杠杆都会提升 ROE。

总之，当企业 ROA 低到一定程度，即息前 ROA 低于利息率时，企业增加财务杠杆，ROE 反而会降低；而 ROE 越低，企业越不容易通过增资扩股来改善资本结构，企业就越来越难以摆脱过度依赖负债的困境，ROE 就会更低。ROE 就像掉进旋涡中一样，ROE 越来越低与资产负债率越来越高相互增益，呈现负相关走势，恶性循环，很难挽救。这就是笔者的原创概念—— ROE 旋涡。ROE 旋涡在重资产行业企业中普遍存在。

阳煤化工的 ROE 与其资产负债率的走势曾一度呈明显的负相关关系，具有明显的 ROE 旋涡特征，如图 6-6 所示。

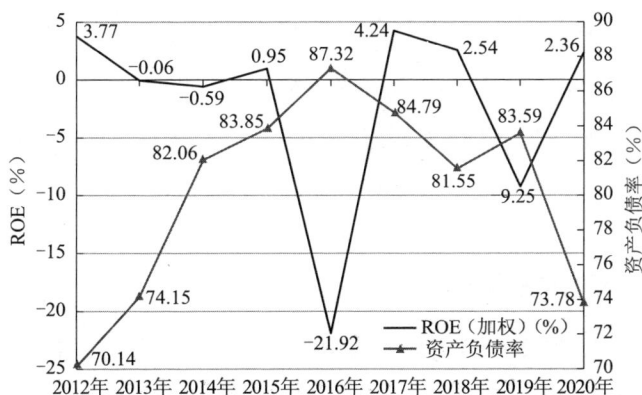

图 6-6　阳煤化工 2012—2020 年 ROE 及资产负债率走势

阳煤化工长期以来挣扎在 ROE 旋涡边缘，增加财务杠杆似乎只是在饮鸩止渴。摆脱这种困境的根本办法是提升企业资产盈利效率。2020 年四季度，阳煤化工对落后产能进行了处置，收效显著。

如果企业挣扎在 ROE 旋涡边缘时逆商业逻辑而行，有可能存在财务造假的情况。比如东方金钰的实际控制人在企业处于 ROE 旋涡边缘时，不出售翡翠原石存货营利，反而加大翡翠原石存货的囤积力度。这就是我们推断东方金钰虚增翡翠原石存货的重要依据。

（四）ROE 与收益增长的关系

直观地讲，虽然 ROE 是一个盈利能力财务指标，但其中还包含财务风险信息及收益增长信息。为了说明这一点，我们需要引入留存收益再投资率（b）的概念。留存收益再投资率是指企业将当年未分配收益（E）用于再投资的比例。有如下关系式：

$$E_{t+1}=E_t+b_t \times E_t \times 留存收益投资回报率$$

对上述公式两边同时除以 E_t，有

$$\frac{E_{t+1}}{E_t} = 1+g=1+b_t \times 留存收益投资回报率$$

从而有

$$g=b_t \times 留存收益投资回报率$$

其中，g 为收益增长率。

通常来讲，留存收益再投资是一种股权投资行为，因此，这里的留存收益投资回报率可以用 ROE 来估计，则有

$$g=b_t \times ROE$$

由此可知，当企业的留存收益再投资率稳定时，收益增长率其实与 ROE 是倍数关系。因此，ROE 中包含收益增长信息。

（五）ROE 的局限性

首先，ROE 计算公式中的分子为企业全部资产的盈利，而分母为股权部分对应的资产，二者没有直接的配比关系，并不符合会计学的配比原则。

其次，ROE 并不仅仅是一个盈利能力财务指标，其中还包含财务杠杆等其他信息。高 ROE 可能是由于高财务杠杆所导致的，而财务杠杆与资金运用效率无关。如果标的企业的财务杠杆恰好已经到达天花板，那么此时高 ROE 并不代表企业资产盈利效率高，反而暴露出企业财务风险偏高，该企业 ROE 增长空间也是有局限的。因此，我们不能仅考查 ROE 的高低，还要结合标的企业总资产盈利效率和销售利润率进行综合判断，比如企业总资产盈利效率是否与其财务杠杆相匹配。

四　每股收益

（一）基本每股收益

每股收益（earning per share，EPS）是净利润与普通股数额的比值。每股收益衡量的是股东单位持股所分享的企业报告期内实现的净利润。可以根据普通股数量计算企业基本每股收益，计算公式如下：

基本每股收益 =（净利润 − 优先股股息）÷ 加权平均普通股数量

在上式中，如果优先股是非累积优先股，则优先股股息为当期宣告或已支付的优先股股利；如果优先股是累积优先股，则优先股股息为截至本期应支付的所有股利。在我国，优先股还处于试点阶段，大部分企业没有发行优先股，因此，大部分企业基本每股收益计算公式的分子中不用扣除优先股股息。

（二）每股收益与相对估值及绝对估值的关联

$$每股收益 = \frac{股票价格}{市盈率} = 股票价格 \times 贴现率（或资本成本）$$

假设每股收益为正，从上述公式中可以看出，第一个等号后的比值含有市盈率，体现为相对估值；第二个等号后的乘积含有贴现率（或资本成本），体现为绝对估值。因此，从这个角度来讲，相对估值与绝对估值是相通的，市盈率的倒数其实与贴现率（或资本成本）是等价的。将上式稍加转换即有绝对估值模型：

$$p = \frac{\text{EPS}}{r}$$

其中，p 为股票价格，r 为贴现率（或资本成本）。假设 EPS 与每股股利分配等价，那么上述公式即为股利定价模型的简化形态。这种简化形态假设每年的 EPS 永恒不变，是一种永续年金。

如果在此基础上引入收益增长率（g），那么，根据前文介绍 ROE 时的公式可知，收益增长率与未分配收益再投资收益率是等价的。如果理性投资者以股票价格 p 投资该企业，那么该投资者作为股东理应分享的收益就有两部分，其中一部分为企业既有 EPS（$1+g$），另一部分为因投资者向企业新增投资而新增的收益。新增投资与未分配收益再投资取得的收益率均为 g，则投资者应分享的另一部分新增收益为 $p \times g$。这两部分收益相加应不低于投资者的机会成本，即不低于 $p \times r$，投资者才会投资，即有

$$\text{EPS}(1+g) + p \times g \geqslant p \times r$$

如果 $g \geqslant r$，则股票价格 p 不受上式约束，也即不论股票价格怎么定，投资者的持股收益都会大于机会成本。如果 $g < r$，则要求

$$p \leqslant \frac{\text{EPS}(1+g)}{r-g}$$

从企业的角度来讲，若要投资成交，那么其股票定价上限为

$$p = \frac{\text{EPS}(1+g)}{r-g}$$

如果把 EPS 等价为股利，则上式就是股利增长模型。

以上只是股利增长模型的经济行为推导，下一章介绍绝对估值方法时会详细说明。

第七章　估值指标分析

估值既是科学也是艺术，是见仁见智的事，每位投资者都有各自的经验或理论估值模型。

图 7-1 总结了目前比较常用的企业估值方法。从总体上讲，企业估值方法可以分为三类：相对估值法、绝对估值法和初创项目估值（也属于相对估值法）。其中，相对估值法和绝对估值法通常应用于处在成长或成熟阶段的企业，这类企业已经至少能够取得持续的收入和稳定的经营性现金流。而初创项目估值法顾名思义是针对初创型企业的估值方法。这类企业的收入、利润及经营性现金流往往很少且不稳定，相对估值法或绝对估值法大多对这类企业不适用，但某些带有主业行业明显特征的业务指标却往往与这类企业的价值存在对应的数量关系。

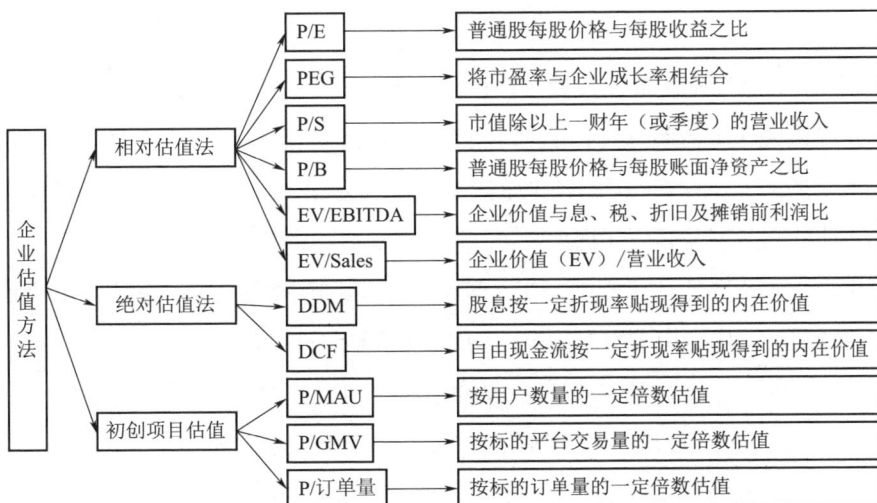

图 7-1　企业估值方法总览

第一节　相对估值指标分析

一　市盈率估值

市盈率（price earnings ratio，P/E）是资本市场认可的标的企业总市值为企业净利润的倍数。市盈率的一般性计算公式如下：

$$市盈率 = \frac{标的企业总市值（估值）}{标的企业净利润} = \frac{标的企业股票价格}{标的企业EPS}$$

理性投资者以该市盈率投资企业所取得的收益应当与其在平均资本成本水平下投资其他标的可以取得的收益相当，即有

$$\frac{标的企业总市值（估值）}{市盈率} = 标的企业总市值（估值）\times$$

$$市场平均资本成本$$

对上式变形可得

$$市盈率 = 1 \div 市场平均资本成本$$

因此，市盈率在本质上反映了市场平均资本成本，二者成反比。

一般来说，市盈率越高，说明企业估值越高。但是，市盈率绝对数值的高低并没有太多意义，只有在可比企业间进行比较才有意义。不同行业、不同发展阶段的企业的市盈率差异可能很大。

市盈率有不同的计算方法，在比较不同企业的市盈率时应当注意所比较的市盈率口径是否一致。市盈率有静态、动态、前瞻之分，其计算公式如下：

$$静态\,P/E = 股价 \div 上一年度\,EPS$$

$$动态\,P/E = 股价 \div 近四个季度\,EPS\,总额$$

$$前瞻\,P/E = 股价 \times 总股本 \div 下一年度净利润预测值$$

市盈率也会因投资者所投资的股权（股票）是新增股权（股票）还是老股权（股票）而有计算上的差异。如果投资的是企业增资发行的新股，则市盈率会区分投资前市盈率与投资后市盈率，其计算公式如下：

投资前市盈率 = 投资前总股本 × 股价 ÷ 年度净利润

投资后市盈率 =（投资前总股本 × 股价 + 本轮融资总额）÷ 年度净利润

由于投资者的持股比例是按投资后市值计算的，因此，投资后市盈率比较常用。如果是老股转让，因为不涉及增资，所以，市盈率就没有投资前与投资后之分了。

由于市盈率的应用简便、易行，因而成为应用最广泛的估值方法。但是，市盈率在应用上存在以下局限。

（1）对周期性企业很难准确估值，对亏损企业无法估值。

（2）市盈率会因企业偶然因素对利润的影响而产生误差。

（3）市盈率容易受到会计政策和资本结构的影响。

（4）市盈率往往会低估高成长类企业的投资价值。

关于市盈率的应用，还有以下几点经验总结可供分享：

（1）市盈率是在市场已知信息条件下资本市场对标的企业给予的市场定价，市场已经进行了价值判断，所以，无所谓高估或低估。作为价值投资者，我们要做的是挖掘没有被市场消化的未知信息，寻找被低估的标的，而不是以市盈率绝对数值的高低来判断投资价值。

（2）在判断市盈率高低时，一定要与企业的成长能力相结合。投资者经过长期经验总结，认为标的企业的市盈率与其收益增长率（比如 EPS 增长率）在数值上应该接近。如果市盈率小于收益增长率，那么标的企业的价值是被低估的。由此可见，高成长企业会得到资本市场给予的溢价。这就是对市盈率改进过的 PEG 估值思想。

二　PEG 估值

PEG 是市盈率的修正指标，其中增加了企业成长能力信息。PEG 的计算公式如下：

PEG = 市盈率 ÷（企业净利润平均增速 × 100）

在上述公式中，企业净利润平均增速可以取企业近三年或近五年净利润年复合增长率。假如一家企业的市盈率为 30 倍，其净利润平均增速为 25%，那么该企业的 PEG=30÷（25%×100）=1.2。PEG 的实质是标的估值与标的利润增量的比值，因此，PEG 的单位也是倍。PEG 的简化计算公式如下：

$$PEG= 标的估值（或市值）÷（标的净利润增量 ×100）$$

彼得·林奇认为，企业的合理市盈率应该等于业绩增长速度。换句话说，企业的 PEG 应该等于 1。在华尔街，经常有共同基金在其投资计划书中声明不投资 PEG 高于 1 的标的。

PEG 也有适用场合。市盈率不适用的场合，PEG 大多也不适用。例如，对于周期性行业标的企业的估值，PEG 很难给出确切的估值结果；对于亏损企业或净利润负增长的企业，PEG 也无法使用。

三　市销率估值

市销率（price-to-sales ratio，P/S）也被称为市售率，是指单位企业营业收入对应的市值，其计算公式如下：

$$市销率 = 企业市值 ÷ 营业收入 = 股价 ÷ 每股营业收入 =$$
$$市盈率 × 销售净利润率$$

市销率突破了市盈率不能应用于亏损企业的局限，只要企业有营业收入，就可以计算市销率。市销率适用于销售收入及毛利率比较稳定的企业。许多投资者偏爱市销率低于 1 的企业。但也不能一概而论，不同行业、不同领域企业的市销率本身可能就存在差异。

虽然营业收入不反映资本结构信息，但资本结构却对企业净利润有影响，从而反映在股价上。同样营业收入的企业可能因为资本结构合理与否而被市场给予不同的估值，因此，市销率不能准确地识别资本结构对估值的影响。再者，市销率中只包含销售收入信息，而不包含成本费用信息。同样营业收入的企业可能因为成本费用控制及行业地位的不同而被市场给予不同的估值，因此，市销率也不能准确地估计成本费用差异给企业估值带来的影响。

四　市净率估值

市净率（price-to-book ratio，P/B）是指单位净资产所带来的企业市值，其计算公式如下：

$$市净率 = 企业市值 \div 所有者权益 = 股价 \div 每股净资产 =$$
$$市盈率 \times 净资产收益率$$

由于市盈率是市场平均资本成本的倒数，因此，根据以上等式可以推导出如下计算公式：

$$市净率 = \frac{净资产收益率}{市场平均资本成本}$$

由上述公式我们可以更深刻地理解市净率。市净率实质上就是企业净资产收益率较市场平均资本成本的倍数。换句话讲，同样金额的资本投资于其他领域会取得市场平均收益 A，但是投资于该企业股权所取得的收益将为市净率 $\times A$，或者说一单位企业净资产的盈利能力相当于市净率个单位市场平均资本成本。由上述公式我们还可以得知，在市场平均资本成本保持稳定的情况下，企业市净率与企业 ROE 是成固定比例关系的。实践证明二者之间确实存在正相关关系。

图 7-2 所示为以 A 股 2 729 家上市公司 2020 年 4 月 16 日的市净率及 2019 年年报公布的对应 ROE 数据为基础绘制而成的散点图。从图 7-2 中可以看出，A 股上市公司的市净率与 ROE 大致成正比例，即上市公司市净率随着 ROE 的增长而上升。这 2 729 家上市公司市净率与 ROE 的相关系数为 0.22，表现出微弱的正相关关系。

市净率也有适用场合。市净率适用于盈利与企业资产多少有直接关系的行业，比如金融、钢铁、化工、航空、航运、房地产等资本密集型或重资产行业。这类行业的共同属性是行业盈利在很大程度上依赖于资产的投入和运作。

市净率在净利润为正或负的情况下都能应用，也不会受净利润波动的影响。市净率通常比较稳定，对于衡量企业的长期估值表现更有借鉴意义。但市净率也有自身的缺点。由于市净率忽略了标的企业估值中财务杠杆的影响，因此，在使用市净率估值时应结合标的企业的财务杠杆进行综合评估。另外，在使用市净率估值时还应注意其大小会受企业增资及长期股权投资的影响，如果企业在估值期间存在这些事项，则应当剔除这些影响因素。

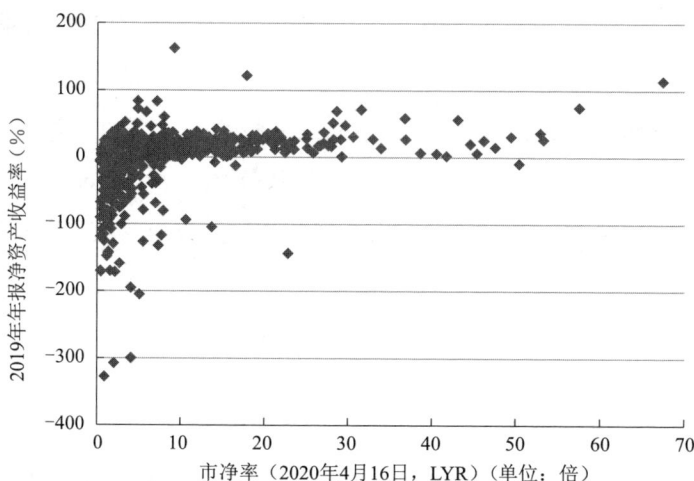

图 7-2　A 股样本上市公司市净率与 ROE 散点图

五　活跃用户估值

月活跃用户人数（monthly active users, MAU）或日活跃用户人数（daily active users, DAU）是对互联网用户活跃程度的统计指标。该指标通常会同时定义活跃用户的标准，比如统计期内用户登录或点击次数、转载或评论次数等。由于活跃用户转化为付费用户的概率较大，因此，活跃用户数量与消费金额之间有一定的比例关系。互联网行业企业一般用单用户贡献（Average Revenue Per User, ARPU）来统计单位用户平均付费金额。MAU、DAU、ARPU 之间存在正相关关系，都与企业业绩或潜在业绩存在正相关关系，因此，MAU、DAU 通常用于互联网行业企业的估值。

互联网行业企业多不适用于前述估值方法，但活跃用户估值的运用非常普遍。比如 1997 年微软并购 Hotmail 时，估值为 30 美元 / 用户。这种估值的逻辑在于用户取得成本或潜在收益约为 30 美元。

不同业务、不同发展阶段的互联网行业企业的活跃用户价格不具有可比性。

例如，某企业上市前的估值为 1 040 亿元，对应的单位用户价值约为 120 美元。这个价格比 Hotmail 的单位活跃用户高了 3 倍。这可能与企业拟上市存在流动性溢价有关。

六 交易量估值法

电子商务平台商品交易总额（gross merchandise volume，GMV）。P/GMV 估值是指电子商务平台单位交易额对应的企业市值。

以小商品城（600415）的电子商务平台——义乌购为例。假设估值当期或近期可比公司以 0.5 倍 P/GMV 估值成交，且义乌购估值期当年预测交易额可以达到 100 亿元，则义乌购对应估值为 50 亿元。深圳华强（000062）的电子商务平台——华强电子网曾按预测交易额 150 亿元和 0.8 倍的 P/GMV 确定其估值为 120 亿元。

虽然 P/GMV 估值已经是互联网行业常用的估值方法之一，但由于 GMV 数据的可靠性比较差，因此，这种估值方法应当仅供参考。

在实务中，很多投资者对拟融资互联网行业企业报出的 GMV 数据持怀疑态度。在对这些企业的尽职调查中发现，有些互联网行业企业的后台服务器数据并不来自第三方权威机构。因此，我们在运用 P/GMV 估值时，一定要首先识别 GMV 数据的真假。

七 其他特定行业估值

（1）基金管理公司、资产管理公司的估值通常与其管理的资产规模成正比。

（2）医院、养老中心通常用单位床位的价值进行估值。

（3）商业地产、零售行业通常基于单位营业面积利润贡献额进行估值。

（4）房地产开发企业除习惯用市净率估值外，还会参考其土地储备面积。

（5）矿产、天然气行业通常会参考资源储备量对标的企业进行估值。

第二节 绝对估值指标分析

相对估值是根据标的估值倍数相对于可比公司的高低来判断标的是否被低估的，而绝对估值则是根据标的内在价值计算得到的企业价值绝对额。估值实质上是标的未来收益的贴现值，只不过根据所贴现的未来收益的形式不同而衍生出不同的估值模型。笔者认为，绝对估值模型的理论意义大于实操意义，我们应侧重掌握其思想实质，而不是应用其做估值实操。

一 股利贴现模型

股利贴现模型的基本形式为 DDM（dividend discount model）。DDM 估值是将标的企业未来股利贴现的现值合计值作为企业估值的方法。企业未来股利现金净流入需要用相应的资本成本统一折现到估值时点才是当前的估值，按不高于该估值投资才可以保证未来的收益至少能覆盖机会成本。DDM 估值需要确定两个基本要素，即企业未来股利的预测值及贴现率（投资者要求的投资回报率或资本成本）。贴现率一般用全社会平均股本资本成本估计。

DDM 的计算公式随企业未来股息预测假设的不同而有不同的形式。

（一）DDM

$$DDM = \sum_{t=1}^{\infty} \frac{DPS_t}{(1+r)^t}$$

上式为 DDM 的一般形式，其中 DPS_t 为 t 期企业向股东分配的每股股利，r 为资本成本。注意，公式中的 DDM 为企业股票价格的估值，而不是企业总市值的估值。如果公式中的 DPS_t 为 D_t（企业 t 期股利总额），则相应的 DDM 为企业总市值的估值。

根据无穷幂级数等式，有

$$\sum_{t=1}^{\infty} X^t = \frac{X}{1-X}$$

则有

$$\sum_{t=1}^{\infty} \frac{1}{(1+r)^t} = \frac{\dfrac{1}{1+r}}{1 - \dfrac{1}{1+r}} = \frac{1}{r}$$

如果 DDM 一般形式中企业每年分配的每股股利 DPS 始终不变（为常数），则 DDM 可简化为如下形式：

$$DDM = \frac{DPS_0}{r}$$

（二）GGM

DDM 没有对 DPS 增长因素进行量化。20 世纪 50 年代后期，美国学者麦伦·J. 戈登在 DDM 的基础上引入了股利年增长率（g），提出了股利不变增长模型，又称戈登增长模型（gordon growth model，GGM）。该模型的计算公式如下：

$$GGM = \sum_{t=1}^{\infty} \frac{DPS_t}{(1+r)^t} = \sum_{t=1}^{\infty} \frac{DPS_0(1+g)^t}{(1+r)^t}$$

在无穷幂级数收敛的前提下，即 $g < r$ 的前提下，同样可以根据无穷幂级数等式将上式简化为如下形式：

$$GGM = \frac{DPS_0(1+g)}{r-g}$$

GGM 有如下假设：

（1）企业股利支付是永久持续的。

（2）股利年增长率保持不变，即 g 为常数。

（3）贴现率大于股利年增长率。

（三）股利贴现模型的优缺点

股利贴现模型从企业未来为股东创造现金流入的价值角度评估企业价值，充分体现了一项资产在存续期内创造价值与估值的关系，反映了价值投资的内涵。

但是，股利贴现模型存在较明显的局限和缺陷。

首先，股利贴现模型是基于一系列假设而建立的，有些假设很难与现实情况相一致。例如，二期或三期增长模型对企业增长模式做了定型，但企业增长受多方面因素的影响，很难与模型刻画的模式相一致，这必然导致股利贴现估值有误差。

其次，股利贴现模型中未来的股利分配额不可能被准确预测。股利分配与企业的经营业绩及利润分配政策有关，毫无可预见性。我国很多企业甚至长期不分配股利。在这种情况下，股利贴现估值的操作性很差。

最后，股利贴现模型以至于所有现金流折现估值模型中的贴现率很难或者说不能确定。现金流折现估值模型中的贴现率是投资者资本成本，相当于机会成本，各投资者的机会成本各不相同，不同投资者依此模型计算出来的估值结果理应不同。用社会平均股本资本成本来笼统代表不同投资者要求的回报率，这样计算出来的估值结果对特定投资者的指导意义不大。此外，贴现率还会随所折现时点的远近而有所不同，不可能对未来所有不同时点的现金流用统一的贴现率来折现。而且贴现率取值对现金流折现估值结果的影响非常大，细微的变化都可能造成估值结果较大的变化。在此情况下，很难客观地确定采用哪个贴现率取值进行估值更精准。很多时候现金流折现估值模型反而沦为财务造假的工具。这是绝对估值方法普遍存在的问题，属于绝对估值的共同缺陷。

如果上述三点讲的是股利贴现模型操作性差的缺陷，那么以下两点就属于股利贴现模型的误导性缺陷了。

其一，股利分派多少其实与企业基本面、估值及投资回报率关系不大。

几乎所有股权或股票投资者都不是奔着股息去的。而且分红派息多少对于股东投资回报率毫无影响，除息前后整体收益率是一样的。高股息只能说明企业赚了钱愿意为股东多分红。但有的盈利能力强的企业反而更愿意少分红或不分红，用于再投资赚更多的钱。因此，以股利现金流大小为基础判断标的估值高低本身就存在一定的误导性。

其二，GGM 的局限会导致估值结果失真。

如果在实务中我们不假思索地应用 GGM 估值，那么接踵而来的问题是，当 g 大于或接近 r 时，依此得到的估值将为负值或无限大，这是没有实际经济意义的。显然 GGM 只是数学模型，它没有穷尽现实中的所有假设，不满足股利增长模型之外真实经济背景下的其他必要条件。

在真实的经济背景下，当 $g \geq r$ 时，标的股利增速将不低于资本成本，这时投资者将无视标的估值大小，无论估值多高，投资后未来股利收益均不低于机会成本，这样标的将无限吸引社会资本前来投资。但企业股权融资规模是与企业资产营运能力相匹配的，因而资金需求是有限的，不可能无限吸纳投资者的资金，同时保证资产营运效率不降低。此时标的将产生大量闲置资金，资产营运效率必然降低，盈利能力也随之降低，g 趋于减小，直到 $g < r$，企业估值回落并达到平衡状态，此时才是稳定状态估值。因此，根据 GGM 得到的超级大的所谓合理估值其实是有误导性的，都会受 GGM 假设之外的现实经济其他条件的约束，由不稳定状态趋于稳定状态。

GGM 的理论及思想指导意义远大于实操意义，笔者不主张应用 GGM 计算标的的绝对估值。笔者十分认同巴菲特的观点，即证券市场精确的估值不存在，模糊的正确胜过精确的错误。但 GGM 告诉我们，标的业绩成长性对于估值至关重要，对业绩高成长的标的可以给予更高的估值。

综上所述，在进行估值判断时一定要结合实际情况。模型只是辅助工具，只体现数字规律的合理性。估值需要满足的现实经济条件是在模型假设之外的，生搬硬套往往会差之毫厘，谬以千里，因此，尽信模型不如无模型。

二　DCF 估值

笔者对 DCF 估值的评价是"思想的巨人，实操的矮子"。即使它在现实的资产评估中经常被用到，但笔者对它的实操意义仍持保留态度。

（一）DCF 的基本概念

DCF（discounted cash flow）估值也被称为现金流折现估值，与 DDM 同属于绝对估值方法。它将标的企业未来各期（t）自由现金流 FCF_t 以一定的贴现率或资本成本（r）折现求和得出标的企业估值。DCF 的计算公式如下：

$$P = \sum_{t=1}^{n} \frac{\text{FCF}_t}{(1+r)^t}$$

在理论情况下，当各期自由现金流不变，即为永续年金时，有

$$P = \frac{\text{FCF}}{r}$$

比 DDM 先进的是，DCF 所折现的现金流不是股利，而是自由现金流。

根据估值对象的不同，DCF 所需要估计的自由现金流也是不同的。如果 DCF 针对企业整体进行估值（股权与债权价值），则需要估计的自由现金流为 FCF，对应的折现率取值为加权平均资本成本（weighted average cost of capital，WACC）；如果 DCF 针对股权价值进行估值，则需要估计的自由现金流为 FCFE（free cash flow of equity），这是股东的自由现金流量，对应的折现率取值为股本资本成本（r_E）。

FCF 是企业经营活动中产生的现金流量扣除企业业务发展的投资需求后可分给资本提供者的现金流量。FCFE 是企业经营活动中产生的现金流量扣除企业业务发展的投资需求和对除股东外的其他资本提供者的分配后可分配给股东的现金流量。

股权价值 DCF 的计算公式如下：

$$\text{DCF} = \sum_{t=1}^{\infty} \frac{\text{FCFE}_t}{(1+r_E)^t}$$

企业价值 DCF 的计算公式如下：

$$\text{DCF} = \sum_{t=1}^{\infty} \frac{\text{FCF}_t}{(1+\text{WACC})^t}$$

$$\text{WACC} = \frac{E}{E+D} \times r_E + \frac{D}{E+D} \times r_D \times (1-T)$$

其中，E 为股份总市值，D 为有息负债账面值，r_E 为股本资本成本，r_D 为有息负债资本成本，T 为企业所得税税率。r_E 与 r_D 的确定是计算 WACC 的难点及重点。这两个资本成本的确定都没有可以参照的绝对标准，有时甚至只能凭主观判断。但在成熟的资本市场上，r_E 可以通过资本资产定价模型（capital asset pricing model，CAPM）来确定，即有

$$r_E = r_f + \beta(r_m - r_f)$$

其中，r_f 为无风险收益率，在美国为 10 年期国债收益率；r_m 为市场收益率，即估值标的企业所在股权市场的平均收益率；r_m-r_f 为市场溢酬，是市场因承担额外风险而得到的高于无风险收益率部分的风险收益率；β 为 CAPM 的贝塔系数，它测度标的历史收益率波动程度相对于市场整体历史收益率波动程度的乘数。β 的计算公式如下：

$$\beta=\frac{\sigma_{im}}{\sigma_m^2}$$

其中，σ_{im} 为标的股权收益率与市场整体收益率的协方差，σ_m^2 为市场整体收益率的方差。贝塔系数也可以通过相关资讯平台查询得到。

DCF 估值方法克服了股利贴现模型的某些缺陷，比如 DCF 中的现金流为自由现金流，较股利更为稳定，因为企业可以长期不进行股利分配，但不可以长期没有自由现金流。即使如此，标的自由现金流也是无法准确预测的，因此，DCF 估值注定是不准确的。而且 DCF 估值仍然存在 DDM 估值同样的实际操作局限甚至错误，比如折现率实质上是特定投资者的资本成本，代表的是机会成本，而非代表标的自身资本成本的 WACC。

（二）DCF 与市盈率在本质上是相通的

在介绍市盈率时，曾推导出如下关系式：

$$市盈率 =1 ÷ 市场平均资本成本$$

也即在成熟的资本市场上，市盈率的倒数与市场平均资本成本应该相等。由于企业净利润与企业自由现金流高度正相关，那么其实"企业估值 $P=$ 企业净利润 × 市盈率"与"DCF 估值模型 $P=CF/r$"是一致的。

（三）DCF 在价值投资中的思想概念意义远大于实操意义

DCF 反映的是价值投资的核心思想，即证券估值取决于价值投资的两个核心要素——业绩和资本成本。DCF 估值模型中的现金流净额及资本成本分别与宏观经济中的产出 Y 及市场利率 i 遥相呼应，宏观经济、行业研究、财务分析自上而下指导着证券估值。这就是价值投资自上而下的分析体系，如图 7-3 所示。

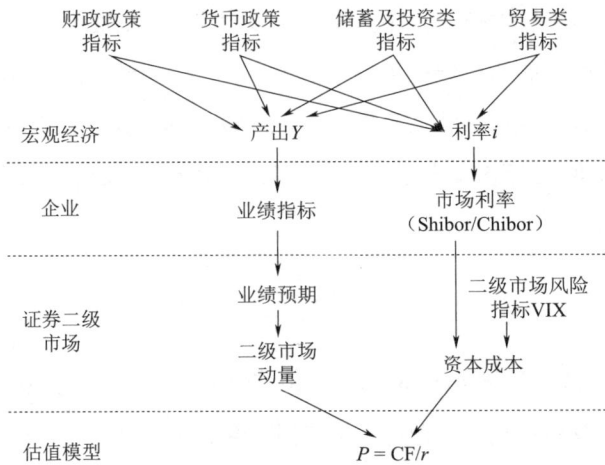

图 7-3　价值投资自上而下的分析体系

DCF 的核心思想是：一项资产的估值是其未来业绩折现值的总和。这个估值使得投资者投资该项资产后所取得的净现金流与该笔投资的机会成本相当，也即 CF 与 $p \times r$ 相等。

图 7-4 是对图 7-3 的实证描述。从统计学意义上讲，图 7-4 中上证指数与 GDP 季度累计同比是同方向变动的，而与 Chibor 是反方向变动的。

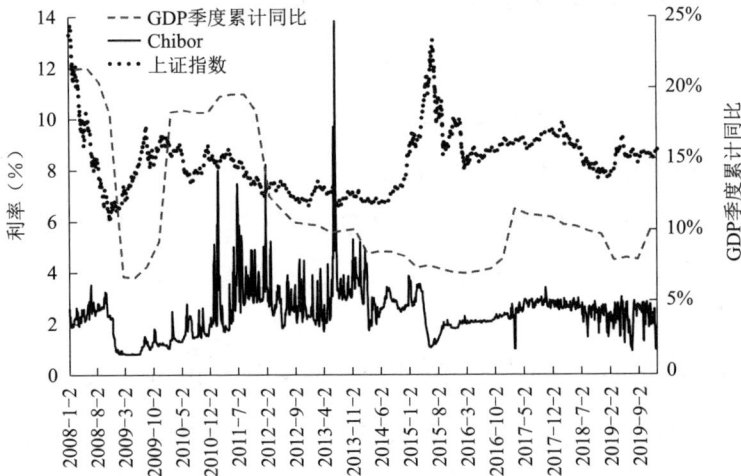

图 7-4　经济增长、市场利率及证券指标之间的关系

DCF 的价值投资思想概念意义奠定了其在价值投资证券估值中的核心地位。相对估值指标中的市盈率甚至其他相对估值指标从根本上讲也源出 DCF 一门。

但是，DCF 估值仍然存在绝对估值模型的前述实操局限性甚至错误，有时甚至沦为财务造假的工具。

根据 DCF 估值模型的精神实质，DCF 估值模型中的贴现率应该采用拟投资者的资本成本，才能使得拟投资者的机会成本也即要求的回报恰好可以被投资标的未来现金流弥补。但是，在应用 DCF 估值模型进行现实的资产评估时，都会计算仅代表评估标的自身资本成本的 WACC。用统一的 WACC 代表未来不同时点的现金流进行折现本身就是错误的。仅凭这一点，DCF 估值结果注定是一个"精确的错误"。

在接下来的案例分析中时常会遇到利用 DCF 估值模型进行财务造假的案例。

第三篇

案例分析

　　本书第一篇和第二篇内容相当于财务行棋规则和攻、杀、战、守理论知识介绍，读者已经可以从会计准则判断升级到价值投资逻辑判断了。前者是后者的规则基础，但只是单纯对财务数字规则的判断；而后者是对包含宏观经济、行业及商业模式信息的财务数据的价值投资分析过程。财务造假标的经价值投资逻辑审查后必然是低价值的。从这个意义上讲，财务造假推断过程实质上也是价值投资判断过程。

　　这一篇涉及的四个案例的财务造假推断过程其实也是价值投资判断过程，每个案例都可以通过价值投资判断准绳发现财务造假痕迹。例如，康美药业掩盖的存货、应收账款、毛利率三高，以及因此暴露的存贷双高异常；康得新两次毛利率危机时暴露的往来款异常；獐子岛的存货与毛利率双高异常；乐视网掩盖的存货、应收款项、毛利率三高，以及因此暴露的无形资产虚高异常。

第八章　康美药业财务造假分析

2018 年底，中国证监会开始对康美药业进行立案调查。2021 年 2 月 20 日，中国证监会官网发布了《中国证监会市场禁入决定书（杨文蔚、张静璃、苏创升）》。这是继 2020 年 5 月 14 日中国证监会发布对康美药业做出处罚及禁入决定后对涉案审计机构相关负责人的处罚决定。康美药业虚增近 300 亿元货币资金财务造假案尘埃落定。康美药业的证券代码为 600518，但目前已经成为 ST 股，面临退市危险。

第一节　被精心掩盖的存货异常

一　存货与毛利率双高被掩盖

2019 年 4 月 30 日，康美药业披露了公司 2018 年年报。该年报首次对重要历史财务数据进行了大规模修正，对 2017 年度营业收入、营业成本、存货及应收账款等重要财务数据进行了更正。表 8-1 所示为 2016—2020 年康美药业存在问题的主要财务指标更正前后对比。

表 8-1　2016—2020 年康美药业存在问题的主要财务指标更正前后对比（单位：元）

存在更新的主要会计科目		2020 年	2019 年	2018 年	2017 年	2016 年
货币资金	更新后	5.523 亿	5.012 亿	18.35 亿	42.07 亿	273.3 亿
	原年报披露	5.523 亿	5.012 亿	18.39 亿	341.5 亿	273.3 亿
应收账款	更新后	24.05 亿	36.70 亿	60.72 亿	49.92 亿	30.95 亿
	原年报披露	24.05 亿	36.70 亿	63.18 亿	43.5 亿	30.95 亿
其他应收款	更新后	90.84 亿	100.5 亿	104.8 亿	58.94 亿	1.819 亿
	原年报披露	90.84 亿	100.5 亿	92.28 亿	1.8 亿	1.4 亿

续表

存在更新的主要会计科目		2020 年	2019 年	2018 年	2017 年	2016 年
存货	更新后	57.09 亿	314.1 亿	338.5 亿	352.5 亿	126.2 亿
	原年报披露	90.84 亿	314.1 亿	342.1 亿	157.0 亿	126.2 亿
固定资产	更新后	79.73 亿	76.95 亿	85.42 亿	61.06 亿	59.20 亿
	原年报披露	58.92 亿	76.95 亿	89.5 亿	61.06 亿	59.20 亿
在建工程	更新后	16.30 亿	37.14 亿	28.31 亿	17.16 亿	2.418 亿
	原年报披露	16.30 亿	37.14 亿	29.87 亿	10.85 亿	2.418 亿
投资性房地产	更新后	33.81 亿	35.25 亿	31.83 亿	12.36 亿	8.132 亿
	原年报披露	33.81 亿	35.25 亿	41.7 亿	12.36 亿	8.132 亿
总资产	更新后	333.3 亿	645.9 亿	731.4 亿	652.9 亿	548.2 亿
	原年报披露	362.13 亿	645.9 亿	746.28 亿	687.22 亿	548.2 亿
营业收入	更新后	54.12 亿	114.5 亿	170.7 亿	175.8 亿	216.4 亿
	原年报披露	54.12 亿	114.5 亿	193.56 亿	264.8 亿	216.4 亿
净利润	更新后	−311.0 亿	−46.55 亿	3.700 亿	21.44 亿	33.40 亿
	原年报披露	−277.5 亿	−46.55 亿	11.23 亿	40.95 亿	33.37 亿
经营活动产生的现金流量净额	更新后	10.31 亿	28.82 亿	3.056 亿	−48.40 亿	16.03 亿
	原年报披露	10.31 亿	28.82 亿	−31.92 亿	18.43 亿	16.03 亿
取得借款收到的现金	更新后	105.7 亿	111.8 亿	347.4 亿	226.7 亿	162.9 亿
	原年报披露	105.7 亿	111.8 亿	164.87 亿	226.7 亿	162.9 亿
审计意见		无法（拒绝）表示意见	保留意见	保留意见	标准无保留意见	标准无保留意见

数据来源：原数据来源于康美药业相应年度年报，更新数据来源于东方财富网。

康美药业 2017 年财务数据经更正后，存货、应收款项、毛利率三高异常迹象立即显现出来，如图 8-1 所示。很多分析康美药业财务造假的文章都会根据这个会计差错更正后显示出的存货与毛利率双高异常来判断其财务造假。那时投资亏损已经发生，即使识别出财务造假，也已经于事无补了。

按会计差错更正后的数据，康美药业 2017 年的毛利率为 39%，远超以往年度的毛利率水平，而当年存货及应收账款周转天数均大幅增长。2017 年康美药业在存货大量积压的情况下依然大幅提升销售毛利率，这显然有违商业逻辑。

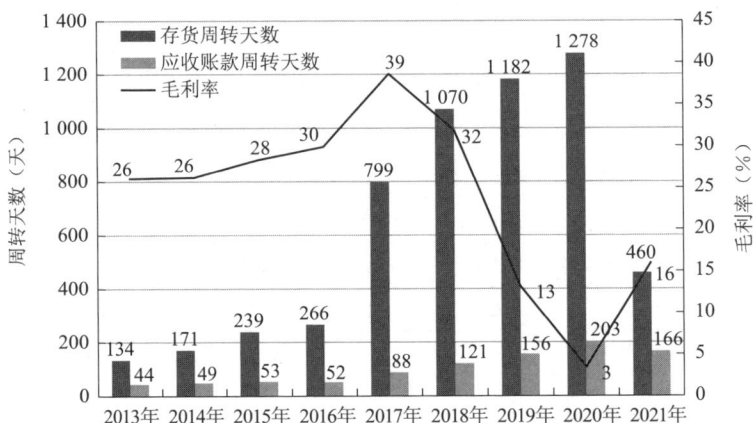

数据来源：东方财富网。

图 8-1　康美药业毛利率及周转率财务指标（会计差错更正后）

但是，在会计差错更正前，康美药业存货与毛利率双高异常是被掩盖的。按康美药业原年报披露数据，存货账面价值为 157 亿元，存货周转天数为 276 天，同比仅增加了 10 天。公司 2017 年的毛利率也仅为 30.3%，就连应收账款周转天数也是正常的（见图 8-2），并未暴露出存货与毛利率双高异常。

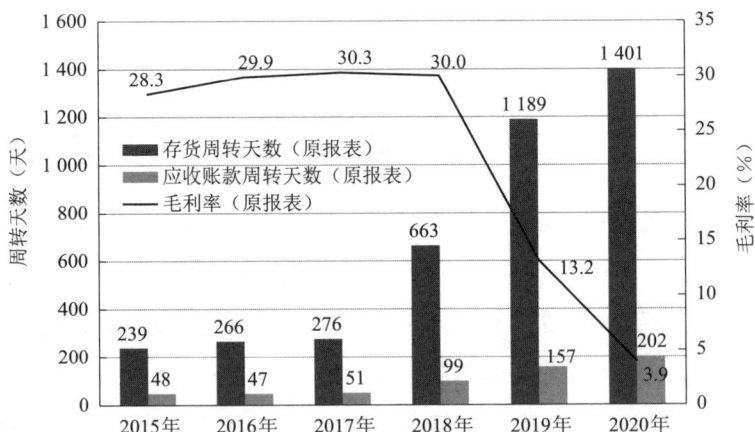

图 8-2　康美药业毛利率及周转率财务指标（会计差错更正前）

事后得知，康美药业为了掩饰存货、应收账款、毛利率异常三高，于 2017 年隐瞒了 195.5 亿元的存货，隐瞒了 6.42 亿元的应收账款。正中珠江会计师事务所对康美药业的存货审计存在重大漏洞，在审计过程中有意遗漏对出库单等的审计。

二 存货与成本的钩稽关系疑被设计

在康美药业刻意掩盖了存货与毛利率双高异常的情况下，我们依然可以尝试从其存货与营业成本间的钩稽关系中找到这种看似正常背后的异常。

企业当年结转为营业成本的存货额与相关会计科目有如下钩稽关系：

结转为营业成本的存货额估计值 =

（购买商品、接受劳务支付的现金 + 应付款项增量 − 预付账款增量）÷

（1+ 增值税税率）− 存货增量

注意，在运用以上钩稽公式时，一定要对增值税税率进行较精确的估计，否则可能会得出错误的结论。就康美药业而言，其采购的原材料主要为中药材，中药材对应的增值税税率为 13%。表 8-2 所示为 2016 年和 2017 年康美药业营业成本推算表。

表 8-2 2016 年和 2017 年康美药业营业成本推算表（金额单位：亿元）

会计科目	2015 年	2016 年	2017 年
①存货	97.95	126.19	157.00
②预付账款	5.60	7.21	11.30
③应付账款 & 票据	16.46	16.93	20.82
④购买商品、接受劳务支付的现金	166.16	200.13	243.24
⑤毛利率	—	29.9%	30.3%
⑥营业成本估计值 （④ + Δ ③ − Δ ②）÷ r − Δ ① 注：r 取 1.13	—	147.86 （披露值为 151.72）	184.27 （披露值为 184.50）
⑦营业收入估计值 ⑥ ÷（1−⑤）	—	210.92 （披露值为 216.42）	264.38 （披露值为 264.77）
⑧毛利润估计值 ⑦ − ⑥	—	63.07 （披露值为 64.71）	80.11 （披露值为 80.27）

数据来源：康美药业 2015 年、2016 年、2017 年年报及个人计算。

从表 8-2 中可以看到，根据钩稽关系推导出的估计值与当时的披露值相比，除 2016 年偏差略大外，总体上偏差幅度不算大。康美药业 2016 年和 2017 年存货与营业成本间的钩稽关系基本正常。

导致 2016 年康美药业估计值较披露值偏差较大的原因可能有：应付账款 & 票据增量和购买商品、接受劳务支付的现金可能偏少；存货增量和预付账款增量偏多；凭空虚增了成本、收入和利润而没有对应结转存货成本和体现对应的购买商品、接受劳务支付的现金。但这种偏差不算显著，有可能并非上述原因引起，我们还不能据此推断财务异常。由此可见，康美药业当时的财务造假手法如此绵密，以至于连财务数据间的钩稽关系也做了粉饰。

第二节　从资金漏洞寻找突破口

一　从存贷双高异常推断货币资金水分

存货这条线暂时无法突破，也许一般投资者会对康美药业当时的业绩深信不疑，但是更审慎的投资者还要扫描其他异常点。

由表 8-1 可知，康美药业 2016 年和 2017 年年报披露的当年货币资金余额分别为 273.3 亿元和 341.5 亿元，而对应的短期借款余额分别高达 82 亿元和 113 亿元，存贷双高异常非常明显。尤其是 2017 年康美药业在账上有约 300 亿元巨款的情况下，全年又净增了 31 亿元短期借款。

康美药业存贷双高有无可能是由于其子公司众多所致？在一般情况下，集团化管理的企业如果没有统一融资管理，则会出现有的子公司现金充足而有的子公司现金紧张需要大额借款的情况，这样一来集团合并报表就会体现为存贷双高的情况。但是细查当年的年报会发现，存贷双高异常主要发生在康美药业母公司，显然没有统一融资管理的推测也不可能。

货币资金会不会有水分？

货币资金有水分自然会联想到现金流量表相关科目可能会存在异常。由于康美药业 2017 年年报披露的现金流量表中筹资活动产生的现金流量较大，我们将重点放在这一方面，扫描一下筹资活动现金流与负债相关会计科目间的钩稽关系。钩稽关系等式如下：

"取得借款收到的现金" + "发行债券收到的现金" −

"偿还债务支付的现金" ≈ 资产负债表 "短期及长期借款、

应付债券报告期期末余额与期初余额之差"

注意，上式中借款和应付债券应包含一年内到期的非流动负债及其他流动（或非流动）负债中的借款和债券部分。

表 8-3 为 2016 年和 2017 年康美药业主要筹资相关会计科目钩稽关系验证表。

表 8-3　2016 年和 2017 年康美药业主要筹资相关会计科目钩稽关系验证表 （单位：亿元）

会计科目	2016 年或期末	2017 年或期末
①取得借款收到的现金	162.93	226.67
②发行债券收到的现金	75.00	110.00
③偿还债务支付的现金	182.34	252.61
④短期借款	82.52	113.70
⑤长期借款	0.00	0.00
⑥应付债券	48.89	83.07
⑦一年内到期的非流动负债（长期借款）	0.00	25.00
⑧其他流动负债（短期融资券）	75.00	50.00
⑨ = ① + ② − ③	55.59	84.05
⑩ = ④⑤⑥⑦⑧增量合计	56.31	65.36
等式两边差额⑨ − ⑩	−0.72	18.69

数据来源：康美药业 2016 年和 2017 年年报及个人计算。

从表 8-3 中可以看到，根据上述钩稽关系等式计算得到的 2016 年和 2017 年公司通过借款及发行债券筹集的资金净额（⑨）分别约为 55.59 亿元和 84.05 亿元，而借款和债券对应净增加额（⑩）仅分别为 56.31 亿元和 65.36 亿元。由于 2017 年钩稽关系等式两边差额较大，且借款等负债项虚减的可能性较小，因此，推断康美药业在 2017 年虚增了约 18.69 亿元的筹资活动现金净流入。这些虚增的现金净流入对应虚增的货币资金。

由此可见，康美药业虚增货币资金的可能性很大。但是，根据以上分析，我们依然无法判断康美药业是否同时虚增了收入和利润。

二 收入、净利润与经营活动现金流不匹配

表 8-4 所示为 2016—2020 年康美药业净利润及经营活动产生的现金流入净额对比（更正前）。

表 8-4　2016—2020 年康美药业净利润及经营活动产生的

现金流入净额对比（更正前）　　　　　　（金额单位：亿元）

会计科目	2016 年	2017 年	2018 年	2019 年	2020 年
①净利润	33.4	41.0	11.2	−46.6	−277.5
②经营活动产生的现金流入净额	16.0	18.4	−31.9	28.8	10.3
②÷①	48%	45%	−285%	−62%	−4%

数据来源：康美药业相应年度年报。

从更正前的康美药业净利润和经营现金流对比来看，二者严重不匹配，即使是稍显正常的 2016 年和 2017 年，净利润的现金含量（②÷①）都不足一半。这是虚增资产以虚增利润后的典型特征。

除了采用净利润的现金含量判断是否虚增利润，还可以采用收入的现金含量判断标的收入质量。企业销售商品、提供劳务收到的现金与营业收入存在以下钩稽关系：

"营业收入" ≈ ["销售商品、提供劳务收到的现金" + "应收账款 &
票据及合同资产报告期期末余额 − 期初余额" + （计提的应收账款
坏账准备报告期期末余额 − 期初余额）− "预收账款 & 收现
合同负债报告期期末余额 − 期初余额"] ÷ （1+ 增值税税率）

注意，上式中增值税税率取值是以康美药业当年各业务收入占比为权重对各业务对应增值税税率的加权平均值。

表 8-5 所示为 2016 年和 2017 年康美药业细分业务营业收入及对应增值税税率。

表8-5　2016年和2017年康美药业细分业务营业收入及对应增值税税率（收入单位：亿元）

收　入　项	2016年度营业收入	2017年度营业收入	增值税税率
中药	104.92	120.15	13%
西药	84.06	117.07	17%
保健食品及食品	17.35	18.61	17%
物业租售及其他	9.43	7.82	11%

　　数据来源：收入数据来自康美药业相应年度年报，增值税税率为当时行业一般值。

　　根据表8-5计算得到的康美药业2016年和2017年加权平均增值税税率分别为14.79%和15.00%。

　　表8-6所示为2016年和2017年康美药业营业收入相关会计科目钩稽关系验证表。

表8-6　2016年和2017年康美药业营业收入相关会计科目钩稽关系验证表（单位：亿元）

会计科目	2015年或期末	2016年或期末	2017年或期末
①销售商品、提供劳务收到的现金	193.72	239.29	287.66
②预收账款	9.48	12.19	17.28
③应收账款 & 票据	28.99	33.19	46.18
④计提的应收账款坏账准备	1.10	1.53	2.17
⑤推导出的营业收入 （① + Δ ③ + Δ ④ − Δ ②）/ (1+r) 注：r为加权平均增值税税率	—	210.13	257.57
⑥年报披露的营业收入	—	216.42	264.77
⑥ − ⑤	—	6.29	7.20

　　数据来源：康美药业2015年、2016年、2017年年报及个人计算。

　　从表8-6中可以看到，根据以上钩稽关系等式计算得到的康美药业2016年和2017年营业收入分别较年报披露额低6.29亿元和7.20亿元。营业收入披露额与推导值存在差异，说明康美药业期间虚增了营业收入，或者虚减了销售商品、提供劳务收到的现金或应收款项，抑或虚增了预收账款。由于负债项造假情况较少，而且公司虚减销售商品、提供劳务收到的现金的可能性极小，因此，根据以上钩稽关系核查结果，康美药业期间虚增营业收入或虚减应收款项的可能性较大。

综合以上分析，由于康美药业的收入、净利润与经营活动现金流不匹配，并且经营活动现金流无法支持偏高的营业收入，因此，公司虚增收入及利润的可能性较大。考虑到康美药业很可能存在虚构筹资活动现金流入进而虚构货币资金的情况，我们可以推断康美药业很可能通过虚增货币资金的方式虚增了利润。

三　为何集中虚增货币资金

根据以上推断，我们细致思考康美药业的财务造假过程，可能会感到其绵密程度甚至有些恐怖。康美药业当时的存货本身就未经严格的减值测试，有相当一部分应计提跌价准备，即使不虚增都会引起存货与毛利率双高异常，从而引起质疑，所以，存货不但不能虚增，反而要虚减。注意，虚减掉的存货本身就是未充分计提跌价准备的潜亏资产。这同样适用于应收账款。

其实 2017 年康美药业除主要虚减了存货、应收账款外，还虚减了其他应收款、在建工程（见表 8-1）。其中其他应收款较更正数据少约 57 亿元，隐瞒金额仅次于存货的隐瞒金额。如果说康美药业调低存货、应收账款是为了使销售收入显得更合理，那么隐瞒其他应收款又想达到什么目的呢？

据调查，2016 年 1 月 1 日至 2018 年 12 月 31 日，康美药业在未经过决策审批或授权程序的情况下，累计向控股股东马兴田控制的康美实业投资控股有限公司（以下简称"康美实业"）及其关联方提供非经营性资金 116.19 亿元，用于购买本公司股票、替控股股东及其关联方偿还融资本息、垫付解质押款、支付收购溢价款等。这些关联方的非经营性资金占用都记在了其他应收款中。康美药业为了隐瞒这一事项，故意虚减了其他应收款。

这样一来，他们为了不留痕迹地虚增利润，必然只能将虚增金额挤到存货或应收款项之外的其他资产上。根据前述分析，这个其他资产很可能是货币资金。这相当于将应计提跌价（或坏账）准备的存货、应收账款和流到关联方的款项包装成货币资金。为了填补调减资产亏空，再加上虚增利润需要虚增的资产，两项合计额全部集中到虚增的货币资金上。尽管虚增数额巨大，但只要伪造资产负债表日的银行对账单证明账上银行存款数额无误，虚增货币资金还是可行的。

虚增货币资金没有日后的减值或跌价及折旧摊销情况，操作比较简便。而且虚增的货币资金只体现为一个金额数字，在银行对账单环节作假的情况下，相比其他资产，一般投资者对其更难核实。

事后得知，康美药业提前以内审名义，使用正中珠江会计师事务所的询证函模板向银行进行了函证。正中珠江会计师事务所在对康美药业进行审计时，审计项目经理苏创升并未直接从银行处索取银行对账单，反而从康美药业黄某生处取得该银行对账单。当苏创升和黄某生现场函证时，黄某生再将询证函需要银行盖章回复的确认页替换为提前以内审名义函证的确认页，伪造正中珠江会计师事务所收到银行确认无误的询证函回函。康美药业对交通银行和工商银行执行邮寄函证程序中，两份询证函回函的寄件人竟为康美药业财务人员黄某勇和马某虹。

第三节　康美药业的资金黑洞

还是那句老话：财务造假者绝对不是单纯为了虚增业绩而粉饰报表的。绝大多数财务造假背后均与不当融资有关，康美药业财务造假也不例外。在康美药业虚构的货币资金中，一部分用于置换真实货币资金，另一部分用于虚增利润。虚增利润是为了提高公司市值，最终目的还是不当融资。那这些置换而来的货币资金从哪里来又去向何方了呢？

一　康美药业的钱从哪里来又去向何方

公开资料显示，康美药业控股股东康美实业因大举开拓健康概念房地产项目不利，欠下了大量债务，继而大量占用康美药业资金以缓解债务压力。它就是一个资金黑洞，不断吸噬着上市公司的资金。

康美实业吸噬的资金一部分来自康美药业上市公司的筹资活动（比如借款、发行债券、发行优先股、增发新股等，见表8-7），之后通过其他应收款的非经营性资金占用账户将资金转至康美实业及其关联方账户。通过其他应收款占用的资金金额累计达到116.19亿元。

表 8-7　截至 2020 年年报报告期康美药业发行证券（非新股）规模

所发行证券类型	发行日期	发行规模（亿元）
18 康美 04	2018 年 10 月	20
18 康美 01	2018 年 7 月	15
15 康美债	2015 年 1 月	24
优先股	2014 年 12 月	30
11 康美债	2011 年 6 月	25
债券及优先股类证券合计规模		114

数据来源：康美药业相应年度年报。

康美实业吸噬的资金另一部分疑来自分红和股票质押，累计规模也逾百亿元。

这些资金部分用于偿还债务，部分用于购买康美药业股票以操纵股价。在业绩粉饰的配合下，操纵股价一方面可以从中获取投机收益，另一方面可以抬升公司市值，提高上市公司再融资及股票质押融资效率，并避免股票质押账户因股价下跌引起的爆仓风险。欲使股价泡沫不破灭，就必须让康美药业业绩持续长虹。这是虚增资产及利润的根本动机。

例如，在康美药业虚增利润的第一年，也即 2016 年，其披露的净利润达到 33.37 亿元，同比增长超过 20%。在这一业绩的支撑下，康美药业当年的股价也在较高水平波动，更以 15.28 元 / 股的较高价格定向增发，同时增加了股票质押和债权融资的额度，融资效率骤然增长。这时的康美药业股价泡沫在虚增利润的支撑下是不会破灭的。

二　通过增发新股 + 股票质押融资

康美实业持有的康美药业股票质押率一度接近 100%。笔者推算，康美实业从 2010 年首次质押股票起到 2020 年底累计融资约 134 亿元。融资的三个高峰出现在 2015 年、2016 年和 2018 年。这三个年度均有送红股、转增新股、定向增发或二级市场炒作情况（见表 8-8）。

表 8-8 截至 2020 年年报报告期康美实业质押康美药业股票数及融资额

项 目	2010 年半年报	2011 年半年报	2012 年半年报	2012 年年报	2013 年年报	2014 年年报
质押股数（亿股）	1.56	2.758	4.05	5.52	6.02	5.771 2
新增质押股数（亿股）	1.56	1.198	1.292	1.47	0.5	−0.248 8
估计融资额（亿元）	4.2	4.2	4.5	5.7	2.4	—
项 目	2015 年年报	2016 年年报	2017 年年报	2018 年年报	2019 年年报	2020 年年报
质押股数（亿股）	12.327 9	14.422 14	14.388 94	16.293 49	16.093 56	16.129 87
新增质押股数（亿股）	6.556 7	2.094 24	−0.033 2	1.904 55	−0.199 93	0.036 31
估计融资额（亿元）	70	19.2	—	24	—	0.072

数据来源：根据康美药业相应年度年报数据及股价计算或推算。

股票质押融资必须与虚增利润、炒高二级市场股价及增发新股相配合才能让质押融资规模有质的飞跃。2014 年底康美药业决定送红股和转增新股，2015 年总股本立马翻番。康美实业持股数量由 2014 年的 6.68 余亿股变为 13.37 余亿股，质押股数也由 5.77 余亿股增长为 12.32 余亿股，净增加质押 6.55 余亿股，当年股价增长也是异常的高（见图 8-3），不排除人为炒作的可能。

数据来源：东方财富网。

图 8-3 康美药业 2014 年年报宣布送红股和转增新股后次年股价暴涨

康美药业 2015 年股价最高涨到 25 元 / 股，按 18 元 / 股的质押价格估计，当年康美实业质押融资额为 70 亿元左右。这个质押融资额是前所未有的。2016 年

6月，康美药业进行了一轮定向增发，以 15.28 元 / 股的价格向公司 5 名特定对象增发了 5.3 余亿股，共融资 80 余亿元。康美实业要起模范带头作用，花了 30 余亿元认购了其中的 2.09 余亿股（见表 8-9），紧接着就将新增股份质押给了银行，融得资金约 20 亿元。另外四名认购者为财务投资者。

表 8-9 康美药业 2016 年年报披露的前十大股东持股情况

股东名称（全称）	报告期内增减（股）	期末持股数量（股）	比例（%）	持有有限售条件股份数量（股）	质押或冻结情况	
					股份状态	数量（股）
康美实业投资控股有限公司	209 424 083	1 547 172 631	31.27	209 424 083	质押	1 442 214 083
五矿国际信托有限公司 – 五矿信托 – 优质精选上市公司投资单一资金信托	229 531 662	229 531 662	4.64	0	未知	0
华安未来资产 – 民生银行 – 深圳市前海重明万方股权投资有限公司	163 612 565	163 612 565	3.31	163 612 565	未知	0
天津市鲲鹏融创企业管理咨询有限公司	98 167 539	98 167 539	1.98	98 167 539	未知	0
许冬瑾	0	95 296 700	1.93	0	质押	94 714 800
中国证券金融股份有限公司	−30 877 390	94 850 110	1.92	0	未知	0
普宁市金信典当行有限公司	0	93 114 716	1.88	0	质押	93 114 716
普宁市国际信息咨询服务有限公司	0	93 114 700	1.88	0	质押	93 114 700
中央汇金资产管理有限责任公司	0	78 380 000	1.58	0	未知	0
许燕君	0	69 836 056	1.41	0	质押	69 000 000

数据来源：康美药业 2016 年年报。

　　定向增发一般都会与上市公司近期拟投资的重大项目有关，但是此次定向增发的公告文件中没有这方面的说明，只在其他媒介查到此次定向增发所融资金一是用于补充流动资金，二是用于偿还银行贷款。而 2016 年初康美药业账上显示的货币资金有 158 亿元之巨。定向增发与看似宽裕的货币资金是矛盾的。

　　公开资料显示，2016 年恰好是康美实业大举开拓健康概念房地产项目的那一年，也是中国证监会查出康美药业开始财务造假并占用大额非经营性资金的头一年。这很难不让人将不当融资与这些事件联系在一起。

三　通过分红获取资金

　　表 8-10 所示为康美药业历年分红情况。

表 8-10　康美药业历年分红情况

报 告 期	现金分红比例	总股本（亿股）	股权登记日（报告期次年）	分红额（亿元）
2018/12/31	10 派 0.24	49.74	8 月 27 日	1.19
2017/12/31	10 派 2.35	49.74	7 月 12 日	11.69
2016/12/31	10 派 2.05	49.47	6 月 28 日	10.14
2015/12/31	10 派 1.9	44.17	5 月 30 日	8.39
2014/12/31	10 派 3.2	21.99	6 月 15 日	7.04
2013/12/31	10 派 2.6	21.99	7 月 21 日	5.72
2012/12/31	10 派 2	21.99	7 月 25 日	4.40
2011/12/31	10 派 0.5	21.99	5 月 28 日	1.10
2010/12/31	10 派 0.5	21.99	5 月 24 日	1.10
2009/12/31	10 派 0.35	16.94	5 月 21 日	0.59
2008/12/31	10 派 0.6	7.64	4 月 21 日	0.46
2007/12/31	10 派 0.12	5.1	3 月 3 日	0.06
2006/12/31	10 派 0.35	2.19	4 月 30 日	0.08
2005/12/31	10 派 0.25	1.06	5 月 17 日	0.03
2004/12/31	10 派 1.5	1.06	5 月 25 日	0.16
2003/12/31	10 派 0.25	0.71	5 月 19 日	0.02

报 告 期	现金分红比例	总股本 （亿股）	股权登记日 （报告期次年）	分红额 （亿元）
2002/12/31	10 派 2.5	0.71	6 月 9 日	0.18
2001/12/31	10 派 2	0.71	7 月 2 日	0.14
2000/12/31	10 派 2	0.71	5 月 24 日	0.14

数据来源：康美药业相应年度年报。

从表 8-10 中可以看到，康美药业从 2012 年到 2017 年一直表现出高分红特征，分红额较以往年度明显增加，各年分红额约为当年归属于普通股股东净利润的 30%。分红额最高的 2017 年，现金分红高达 11.69 亿元，康美实业可以从中分得现金 3 亿多元。康美实业从 2012 年到 2018 年从康美药业累计分红取得现金约 14 亿元。康美药业能持续保持如此高的现金分红比例，前提是对康美药业的业绩进行粉饰，账上必须对外显示有足够的可供分配利润，才便于将通过借款、发行证券等方式融入的资金（而不是盈利所得）通过分红的方式流出公司。但在我们推断康美药业货币资金造假的前提下再审视分红这一行为时，这种高分红除了解释为是一种谋取不当得利行为，还能有什么更合理的解释呢？

第四节　虚增资产的湮灭

公司实际控制人一边虚增公司业绩并炒作二级市场股票价格，一边将通过股权及债权方式融得的资金通过其他应收款账户占用，或者通过股票质押或分红的方式使其流出。这些资金最终都将流入康美实业的资金黑洞。有资金黑洞的存在，即使公司有再多的资金输血或再强的自身造血能力也会被掏空。一旦业绩造假不能持续，市值泡沫将破灭，公司将随时爆雷。

一　除货币资金外的其他虚增资产

根据康美药业 2018 年、2019 年、2020 年的审计报告，康美药业无法提供包含康美梅河口医疗健康中心医疗园区、康美梅河口医疗健康中心医养园区等工程项目的完整财务资料。因此，这些工程项目很可能是虚构的，相应虚增了在建工程、固定资产、投资性房地产。

注意，应计提减值、坏账或跌价准备而不计提也属于虚增资产行为。例如，存货和应收账款虽然在康美药业财务造假者缜密的手法下被刻意调低了，但二者在被调低前本身就存在较多潜在或未计提的减值或坏账，因此，也存在较大比例的潜亏成分。存货于 2019 年、应收账款于 2020 年分别开始大额计提减值、坏账准备的情况就可以说明这一点。而且存货是康美药业除货币资金外潜亏资产最多的科目。康美药业 2018 年审计报告中这样写道："鉴于存货金额重大，存货跌价准备的计提对财务报表影响较为重大，且存货跌价准备计提过程中可变现净值的确定涉及管理层判断，因此，可以将存货及其跌价准备确定为关键审计事项。"

虚增资产都是不能带来收益的潜亏资产，迟早会吞噬公司的盈利。

二 虚增存货资产的灭失

从 2019 年开始，康美药业的毛利率随营业收入的下降而大幅下降（见图 8-1），这说明营业成本在快速吞噬康美药业的利润。康美药业毛利率的快速下降主要是由潜亏资产——存货引起的。康美药业在 2019 年之后有大量存货不能贡献收入，以存货跌价准备的方式直接结转为成本。康美药业大量计提存货跌价准备导致其毛利率大幅下降。

从表 8-11 中可以看到，康美药业 2019 年初计提的存货跌价准备约为 6 583 万元，而当年新增的存货跌价准备净额约为 5.34 亿元，远超以往年度计提额，其中新增库存商品跌价准备超过 4 亿元。

2020 年康美药业存货跌价准备计提额的大幅增长可谓难以置信，见表 8-12。可以看到，康美药业 2020 年新增存货跌价准备金额高达约 204.83 亿元，其中新增库存商品跌价准备约为 204.38 亿元。这与獐子岛集中核销扇贝存货是一个道理，都属于长期隐藏的潜亏资产的爆雷。

表 8-11　康美药业 2019 年计提的存货跌价准备　（单位：万元）

项　　目	期初余额	本期增加金额		本期减少金额		期末余额
		计提	其他	转回或转销	其他	
原材料	1 116.89	531.51		992.40		656.00
在产品	145.55	131.02		144.59		131.97
库存商品	5 022.85	43 593.81		1 943.24		46 673.41
周转材料		31.43				31.43
消耗性生物资产	297.32	318.81		269.97		346.16
开发成本		8 206.13				8 206.13
开发产品		4 024.23				4 024.23
在途物资						
发出商品		11.80				11.80
合计	6 582.60	56 848.74		3 350.21		60 081.14

数据来源：康美药业 2019 年年报。

表 8-12　康美药业 2020 年计提的存货跌价准备　（单位：万元）

项　　目	期初余额	本期增加金额		本期减少金额		期末余额
		计提	其他	转回或转销	其他	
原材料	656.00	134.15		164.73		625.42
在产品	131.97	80.59		64.49		148.08
库存商品	46 673.41	2 043 822.72		815.57		2 089 680.55
周转材料	31.43	130.84		0.003 3		162.26
消耗性生物资产	346.16	1 036.37		194.40		1 188.12
开发成本						
开发产品	8 206.13					8 206.13
在途物资	4 024.23	3 096.38				7 120.61
发出商品	11.80			11.80		
合计	60 081.14	2 048 301.04		1 251.01		2 107 131.17

数据来源：康美药业 2020 年年报。

　　库存商品跌价准备的计提是依据预计售价的可变现净值与其成本的差额确定的。康美药业的库存商品主要是中药产品。2020 年康美·中国中药材价格指数是呈上升趋势的（见图 8-4），因此，如果库存商品是保质保量的，那么预计售价可变现净值低于其成本如此之多是不合理的。由此看来只有一种可能，就是一直以来康美药业的库存商品都是虚构的或早已不值钱了，没有按规定计提跌价准备，直到 2020 年才开始集中计提减值。

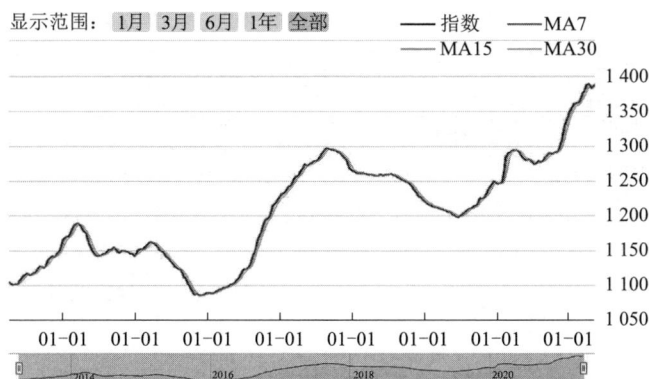

图 8-4　康美·中国中药材价格（日）指数走势

根据康美药业 2020 年年报中关于存货"有关减值准备计提情况说明"，2020 年公司计提中药材存货跌价准备 196.50 亿元，其中，根茎类计提存货跌价准备 135.27 亿元，矿物质类计提跌价准备 2.20 亿元，滋补类计提跌价准备 59.03 亿元。会计师主要综合分析了存货的数量、质量及价格，从这三个方面评估存货可变现净值。

年报中特别提出存货减值原因较多，主要原因为："公司前期存在存货的管控不善，根茎类和矿物质类存货混杂较多，完全符合《中国药典》规定标准的药材不多，未达药典标准的只能作为药厂提取物用途或日化产品的工业原料；此外，经专业机构鉴定和农业专家判断，现有滋补类存货品种与原登记的品种存在差异。"

从这个角度来讲，康美药业 2017 年为掩盖存货与毛利率双高漏洞刻意虚减后的存货反而更接近真实值。更正后的 2017 年存货账面价值中仍旧包含以次充好、实质为潜亏的资产。

三　其他资产的大幅减值

自 2019 年起，康美药业除存货外的其他资产也开始陆续爆雷。2020 年康美药业对应收账款计提了约 9.6 亿元坏账准备（表 8-13 中期末余额合计减期初余额合计值）。这些坏账主要来自超过 81 名不明身份客户的预计无法收回的应收账款。这些隐性客户大部分应该是虚构的。

表 8-13　康美药业 2020 年应收账款计提的坏账准备 　（单位：万元）

类　　别	期初余额	本期变动金额				期末余额
		计提	收回或转回	转销或核销	其他变动	
按单项计提坏账准备	18 592.95	124 028.06	645.10	67.66	141 908.26	141 894.73
按组合计提坏账准备	75 099.36	−27 253.49		16.08	47 829.79	47 843.32
合计	93 692.31	96 774.57	645.10	83.74	189 738.05	189 738.05

数据来源：康美药业 2020 年年报。

除存货、应收账款外，其他资产也有不同程度的减值或报废。例如，2019 年和 2020 年投资性房地产分别计提减值准备 2.3 亿元和 0.69 亿元，固定资产分别计提减值准备 1.5 亿元和 13.22 亿元（见表 8-14）。这些减值中的大部分应该是虚构的资产。

表 8-14　康美药业 2019 年和 2020 年各资产计提的减值或跌价准备（单位：亿元）

年　　份	存　　货	应收账款	其他应收款	固定资产	投资性房地产	在建工程
2019 年	5.34	−0.21	1.4	1.5	2.3	0.61
2020 年	204.83	9.6	0.5	13.22	0.69	0.28

数据来源：康美药业相应年度年报。

相对于应收账款的坏账准备而言，其他应收款计提的坏账准备金额不多，2019 年和 2020 年新增额分别为 1.4 亿元和 0.5 亿元。注意，其他应收款并非康美药业用于虚增资产的科目，而是占用上市公司资金的科目，实质上是从上市公司不当谋利的通道。事后得知，其他应收款主要是康美药业向其控股股东及其关联方提供的非经营性资金，用于购买本公司股票、替控股股东及其关联方偿还融资本息、垫付解质押款、支付收购溢价款等。这部分应收款是真实的，实际控制人不但不会虚增，反而要掩盖。

当其他应收款这一眼无底的资金黑洞被揭开展示在投资者或债权人面前时，他们心中明白，钱恐怕很难收回了。

2021年11月，广药集团有限公司牵头各路资本开始对康美药业进行资产重整。与此同时，52 037名康美药业投资者也将以现金、债转股、信托收益权等方式获赔24.59亿元。其中，信托收益权是康美药业将部分其他应收款以注资方式置入信托计划而取得的。根据康美药业2021年年报，其他应收款从期初的90余亿元下降到9.3亿元，公司关联方非经营性占用资金全部清偿完毕。

中国证监会也对涉事会计师事务所广东正中珠江会计师事务所（特殊普通合伙）（以下简称"正中珠江"）就康美药业审计未勤勉尽责案进行了立案调查。调查结果显示，正中珠江在对康美药业2016年、2017年、2018年财务报表的审计过程中，尤其是对营业收入及货币资金的审计中存在多处重大工作疏漏甚至是配合造假事项，导致康美药业相应年度审计报告中存在虚假记载。试想，如果审计机构在对康美药业的审计过程中恪尽职守，那么康美药业虚构的银行对账单是很难蒙混过关的。

中国证监会最终将本案定性为一起审计机构未充分执行审计程序的典型案件，希望本案对审计机构起到警示作用，提出："审计机构应当保持职业怀疑，严格按照审计准则的要求执行审计程序，不得进行'走过场'式的审计。"应警示的何止审计机构，无论是会计师或律师事务所，还是作为买方的投资机构，抑或是代表卖方的财务顾问，在对标的进行尽职调查时，"勤勉尽责"都是基本原则，违反了这一基本原则都应该承担相应的责任。希望本案例能够对审计机构及所有的尽职调查工作者起到警示作用。

第九章　康得新的毛利率危机——财务造假背后的玄机

本案例沿行业分析、财务指标分析、投资价值分析、财务造假判断的路径展开，是价值投资自上而下分析的典型案例。价值投资财务分析的初级方式是仅从会计规则及数据本身出发判断标的的投资价值。但财务分析功夫在数字之外。财务分析的高阶方式是将财务数据放到其背后的宏观经济、行业及商业背景中来理解，用价值投资逻辑判断标的的投资价值。

康得新财务造假案例中有一条明显的主营业务更替主线，即每次主营业务更替都有其相关的行业变化并反映在其毛利率指标中。应将康得新的毛利率放到行业背景中来理解，才能深刻剖析康得新的财务造假历程。

第一节　康得新两次毛利率危机与市值增长及资金黑洞的关联

纵观康得新发展历程中主营业务的两次重大转折，都与所开拓新业务所处行业的深刻变化有关。这种行业的深刻变化又准确地反映在毛利率指标上，表现为两次毛利率危机。毛利率指标是衔接行业与财务的重要财务指标，包含大量的行业信息。可以说毛利率是判断康得新财务造假或者说投资价值判断的关键指标。

一　第一次毛利率危机前预涂膜行业已现拐点

康得新于 2010 年以预涂膜主业成功首次公开募股（inital public offering，IPO）。查阅康得新上市当年的 2010 年年报，没有发现"光学膜"这个词。这说明康得新上市之初仅聚焦于预涂膜这一个产业，还没有开拓光学膜等其他主业的计划。2010 年康得新将 IPO 募集的 5.74 亿元基本上都投资到预涂膜的扩产项目上。

而就在康得新 IPO 前的 2009 年，当时全球最大的预涂膜生产商 GBC（中文名"杰必喜"）将其工业印刷业务出售给印度 COSMO 公司。这说明 GBC 已经在收缩预涂膜业务了。

预涂膜是通过专用设备将低温树脂或热熔胶黏合剂在热熔状态下预先涂覆在薄膜基材上，冷却固化后形成的覆膜材料，主要应用于印刷及包装行业。图 9-1 所示为预涂膜及覆膜设备。

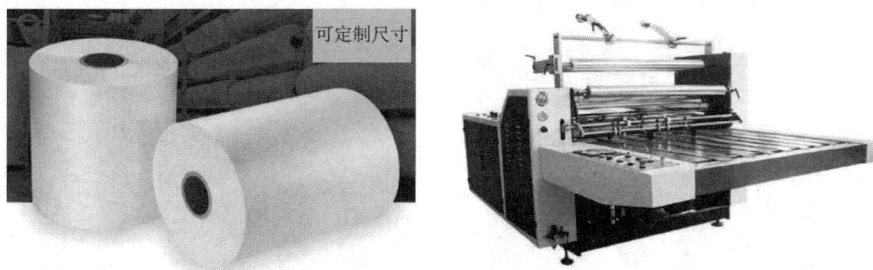

图 9-1　预涂膜及覆膜设备

相比即涂膜等其他覆膜技术，预涂膜环保优势明显、操作简便，在国际市场上为主流技术，在国内市场上对即涂膜技术有较大的技术替代空间。但同样是一令纸，使用预涂膜技术较使用溶剂型即涂技术的成本高达 20 元，约高出 8%；较使用水性即涂技术的成本高 30 元，约高出 13%。

在国内市场上，预涂膜行业因成本较高而面临即涂膜行业较强的竞争压力，而且市场集中度不高（康得新 2016 年预涂膜市场占有率仅为 25%），市场竞争比较激烈，因此在产业链中的地位较低，对上下游的议价能力不强。图 9-2 所示为预涂膜产业链。

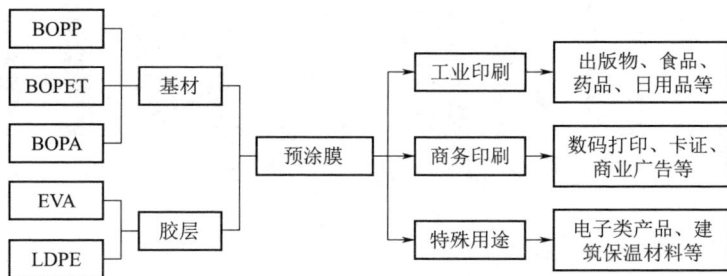

图 9-2　预涂膜产业链

预涂膜的生产成本主要是基膜材料（简称"基材"）成本，占营业成本的近一半。以康得新为例，其原材料成本占总生产成本的 80％，其中基材（BOPP 和 BOPET）占比为 45％，热熔胶（EVA 和 LDPE）占比为 35％。这两种原材料均为石油炼化的初级化工产品，因此，预涂膜毛利率对原油价格波动十分敏感。根据 2009 年度康得新价格敏感性分析，当基材价格上涨 5％ 时，公司的利润总额将下降 8.63％；当热熔胶价格上涨 5％ 时，公司的利润总额将下降 6.80％。

预涂膜行业的主要下游行业——纸制品包装与印刷行业总体规模及利润总额增速是在减缓的，如图 9-3 和图 9-4 所示。

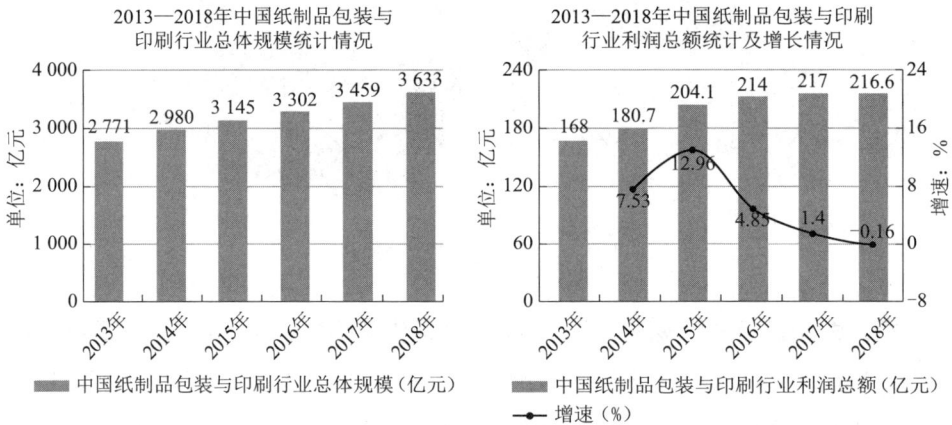

数据来源：前瞻产业研究院。

图 9-3　纸制品包装与印刷行业总体规模（左图）& 利润总额及增长情况（右图）

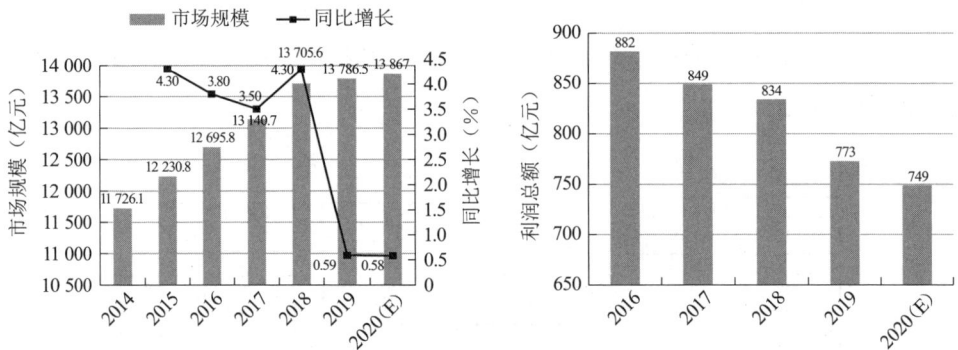

数据来源：前瞻产业研究院。

图 9-4　我国印刷行业市场规模及同比增长（左图）& 利润总额（右图）

在上下游双重挤压下，预涂膜行业的天花板越发明显，康得新第一次毛利率危机迟早会到来。就康得新上市伊始扩张预涂膜产能的这笔投资来讲，应该是投在了行业下滑前的高点上。康得新投出去的这近 5.74 亿元将来会陆续转化为在建工程、无形资产、固定资产及存货，进而陆续转化为康得新的成本费用。如果募投项目没有带来预期收入，那么这些未来的成本项将对毛利率构成致命打击。

二　康得新第一次毛利率危机后主业转向光学膜

如图 9-5 和图 9-6 所示，2011 年我国恶劣的经济形势让原本就受天花板压抑的预涂膜行业更是雪上加霜，第一次毛利率危机爆发了。上市第二年，康得新预涂膜主业毛利率明显下滑。

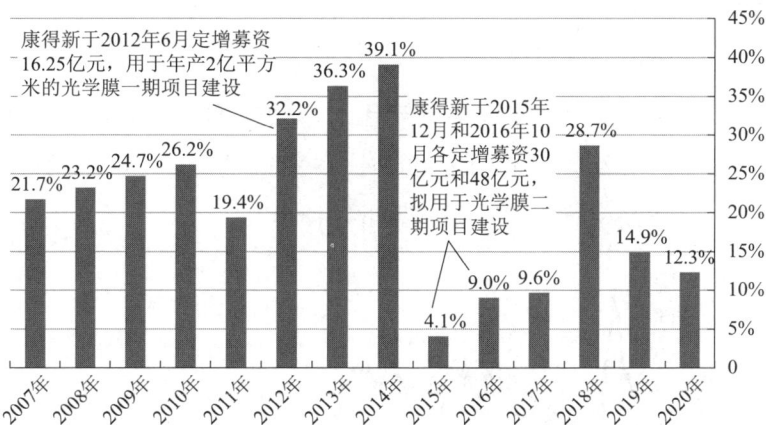

康得新于2012年6月定增募资16.25亿元，用于年产2亿平方米的光学膜一期项目建设

康得新于2015年12月和2016年10月各定增募资30亿元和48亿元，拟用于光学膜二期项目建设

21.7% 23.2% 24.7% 26.2% 19.4% 32.2% 36.3% 39.1% 4.1% 9.0% 9.6% 28.7% 14.9% 12.3%

2007年 2008年 2009年 2010年 2011年 2012年 2013年 2014年 2015年 2016年 2017年 2018年 2019年 2020年

数据来源：图中数据根据康得新历年财务报告（更新后）中的营业收入和营业成本计算而得。

图 9-5　康得新历年毛利率

2011 年正值我国经历货币扩张后经济下行、物价上涨的阶段，经济带有明显的滞胀特征。这是 2008 年全球金融危机时我国连续降息后货币中性的结果。

除货币中性因素外，2011 年正值美国推行第二轮量化宽松（QE2）货币政策。这导致我国对美国的贸易顺差加大，产生了较多的外汇占款，从而被动向市场投放了大量人民币，推动了物价上涨。

数据来源：东方财富网。

图 9-6　康得新第一次毛利率危机时的宏观经济背景

此外，2011 年原油价格大幅波动也对康得新的毛利率造成了不利影响（见图 9-7）。由于预涂膜行业对原油价格比较敏感，因此，当原油价格大幅波动时，其毛利率上下游两端承压，是被压缩的。

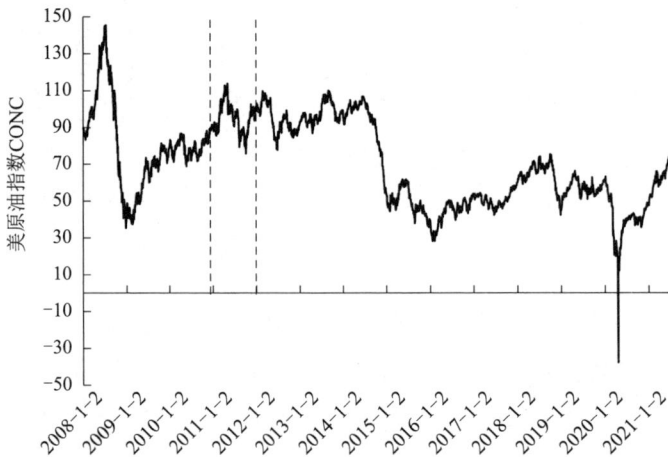

数据来源：东方财富网。

图 9-7　2011 年美国原油指数走势

  康得新的管理层立刻做出了应对，于 2011 年收购了大昱光电的资产、技术和团队，并在原有张家港一万平方米生产基地的基础上，建成了年产 4 000 万平方米的光学膜生产基地，并于 2011 年 10 月 18 日完成了试生产，具备了批量投产条件（见图 9-8）。康得新还在北京市政府的支持下，成为京东方北京平板显示产业的光学膜供应商。

  2012 年，康得新通过定向增发、发行债券、短期借款、长期借款等方式融资约 34 亿元用于年产 2 亿平方米光学膜的一期项目建设。一期项目于 2013 年 11 月建成达产。

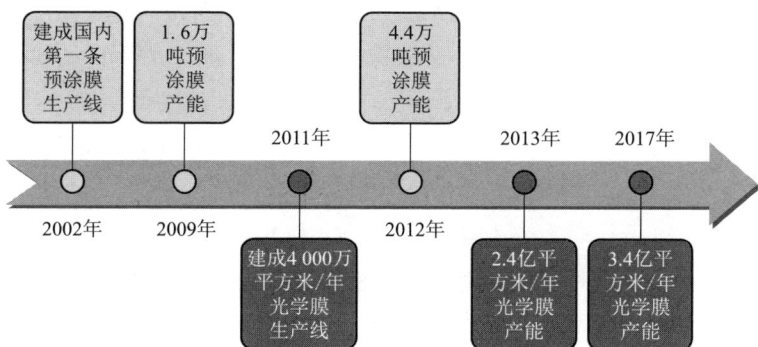

数据来源：东兴证券研究所。

图 9-8 康得新膜主业的发展进程

  2011 年的这个时间节点代表着康得新主业从预涂膜转向光学膜。当时国内光学膜市场规模约为 300 亿元，是国内预涂膜市场规模的 6 倍，显然能支持康得新更高的市值和增长空间。

三 康得新第二次毛利率危机后开始"脱实向虚"

（一）光学膜的概念及市场情况

  光学级聚酯基膜即光学膜，是指在光学元件或独立基板上制镀或涂布一层或多层介电质膜或金属膜或这两类膜的组合，以改变光波的传递特性，达到反射、增透、分光、滤光及改变光束偏振态等各种效果。光学膜以聚酯切片为主要原材料，可加工成显示膜、保护膜、装饰膜、隔热膜（如建筑及汽车窗膜），广泛应用于液晶显示器、消费电子面板、光通信、精密光学设备、家电、建筑、汽车、高速公路等行业。其中应用最广的是液晶面板行业，背光模组用光学膜是液晶显示器（liquid crystal display，LCD）面板的关键设备之一。

LCD用光学膜片是液晶模组的重要构成部分。液晶模组一般由液晶面板和背光模组构成，如图9-9所示。由于液晶面板中的液晶本身不发光，所以，必须提供外加光源以达到显示效果，而背光模组就是液晶面板实现图像显示的光源提供器件。每个液晶面板中的光学膜包含2张偏光片、2张配向膜及1张彩色滤光片。每个背光模组需要1张上扩散膜+2张增亮膜+1张下扩散膜+1张反射膜。在成本构成上，以42寸TFT-LCD（LED）液晶面板为例，背光模组成本约占液晶模组总成本的47%。因此，LCD面板行业的增速会直接影响到光学膜行业的增速。

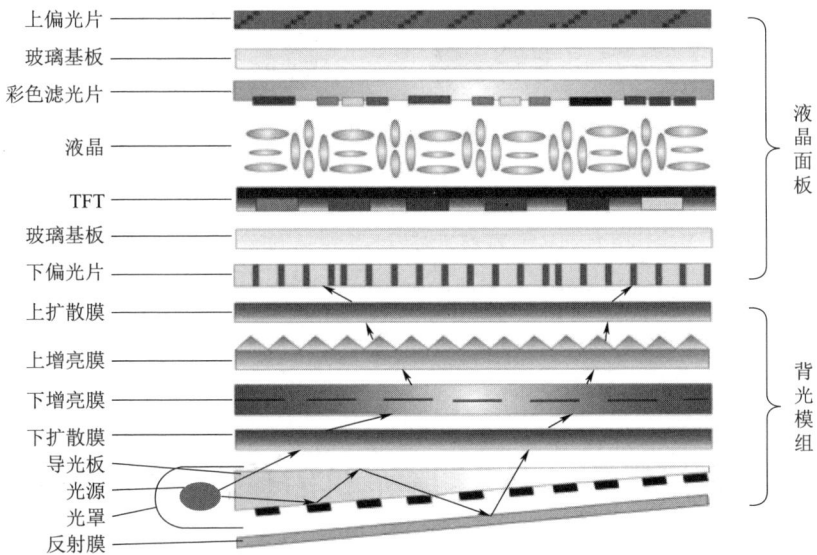

图9-9　液晶模组的构造图（截面）

（二）LCD产能过剩导致康得新第二次毛利率危机

随着国外劳动力成本的不断提高和终端消费类电子产品价格下降压力的增

加，平板显示产业向中国转移的进程不断加快，产业链配套的光学膜产业也随之向国内转移。

2011 年，我国出台了一系列产业鼓励政策，光学膜等配套材料就在重点扶持名单之列。在此带动下，国内少数光学膜生产企业（如激智科技、康得新、东旭成、合肥乐凯等）陆续实现了光学膜产品生产技术的突破。

2012—2014 年，在智能手机、平板电脑快速发展的带动下，面板需求旺盛，价格在高位波动，行业毛利率明显增长。

但 2014—2018 年，全球液晶面板生产线快速向中国转移，产能任性扩张。由于终端需求饱和，产能面临过剩危机。

全球液晶模组需求统计及预测如图 9-10 所示。

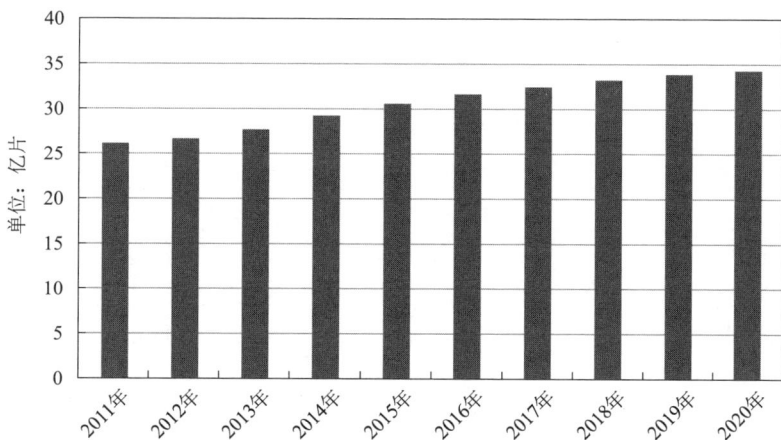

数据来源：激智科技招股说明书。

图 9-10 全球液晶模组需求量及预测（2016 年及以后为当时预测值）

根据 DisplaySearch 当时的统计及预测，至 2020 年全球液晶模组需求量将达到 34.38 亿片（见图 9-10），较 2011 年增加 8.28 亿片，增长率为 31.72%，期间年复合增长率仅为 3.11%。

在 LCD 需求增速下滑的趋势下，中国光学膜市场规模增速也不快，如图 9-11 所示。2014—2019 年，中国光学膜市场规模年复合增长率仅为 5.4%。

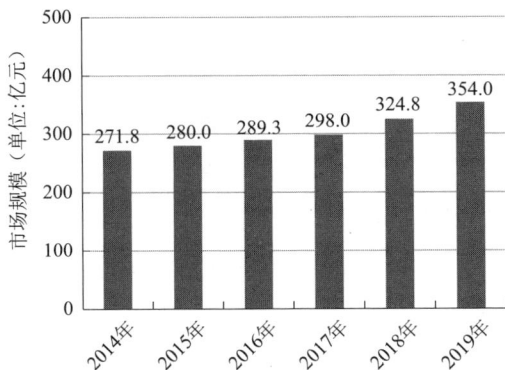

数据来源：tbTEAM 软件采编，头豹数据中心。

图 9-11　中国光学膜市场规模

产能不断扩张，加上 LCD 需求增速下滑，导致面板价格从 2013 年到 2019 年总体呈现下跌趋势，如图 9-12 所示。

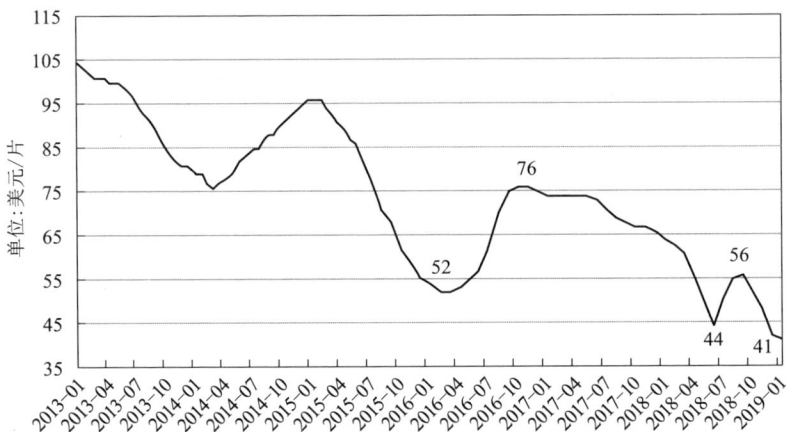

资料来源：Witsviews，Wind，天风证券研究所。

图 9-12　32 寸 LCD 面板价格走势

2015 年，国内投建的大尺寸 LCD 产线陆续集中投产，京东方和 TCL 全球产能占比达到 20% 以上。液晶面板行业在这一年供过于求，价格大幅下降。

而此时三星、LG 两大韩系厂商已经开始主动去产能，战略布局 OLED 技术。OLED 是继 PDP、LCD 二代显示技术后的第三代显示技术。区别于 LCD 屏幕，OLED 屏幕主要应用于柔性屏幕场景，并且可以实现自发光，不需要背光模组。一旦实现对 LCD 的大规模替代，光学膜的市场需求将大幅下降。

　　光学膜行业的市场占有率是比较分散的，竞争激烈。目前我国至少有8家上市公司从事光学膜生产。康得新2014年光学膜国内市场占有率只有约7.8%。LCD行业是光学膜行业的主要下游客户，客户依赖度较高。一旦LCD行业产能过剩，产品价格下滑，其向上游光学膜行业压价的话语权是较强的。

　　正是2015年的这一轮LCD面板价格大跌，导致康得新新进入仅四年的光学膜主业出现了毛利率危机。面对严峻的形势，康得新开始寻求拓展光学膜市场的出路，比如开发应用于OLED的水汽阻隔膜，以及非显示用光学膜市场的窗膜、装饰膜、隔热膜、大屏触控膜、裸眼3D模组等，如图9-13所示。

资料来源：东兴证券研究所。

图9-13　康得新光学膜业务由显示领域向非显示领域拓展

　　康得新于2015年和2016年连续进行过两次非公开发行，拟募投项目为光学膜二期。康得新2016年年报披露，在光学膜二期项目中，光学级薄型PET基材、水汽阻隔膜（柔性电子用膜）、隔热膜等生产线已于2017年初陆续建成投产。但是，拟建的包含1亿片裸眼3D模组的生产线恐怕并未建成。

（三）康得新"脱实向虚"的转变

　　康得新在由显示领域不断向非显示领域拓展的过程中，逐渐形成了先进高分子材料、智能新兴显示、互联网智能应用、新能源汽车四大产业板块。但笔者判断，在康得新的四大产业板块中，只有预涂膜、显示用光学膜、窗膜及少量装饰膜是有真实业务的，裸眼 3D、大屏触控、柔性电子及碳纤维估计都没开发出来或以讲"故事"为主。

在康得新涉足碳纤维产业之前，其主营业务与碳纤维没有太多关联。在没有任何产业积淀的情况下，康得新发展碳纤维产业绝对是一件极度"烧钱"的事情。虽然碳纤维的应用面很广，但受制于成本因素，目前其商业应用主要局限于航空航天领域。由于飞机制造商对供应商的筛选是非常严格的，一家没有任何产业背景的公司很难在这个行业中立足，因此，康得新大举进军碳纤维产业很可能只是一个烘托更高市值的"故事"和资金黑洞。

康得新所讲的"故事"主要是配合融资目的的。康得新于 2015 年和 2016 年以非公开发行方式共募资近 80 亿元，期间还以债权方式融资约 28 亿元，但投资到募投项目——光学膜二期项目上的资金却不超过 9 亿元，拟建设的裸眼 3D 模组生产线也并未建成。那么，康得新募集的大部分资金流向何方了呢？

（四）将毛利率危机、市值目标、资金黑洞三者关联起来

我们不妨回顾一下康得新市值增长历程。在预涂膜主业时期，公司市值达到 52 亿元左右就已经触及天花板了，与此同时，第一次毛利率危机于 2011 年爆发。在随后的光学膜主业时期，康得新于 2015 年经历第二次毛利率危机，市值增长到 500 亿元左右遇到瓶颈。第二次毛利率危机爆发后，康得新预涂膜主业与光学膜主业均增长乏力。就在此刻，钟玉却宣称"未来三年康得新市值要增长到3 000 亿元"。显然，如果康得新不酝酿新"故事"，那么公司市值是不可能增长到 3 000 亿元目标规模的。

钟玉逆市提出 3 000 亿元市值的目标应该并非拍脑袋想出来的。在3 000 亿元市值中，钟玉控制的市值约有 1 000 亿元，他可以借这 1 000 亿元市值质押融资约 600 亿元。钟玉可能估算过，他的资金缺口就是 600 亿元左右，所以倒推出 3 000 亿元市值目标。所有"故事"最终都服务于这 600 亿元的资金缺口。这 600 亿元的资金缺口会是什么呢？

就在钟玉提出 3 000 亿元市值目标的两年后，康得新与山东荣成达成共建 500 亿元碳谷项目的合作。3 000 亿元市值、约 600 亿元质押融资额是否与500 亿元碳谷项目存在着某种关联？这就是资金黑洞吗？

第二节　毛利率分析——揭秘康得新财务造假手法

康得新主营业务的两次关键转折点都与毛利率有关，识别康得新财务造假的关键指标就是毛利率。但我们在当时的情境下接收到的是康得新粉饰过的财务数字，毛利率是修饰过的，如图9-14所示。

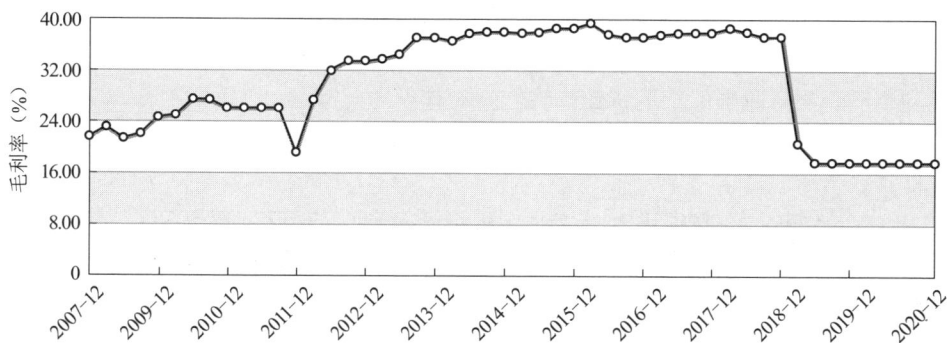

数据来源：新浪网。

图9-14　康得新财务造假曝光前披露的毛利率数据

图9-15所示为康得新财务造假曝光后根据更正后的财务数据计算得到的毛利率，也是康得新据此进行决策的真实毛利率。

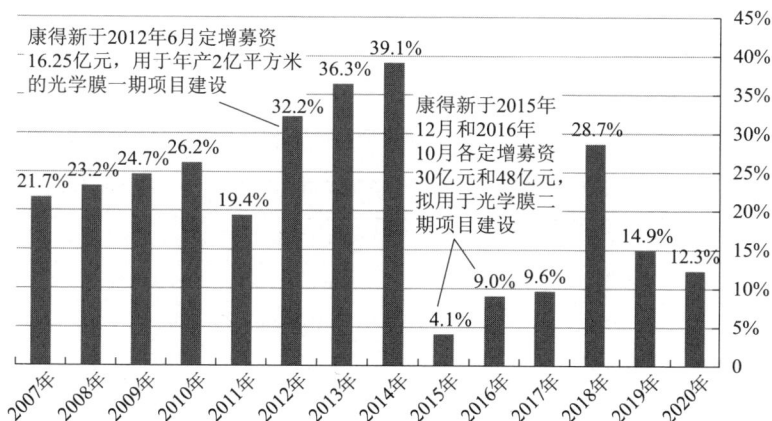

图9-15　康得新财务造假曝光后根据更正后的财务数据计算得到的毛利率

对比图9-15和图9-16可知，康得新真假毛利率出现明显偏差主要在2015年之后。假设时光回到2015—2018年，我们看到的只是图9-15，而非

图 9-16。那么，我们如何判断康得新财务造假，或者判断其投资价值呢？

一 支持毛利率的行业条件是否具备

2015 年光学膜主业的主要下游行业 LCD 因产能过剩价格大幅下跌，会将成本压力向上游传导，导致光学膜行业毛利变薄。如果当年哪家光学膜生产企业的毛利率反而与行业条件出现背离，我们就应该警觉。

表 9-1 所示为康得新 2015 年收入和利润分行业、产品及地区情况。

表 9-1　康得新 2015 年收入和利润分行业、产品及地区情况

	营业收入（元）	营业成本（元）	毛利率	营业收入比上年同期增减	营业成本比上年同期增减	毛利率比上年同期增减
分行业						
制造业	7 459 376 626.12	4 674 042 318.31	37.34%	43.23%	47.37%	−1.76%
分产品						
印刷包装类产品	1 366 370 382.66	872 528 282.53	36.14%	−11.06%	−11.44%	0.27%
光学膜	5 807 386 345.77	3 554 140 335.24	38.80%	65.85%	71.61%	−2.06%
分地区						
国内	4 709 071 462.95	2 928 708 862.06	37.81%	54.15%	60.82%	−2.58%
国外	2 750 305 163.17	1 745 333 456.25	36.54%	27.73%	29.23%	−0.74%

数据来源：康得新 2015 年年报。

表 9-2 所示为 2014 年和 2015 年康得新分产品的销售量、生产量及库存量情况。

表 9-2　2014 年和 2015 年康得新分产品的销售量、生产量及库存量情况

行业分类	项　目	单　位	2015 年	2014 年	同比增减
制造业—印刷包装类用品	销售量	吨	45 357.85	49 937.18	−9.17%
	生产量	吨	45 976.24	51 112.04	−10.05%
	库存量	吨	8 087.66	7 469.27	8.28%
制造业—光学膜	销售量	万平方米	20 445.31	14 480.05	41.20%
	生产量	万平方米	20 731.55	15 019.67	38.03%
	库存量	万平方米	1 095.76	809.52	35.36%

数据来源：康得新 2015 年年报。

根据表 9-1 和表 9-2 中光学膜产品的营业收入、营业成本及销售量三项数

据，我们可以简单计算出 2014 年和 2015 年光学膜产品毛利率及单位指标，见表 9-3。

表 9-3 2014 年和 2015 年康得新光学膜产品毛利率及单位指标

年 度	营业收入（万元）	营业成本（万元）	毛利率	销售量（万平方米）	单位售价（元/平方米）	单位成本（元/平方米）
2014 年	350 168.56	207 102.67	40.86%	14 480.05	24.18	14.30
2015 年	580 738.63	355 414.03	38.80%	20 445.31	28.40	17.38

2015 年康得新光学膜产品的毛利率较 2014 年略下降了 2.06 个百分点，看似与 2015 年的行业条件基本相符。但是，2015 年光学膜产品单位售价及单位成本均较 2014 年的高，只不过单位成本增幅大于单位售价增幅，才最终导致光学膜产品毛利率下降，这显然与 2015 年的行业条件不符。

光学膜的生产成本主要是聚酯切片成本。聚酯切片价格与原油价格高度正相关。而 2015 年原油价格是处于低位的，光学膜原材料成本不太可能上涨，因此，2015 年康得新光学膜产品单位成本上涨是值得怀疑的。当年 LCD 价格大幅下降不太可能支持光学膜产品销售价格的上涨（见图 9-16），康得新 2015 年光学膜产品单位售价上涨与光学膜市场价格下降相矛盾，其真实性值得怀疑。

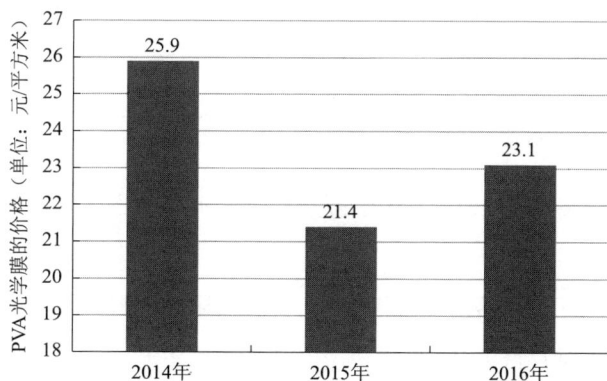

数据来源：产业信息网。

图 9-16 2014—2016 年 PVA 光学膜价格

如果说上述证据存在偶然因素，那么康得新光学膜同业竞争对手激智科技光学膜产品单位售价和单位成本的走势（见表 9-4）可以进一步印证康得新光学膜产品单位售价和单位成本与行业条件相背离。

表9-4　2013—2015年激智科技各光学膜产品单位售价和单位成本（元/平方米）

项　目	2015 年度		2014 年度		2013 年度	
	单价	单位成本	单价	单位成本	单价	单位成本
扩散膜	8.03	5.25	8.84	5.76	9.78	6.23
反射膜	8.07	7.41	9.6	8.39	10.53	8.96
增亮膜	13.32	8.3	14.59	8.67	17.8	7.78

数据来源：激智科技招股说明书。

从表9-4中可以看到，2013—2015年激智科技的扩散膜、反射膜单位售价和单位成本都是下降的，增亮膜除2014年单位成本有所上升外，其他年度的单位售价和单位成本也都是下降的。

表9-5所示为2013—2015年激智科技各光学膜产品毛利率及销售占比情况。

表9-5　2013—2015年激智科技各类产品毛利率及销售占比情况

项　目	2015 年度		2014 年度		2013 年度	
	毛利率	销售占比	毛利率	销售占比	毛利率	销售占比
扩散膜	34.64%	71.87%	34.85%	82.41%	36.30%	94.18%
反射膜	8.16%	0.80%	12.59%	2.50%	14.97%	5.27%
增亮膜	37.73%	27.00%	40.56%	14.75%	56.28%	0.44%
其他	32.13%	0.33%	33.01%	0.34%	−4.53%	0.11%
合计	35.25%	100.00%	35.13%	100.00%	35.22%	100.00%

数据来源：激智科技招股说明书。

对于表9-5，激智科技在其招股说明书中有如下描述，这段描述是符合当时行业发展客观状况的。

报告期内，发行人主要产品扩散膜、反射膜和增亮膜产品价格均呈现下降趋势。虽然由于原材料价格下降等原因，上述产品的生产成本亦有所降低，并在一定程度上抵消了价格下降对毛利率水平的不利影响，但随着产品价格的不断下降，发行人扩散膜、反射膜和增亮膜产品的毛利率水平有所降低，进而导致发行人单品盈利能力出现一定程度的下滑。

现有消费类电子产品的整体市场价格呈现下行趋势。为保持适度的利润空间，终端厂商把价格压力逐步向上游行业转移，并最终影响到公司所处的液晶显示器用光学膜行业。同时，随着国内光学膜生产企业产能的快速释放及国际品牌厂商的市场竞争压力，近年来光学膜产品市场价格呈现持续走低的趋势。

由此推断，康得新 2015 年光学膜产品单位售价和单位成本双双上涨是与当时的行业条件相背离的，这极有可能是康得新财务造假的冰山一角。

二 同行业毛利率对比

关于康得新光学膜业务毛利率较同行业毛利率高的评论在其财务造假曝光前后一直都有，但是笔者认为据此推断康得新毛利率造假的依据是不充分的。康得新凭借其规模效应，生产光学膜的单位成本较同行业单位成本低也是有可能的。因此，我们需要更有力的推断依据才能证明康得新毛利率较同行业毛利率高得不合理性。

毛利率高不外乎两个原因，要么是产品销售价格较高，要么是单位产品生产成本较低。造成康得新光学膜产品毛利率高的销售价格因素可以首先排除。

激智科技在扩散膜和增亮膜上与康得新是竞争对手（见表 9-6），这两个产品的销售收入占激智科技销售收入的 95% 左右。激智科技在总结这两个产品的竞争劣势时提到，对于国内企业（主要是康得新等）而言，其产品价格相对较高（见表 9-7）。这说明康得新的扩散膜和增亮膜销售价格是低于激智科技同类产品销售价格的。那么，导致康得新光学膜产品毛利率较高的原因只可能是较低的单位产品生产成本了。

表 9-6　激智科技光学膜业务主要竞争对手

产　品	公司状况	主要竞争的外资企业	主要竞争的国内企业
扩散膜	公司可量产各型号产品近 50 种，基本覆盖了国际、国内一线终端品牌	惠和、SKC	合肥乐凯 康得新 南洋科技
增亮膜	目前产品主要用于大尺寸显示，如液晶电视、液晶显示器	3M、LGE、友辉	康得新

续表

产　品	公司状况	主要竞争的外资企业	主要竞争的国内企业
反射膜	公司产品为涂布复合型，目前主要用于大尺寸的显示	东丽、帝人	南洋科技

数据来源：激智科技招股说明书。

表 9-7　激智科技与竞争对手优劣对比

产　品	主要竞争对手	公司产品竞争优势	公司产品竞争劣势
扩散膜	外资企业	成本相对较低、交货周期短、服务响应快、产品定制机动性强	品牌相对较弱
	国内企业	品牌认知度相对较高、产品种类型号较多、品质稳定性相对较强	价格相对较高
增亮膜	外资企业	成本相对较低、交货周期短、服务响应快、产品定制机动性强	部分产品性能与外资企业存在差距
	国内企业	品牌认知度相对较高	价格相对略高
反射膜	外资企业	交货周期短、服务响应快、产品定制机动性强	生产成本相对较高
	国内企业	大尺寸复合反射片具有一定的技术优势	生产成本相对较高

数据来源：激智科技招股说明书。

对于制造业来讲，影响单位产品生产成本的主要因素是规模效应，因为制造业中普遍存在较高比例的固定成本，比如厂房、设备折旧等。生产规模越大，这些固定成本分摊在单位产品上的成本越少，毛利率越高。

2013 年康得新光学膜产品销售收入是激智科技光学膜产品销售收入的 6 倍左右，到 2015 年已经超过 10 倍。看上去康得新光学膜生产规模效应应该远大于激智科技光学膜生产规模效应，但事实是否真的如此呢？我们不妨用固定资产周转率来进行量化比较，见表 9-8。假设康得新与激智科技生产光学膜的厂房设备采用同样的折旧会计政策并且单位可变成本差不多，那么固定资产周转率越高代表对厂房设备的利用效率也越高，单位收入所摊销的固定成本越少，毛利率就会较高。

表 9-8　康得新与激智科技光学膜业务固定资产周转率及毛利率对比

年度指标	2015 年				2014 年				2013 年			
	光学膜收入（亿元）	平均固定资产（亿元）	光学膜资产周转率	光学膜毛利率	光学膜收入（亿元）	平均固定资产（亿元）	光学膜资产周转率	光学膜毛利率	光学膜收入（亿元）	平均固定资产（亿元）	光学膜资产周转率	光学膜毛利率
激智科技	4.69	2.41	1.95	35.25%	3.89	1.62	2.40	35.13%	2.82	1.36	2.07	35.22%
康得新	58.07	31.81	1.83	38.80%	35.02	21.83	1.60	40.86%	16.21	8.83	1.84	39.24%

注：（1）表中除 2013 年激智科技平均固定资产采用的是当年年末数据估计外（由于一般情况下固定资产都会增加，因此，依此计算出来的固定资产周转率偏低，但也高于康得新同期值），其余都采用年初、年末固定资产均值估计。

（2）由于自 2011 年三季度末到 2015 年年末康得新新增固定资产应该都是用于光学膜生产的，因此，康得新各年度平均固定资产是剔除 2011 年三季度末固定资产净值（预涂膜部分）的估计值。由于激智科技的主营业务几乎都是光学膜，因此，其固定资产就是其资产负债表固定资产净值。

从表 9-8 中可以看到，2013—2015 年康得新光学膜业务固定资产周转率均低于激智科技同期值。这说明康得新光学膜业务固定资产利用效率是低于激智科技光学膜业务固定资产利用效率的，但各期毛利率却较激智科技各期毛利率高出约四个百分点，这显然是矛盾的。

光学膜产品成本中的 90% 左右是原材料成本，主要是聚酯切片。严谨的读者可能会问康得新毛利率较高是否是因为其可变成本（主要是原材料采购成本）较低笔者认为可能性不大，因为聚酯切片是石油化工产品，该行业的供应商竞争是比较充分的，各光学膜生产商的采购价格差异不大。

通过康得新与激智科技毛利率对比分析，我们可以得知康得新光学膜产品销售价格较低，也无成本优势，却有着较激智科技更高的毛利率，这显然不符合商业逻辑，康得新光学膜业务毛利率可能存在虚增情况。康得新虚增毛利率必然会虚增利润（收入）或隐瞒成本。虚增利润一般会对应虚增资产，在少数情况下会虚减负债。而隐瞒成本一般会体现在存货周转率异常下降或存货成本挂账在预付款或其他应收科目上。接下来我们对相关科目一一进行扫描。

三 毛利率异常点扫描之一：往来款项扫描

（一）应收账款周转率扫描

我们将康得新的毛利率与其应收账款周转率放在一起进行对照，如图 9-17 和图 9-18 所示。

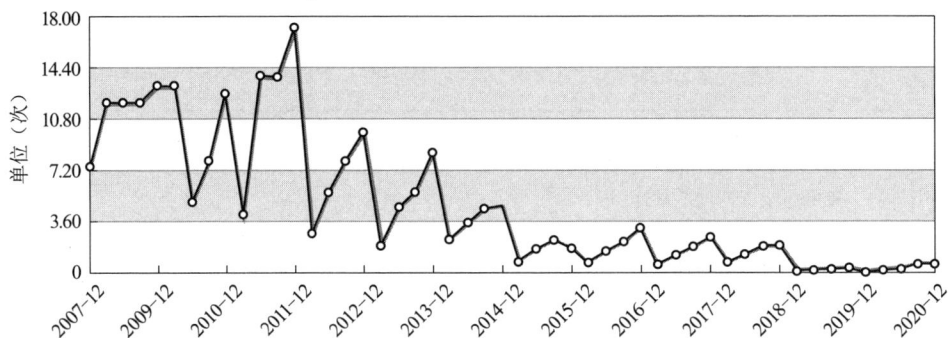

图 9-17　康得新应收账款周转率变化趋势

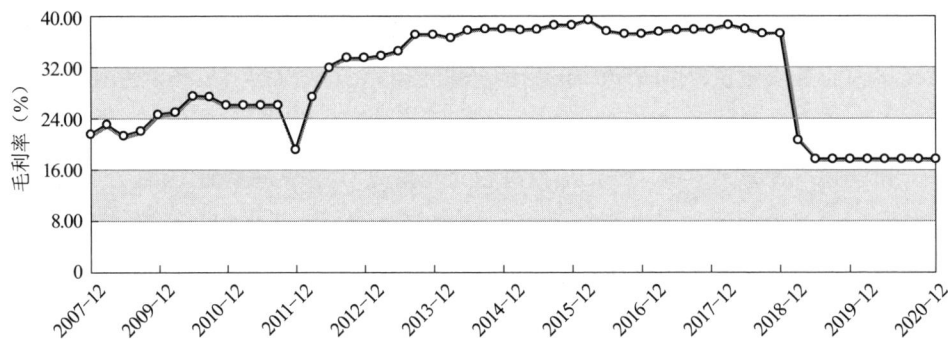

数据来源：新浪网。

图 9-18　康得新毛利率变化趋势

从图 9-17 和图 9-18 中可以看到，从 2012 年开始，康得新披露的毛利率大幅增长，这一年也正是其光学膜业务上规模的时点，但与此同时康得新的应收账款周转率却一直下降。应收账款周转率下降代表康得新给予客户的账期变长，这与其较高的毛利率是矛盾的。

（二）往来资金净占用扫描

这里我们引入往来资金净占用的概念，其计算公式如下：

往来资金净占用 =（应收账款 + 预付账款）-（应付账款 + 预收账款）

往来资金净占用指标反映的是企业在产业链中的地位。如果该指标为正值，则表明企业在产业链中的地位较低，企业在上下游业务往来中为获得相同的收入需要占用更多的资金。如果该指标为负值，那么企业不但不需要在上下游业务往来中支付被占用资金，反而可以在其中"融资"，占用上下游的资金，这表明企业在产业链中的地位较高。

往来资金净占用与毛利率都反映了企业在产业链中的地位。这两个指标可以相互印证，从而判断企业是否有财务造假。

表 9-9 所示为 2013—2018 年康得新往来款项及往来资金净占用情况。

表 9-9　2013—2018 年康得新往来款项及往来资金净占用情况

往来款项（万元）	2018 年	2017 年	2016 年	2015 年	2014 年	2013 年
应收票据及应收账款	497 044	484 080	499 560	284 615	180 586	48 380
预付款项	56 150	24 778	74 061	58 993	16 226	15 594
应付票据及应付账款	301 835	140 980	112 646	118 246	85 415	61 433
预收款项	3 499	11 668	6 460	6 392	3 614	1 985
往来资金净占用	247 860	356 209	454 516	218 970	107 782	556

数据来源：新浪财经及个人计算。

从表 9-9 中可以看到，康得新往来资金净占用从 2014 年开始大幅增加。而从康得新那些年披露的毛利率数据来看，2014—2018 年其毛利率都在接近 40% 的高位，这与其同期高额的往来资金净占用是矛盾的。按照常理，毛利率接近 40%，高于同行业毛利率水平，表明康得新在行业中的话语权是较高的，却容许上下游长期大额占用其资金，这显然是说不过去的。

（三）现金循环周期扫描

现金循环周期 = 应收账款周转天数 + 存货周转天数 - 应付账款周转天数

现金循环周期指标与往来资金净占用指标都反映了企业在上下游业务往来中对现金的占用情况，侧面反映了企业在产业链中的地位。前者是资金占用的绝对值，后者是资金的占用时间。如果企业的毛利率升高，伴随现金循环周期明显上升，或者现金循环周期比同行业毛利率低的企业的现金循环周期更长，则往往意味着其毛利率是不真实的。

下面我们来计算一下康得新与激智科技的现金循环周期，见表9-10和表9-11。

表9-10　康得新现金循环周期计算表

康得新指标	2018 年	2017 年	2016 年	2015 年	2014 年
平均应收账款（万元）	597 624.34	494 568.39	371 197.89	240 181.06	117 166.77
营业收入（万元）	915 028.84	1 178 907.35	923 274.94	745 937.66	520 809.18
应收账款周转率	1.53	2.38	2.49	3.11	4.45
应收账款周转天数	235.12	151.03	144.74	115.91	80.99
平均存货（万元）	68 773.66	66 533.62	62 029.13	62 603.53	57 463.44
存货周转率	7.98	10.64	8.86	7.47	5.52
存货周转天数	45.11	33.82	40.61	48.22	65.22
平均应付账款（万元）	253 642.53	147 837.97	119 455.93	96 060.44	74 837.99
营业成本（万元）	548 802.04	708 243.32	549 809.17	467 404.23	317 170.50
应付账款周转率	2.16	4.79	4.60	4.86573	4.24
应付账款周转天数	166.38	75.15	78.22	73.99	84.94
现金循环周期	113.85	109.70	107.13	90.15	61.27

表9-11　激智科技现金循环周期计算表

激智科技指标	2018 年	2017 年	2016 年	2015 年	2014 年
平均应收账款（万元）	56 917.82	44 977.79	39 437.84	27 755.42	19 809.35
营业收入（万元）	90 844.40	73 828.45	61 138.23	47 243.99	39 061.54
应收账款周转率	1.60	1.64	1.55	1.70	1.97
应收账款周转天数	225.56	219.32	232.22	211.50	182.57
平均存货（万元）	23 552.12	14 874.35	10 831.13	7 952.84	7 227.97
存货周转率	2.89	3.59	3.99	3.95	3.59

激智科技指标	2018 年	2017 年	2016 年	2015 年	2014 年
存货周转天数	124.60	100.23	90.24	91.24	100.24
平均应付账款（万元）	48 021.53	31 951.38	29 958.65	20 409.30	13 227.74
营业成本（万元）	68 049.23	53 426.50	43 211.21	31 378.32	25 958.33
应付账款周转率	1.42	1.67	1.44	1.54	1.96
应付账款周转天数	254.05	215.30	249.59	234.15	183.45
现金循环周期	96.10	104.25	72.87	68.59	99.36

对比表 9-10 和表 9-11 中最后一行，我们发现，除 2014 年外，康得新的现金循环周期明显长于激智科技的现金循环周期，并且呈现明显的上升趋势，其中应收账款账期上升尤其明显。

表 9-12 所示为 2014—2018 年康得新与激智科技各周期天数 5 年平均值对比，可以发现，康得新的现金循环周期 5 年平均值较激智科技与现金循环周期 5 年平均值高 8.19 天，尤其显得异常的是康得新的应付账款周转天数远少于激智科技的应付账款周转天数，二者差了 131.57 天，这显然与康得新较高的毛利率是不相符的。我们进一步比较两家公司的其他周转天数，发现康得新的各项周转天数均明显少于激智科技的各项周转天数。

表 9-12　2014—2018 年康得新与激智科技各周期天数 5 年平均值对比

5 年平均指标	康 得 新	激智科技
应收账款周转天数	145.56	214.23
存货周转天数	46.60	101.31
应付账款周转天数	95.74	227.31
现金循环周期	96.42	88.23

读者可能会有疑问，为何康得新的各项周转天数都少于激智科技的各项周转天数，但现金循环周期却长于激智科技的现金循环周期呢？这就是康得新财务造假的核心模式——高频资金体外循环。

（四）康得新的高频资金体外循环

财务造假者经常利用往来款进行资金体外循环虚增利润。此时往来款的上下游为关联方。下游关联方先以销售收入的名义将资金划至上市公司，上市公司再以采购的名义将资金划至上游关联方，虽然资金空转，但是创造出了利润。但是，这种资金体外循环的财务造假方式有一个致命的问题，就是不能做到虚增利润的同时虚增经营性现金流达到永续循环。因为理论上在没有往来款占压的情况下，企业取得的经营性现金净流入与利润相等，其销售收入必须大于采购成本，也即现金流入要大于现金流出。现金流入大于现金流出的部分就是利润。如果企业用 100 万元体外循环资金虚增利润，向虚构客户销售商品，取得销售收入 100 万元和销售商品现金流入 100 万元（暂不考虑税收因素），那么该笔业务还需要向虚构供应商支付原材料采购款 50 万元，结转存货成本 50 万元，确认利润 50 万元（假设正常毛利率为 50%）。如此循环下来我们就会发现，循环几次体外资金就趋于 0 了，理论上最多虚增 100 万元利润。

为了让这 100 万元体外循环资金尽可能多地流向体外，最好永续循环下去，就必须以正的往来资金占用的形式将虚增利润部分对应的现金调节回体外。于是造假者调节往来款的账期差，调高应收账款的账期或存货的周转天数，从而调低现金流入速度；调低应付账款的账期，从而调高现金流出速度，相应增加了现金循环周期（见图 9-19 和图 9-20）。

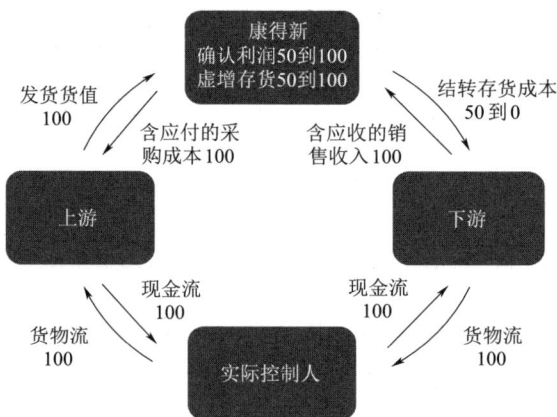

图 9-19 现金流体外循环式虚增利润示意图之虚增存货情况

（假设正常毛利率为 50%，单位：万元）

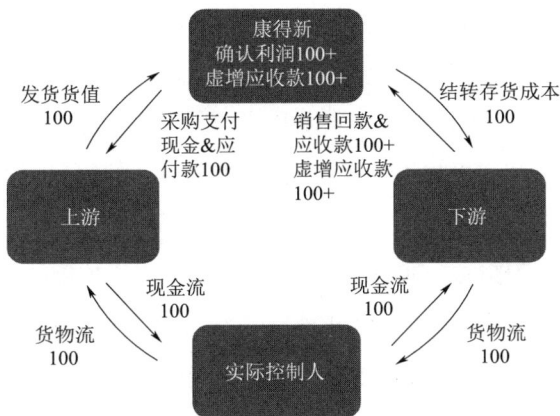

图 9-20　现金流体外循环式虚增利润示意图之虚增应收款情况

（假设正常毛利率为 50%，单位：万元）

这样就可以保证同一笔资金在体内、外不断循环往复，并不断增加占用资金规模。资金占用池越大，虚增利润也越大，如果不同时虚增货币资金，那么利润现金含量将越来越低（见图 9-21）。这也是该手法的明显漏洞。

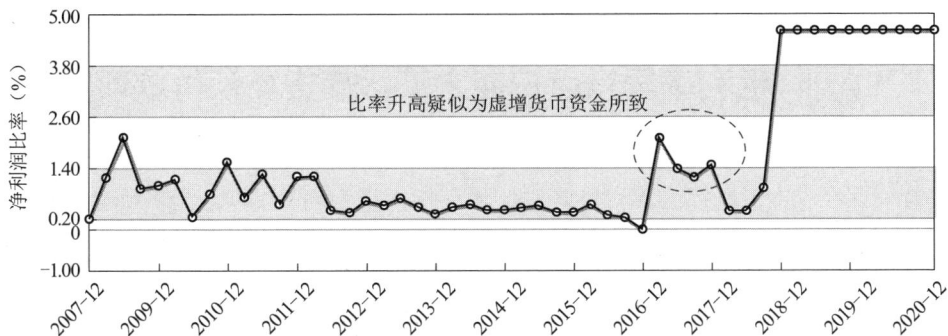

图 9-21　康得新经营性现金净流量与净利润的比率变化趋势

如果这 100 万元体外循环资金一年只循环一次，那么虚增的利润只有 50 万元；如果循环两次，就可以虚增利润 100 万元。由此可以得知，体外循环资金虚增利润的效率与往来款周转率成正比。因此，如果康得新用于虚增利润的体外循环资金较少，就必须加快循环速度才能达到既定的利润虚增额，这必然导致康得新各项往来款周转率同步增加。这就是康得新往来款周转率远高于激智科技往来款周转率，而现金循环周期却长于激智科技现金循环周期的原因。

在实务中，财务造假者为了提高虚增效率，往往还会用偏高的毛利率确认利润，用较少的存货结转额确认更多的利润。但是，这样做会导致存货、毛利率或应收款项双高或三高异常。而且采用该方式虚增的利润过大，应付账款周转率就会异常升高。康得新不断增长的现金循环周期和较激智科技更快的往来款周转率，再配以同期高毛利率的特征显然可以判断为异常。

综上所述，康得新高毛利率的人设与其同期应收账款周转天数及往来资金占用的迅猛增长、净利润现金含量偏低是不符的。康得新往来款资金占用和现金循环周期指标均明显高于可比公司激智科技同类指标，因此，推断康得新在此期间很可能通过往来款高频体外循环的方式虚增了利润。

中国证监会查明康得新将募集资金从专户转出，以支付设备采购款的名义分别向化学赛鼎、宇龙汽车支付 21.74 亿元（预付款）、2.79 亿元。化学赛鼎和宇龙汽车按照康得新要求将收到的资金转付给指定供应商，转出的募集资金经过多道流转后，主要资金最终回流至康得新，用于归还银行贷款、配合虚增利润等方面。

四 毛利率异常点扫描之二：存货及预付款项

根据经验，毛利率虚高可能同时伴随存货异常偏高的情况。但实际上康得新的存货周转率明显高于激智科技的存货周转率且在 2015—2018 年期间是明显加快的（见图 9-22）。

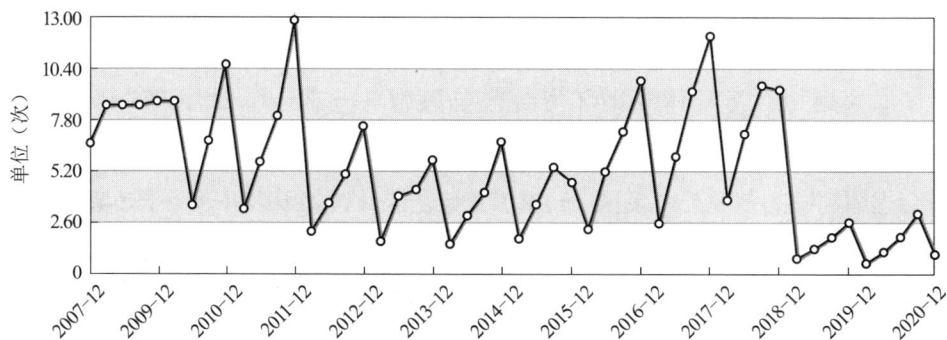

图 9-22　康得新存货周转率变化趋势

这还是与康得新采取往来款高频体外循环的虚增利润方式有关。康得新采用此种方式虚增利润必然要虚增存货或应收账款，造成利润现金含量偏低。到2015年康得新存货周转率及净利润现金含量已经比较低了。

康得新为了避免存货与毛利率双高和利润现金含量过低，刻意压制了存货的虚增后又大量虚构了现金流入额和货币资金。这一手法与康美药业的财务造假手法十分相似，只不过康得新同时虚构了大量应收账款甚至预付款项（见图9-23）。

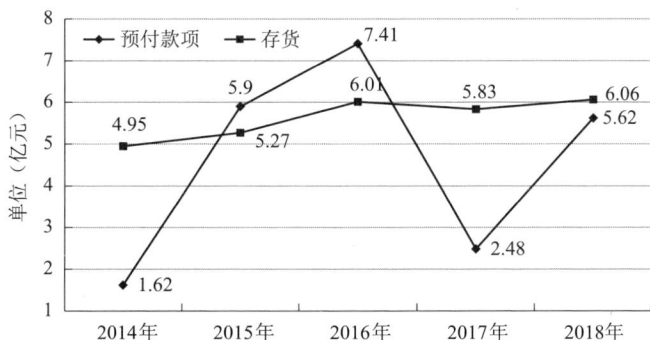

数据来源：康得新相应年度年报（更正前）。

图9-23 2014—2018年康得新预付款项与存货账面价值变化趋势

从图9-23中可以看到，2014—2018年康得新存货账面价值波动较小，这与其总资产期间33%的年复合增长率相差较大，有刻意掩饰迹象。而2015年和2016年康得新预付款项却大幅增长。据康得新年报称，这是由于加大原材料采购所致。这显然与第二次毛利率危机时的市场状况不符。因此，康得新当时很可能将本应虚增存货的部分挂账在预付账款科目上以掩盖存货与毛利率双高异常。2017年康得新预付款项下降很可能是因为掩盖手法从预付款项挂账变为"以面粉充当面包"。

2019年11月19日，在康得新财务造假听证会上，江苏证监局相关人士在质证环节介绍：在钟玉的指挥下，康得新相关人员炮制海外订单及相关销售合同，并取得海关通关文件，将PET基材运到海外后免费送给别人，确认海外销售收入。这相当于"以面粉充当面包"。康得新以原材料充当光学膜成品来"卖"，结转的只是原材料成本，却按产成品销售收入入账，毛利率和存货周转率自然会比较高。

而 2018 年康得新预付款项又明显增加主要是因为当年向体外循环资金虚增了利润（前文已述）。

康得新的存货与毛利率双高异常虽然被掩盖了，但是有点矫枉过正了。从图 9-22 中可以看到，2016—2018 年存货周转率较上市后的 2010—2015 年存货周转率增幅过大，表现异常。按照正常的商业逻辑，大部分商业是薄利多销或厚利少销的。而康得新在 2015—2018 年光学膜行业正处在景气下行阶段却逆市表现出了高毛利率和高存货周转率的厚利多销特征（有点儿像白酒）。况且这与期间应收账款周转变慢、利润现金含量偏低、往来款资金占用和现金循环周期迅猛增长表现出的弱势明显是矛盾的。

五 毛利率异常点扫描之三：研发及销售费用占比

研发投入占比通常代表企业产品技术含量的高低。产品技术含量越高，市场定价就越高，毛利率也就越高。表 9-13 所示为激智科技研发投入、营业收入、研发投入占比及与康得新的比较。

表 9-13　激智科技研发投入、营业收入、研发投入占比及与康得新的比较（金额单位：万元）

项　　目	2016 年 1—6 月	2015 年度	2014 年度	2013 年度
激智科技研发投入	1 831.28	2 833.70	1 996.19	1 258.88
激智科技营业收入	25 318.31	47 243.99	39 061.54	28 398.10
激智科技研发投入占营业收入比例	7.23%	6.00%	5.11%	4.43%
康得新研发投入占营业收入比例	5.60%	5.43%	4.90%	1.98%

数据来源：激智科技招股说明书及根据康得新相应年度年报数据计算。

注意，表 9-13 中前三行数据为激智科技数据。对比表 9-13 中最后两行数据可知，康得新历年研发投入占比都低于激智科技的研发投入占比，但康得新的毛利率却较激智科技的毛利率高，这是不合逻辑的。

按照商业常识，如果企业的毛利率较高，那么其在产业链中的话语权也较强，其销售费用占比应该较同行业其他企业的销售费用占比低。表 9-14 所示为康得新与激智科技销售费用占营业收入比例。

表 9-14　康得新与激智科技销售费用占营业收入比例

公司名称	2018 年	2017 年	2016 年	2015 年	2014 年	2013 年
康得新	4.58%	2.85%	2.60%	2.20%	1.89%	1.70%
激智科技	3.97%	3.22%	3.23%	3.24%	3.60%	3.25%

数据来源：根据相应年度年报数据计算。

从表 9-14 中可以看到，除 2018 年外，康得新的销售费用占比确实比激智科技的销售费用占比低，但我们进一步分析发现，康得新在 2013—2015 年的销售费用占比是逐年提高的，而激智科技在此期间的销售费用占比是比较稳定的。康得新的毛利率在 2015—2018 年一直保持在较高水平，而销售费用占比却逐年上升，这与其表现出来的较高行业地位是不相符的。

综合以上分析，康得新毛利率偏高很有可能是现金体外循环虚增利润造成的。虚增利润并不是财务造假者的终极目的，只是为了推高康得新的市值，从而谋取更多的钱。那么，谋取钱的手法是怎样的呢？资金黑洞到底有多深呢？

第三节　所谋资金的来龙去脉

康得新当时的实际控制人通过康得新上市公司平台获取的钱大致有三个流向：流向一是用于体外循环虚增利润；流向二是还前期借款或股票质押补仓；流向三是资金黑洞（可能是碳纤维项目）。流向一是被中国证监会查实的，目的是虚增利润以推高康得新的市值，从而提高融资效率，以便获取更多的资金。流向三为流向一的十数倍，为所获取资金的终极去向。上一节介绍了流向一的情况，本节将介绍流向三的情况。

一　钱是怎么来的

所谓"钱是怎么来的"，指的是钟玉利用康得新上市公司平台如何融资又如何投出去被实际挪用的。挪用的资金主要通过操控现金流实现。例如，现金流体外循环式虚增利润主要操控的是经营活动现金流（主要是往来款项）。本节讲的挪用主要通过操控投资及筹资活动现金流来实现，除母公司对子公司的其他应收款外（实质为一种控制性投资），与经营活动现金流关联较少。

按钱是否被直接给到实际控制人手中，谋取方式主要分直接谋取和间接谋取两大类见表 9-15。注意，表中股票质押、分红、减持等行为定义为谋取钱的前提是涉及业绩造假和操控股价。

表 9-15　不当谋取钱的手法汇总

直接谋取钱手法		转增股本＋股票质押融资、分红、股票减持
间接谋取钱手法	第一步融资	定向增发、发行债券、借款、员工持股计划、担保融资、抵押或质押融资
	第二步套出	关联方往来款（重点关注母公司其他应收款）、对子公司的投资（体现在母公司长期股权投资科目）、关联收购以及其他非固定资产购置的投资活动

钟玉的直接谋取钱的手法与康美药业马兴田及乐视网贾跃亭的谋取钱手法类似，他们都采用过股票质押融资和分红方式谋取钱。直接谋取钱手法不形成康得新的债务或连带偿债责任。

间接的谋取钱手法需要先引入名义融资主体，再将所融资金间接谋取到手中，手法较为隐秘。首先需要以康得新或其子公司的名义融资，然后通过包装的投资活动或关联往来款等方式将融得的资金套出来流入关联方账户。间接谋取钱手法中的谋取钱方与融资主体是分离的，所形成的债务主体是康得新或其子公司。钟玉虽谋到钱，但理论上没有直接偿债义务，相当于借助对康得新的实际控制权侵害了其他股东和债权人的利益。

二　直接谋取钱手法详解

（一）市值缩水前以直接谋取钱为主

直接谋取钱手法的谋取钱效率与谋取钱方控制的公司市值大小有关，因而通常伴随所谓的"市值管理"和虚增利润。

基本确定为康得投资集团一致行动人的股东为深圳前海丰实云兰资本管理有限公司（以下简称"丰实云兰"）和浙江中泰创赢资产管理有限公司（以下简称"中泰创赢"）。三大主体直接谋取钱计算表见表 9-16～表 9-18。

表 9-16　康得投资集团直接谋取钱计算表　（合计金额单位：亿元）

康得投资集团直接谋取钱	2018 年	2017 年	2016 年	2015 年	合计
（1）转增股本	—	—	10 转 9.985 83	10 转 4.989 62	—
（2）向康得投资集团增发	—	—	294 117 647		—
1+2 合计新增持股数（股）	—	—	539 625 775	111 776 378	—
减持股数（股）				89 937 688	
估计减持变现额	—	—	—	53.96	53.96
期末持股数（股）	851 414 682	851 414 682	785 482 381	245 856 507	—
期末质押（股）	846 694 851	847 217 647	784 866 154	245 644 164	—
新增质押（股）	−522 796	62 351 493	539 221 990	21 644 164	—
估计新增质押融资额	—	8.23	106.77	7.79	122.79
派息	10 派 0.699 5	10 派 0.57	10 派 0.898 725	10 派 1.167 57	—
分红额	0.60	0.47	0.44	0.29	1.80

表 9-17　丰实云兰直接谋取钱计算表　（合计金额单位：亿元）

丰实云兰直接谋取钱	2018 年	2017 年	2016 年	2015 年	合计
（1）转增股本	—	—	10 转 9.985 83	—	—
（2）向丰实云兰定向增发	—	—	—	56 915 196	—
1+2 合计新增持股数（股）	—	—	56 834 547	56 915 196	—
减持股数（股）					
估计减持变现额					0.00
期末持股数（股）	113 749 766	113 749 766	113 749 766	56 915 196	—
期末质押（股）	113 749 765	113 749 766	113 749 765	56 915 196	—
新增质押（股）	−1	1	56 834 569	56 915 196	—
估计新增质押融资额	—	0	11.25	12.29	23.55
派息	10 派 0.699 5	10 派 0.57	10 派 0.898 725	—	—
分红额	0.08	0.06	0.05		0.20

表 9-18　中泰创赢直接谋取钱计算表　（合计金额单位：亿元）

中泰创赢直接谋取钱	2018 年	2017 年	2016 年	2015 年	合计
（1）转增股本	—	—	—	—	
（2）向中泰创赢定向增发	—	—	—	—	
1+2 合计新增持股数	—	—	—	—	
减持股数（股）	—	—	—	—	
估计减持变现额	—	—	—		0.00
期末持股数（股）	274 365 399	274 365 399	263 828 950		
期末质押（股）	269 626 000	274 176 000	259 183 000		
新增质押（股）	−4 550 000	14 993 000	259 183 000		
估计新增质押融资额	—	1.979 076	51.318 234		53.30
派息	10 派 0.699 5	10 派 0.57	—	—	
分红额	0.19	0.15	—		0.34

在以上三表中，在计算减持金额及质押融资额时，是根据估计的减持或质押时点康得新二级市场股价计算得到的估计值。

三大主体合计谋取到的资金额达到 255.94 亿元，其中通过股票质押融资谋取到的资金额为 199.63 亿元，通过分红或减持谋取到的资金额为 56.3 亿元。康得投资集团共谋取到 178.55 亿元，中泰创赢共谋取到 53.64 亿元，丰实云兰共谋取到 23.75 亿元。

股票质押融资和减持是直接不当获取钱的主要行为，主要发生在康得新市值比较高的 2015 年和 2016 年。这两年康得新都进行过定向增发，并且伴随明显的股价上涨行情（见图 9-24）。

图 9-24　康得新股价走势图

康得投资集团于 2015 年上半年在康得新股价大幅上涨时，在二级市场上减持股份变现 53.96 亿元，同时股票质押融资 7.79 亿元。

（二）公司市值缩水导致间接谋取钱的力度加大

在 2016 年一季度之前康得新市值缩水还不算严重时，钟玉因股票质押融资形成的净债务偿还压力还不算大。但在 2016 年一季度之后康得新市值严重缩水时，这个偿债压力越发增大。到 2018 年下半年康得新股价暴跌后，其股价长期在 3~4 元 / 股上下波动，至 2021 年 5 月 28 日退市，股价跌到 0.19 元 / 股，钟玉通过股票质押融资将形成约 197.7 亿元的净负债（不含利息）。如果理论假设钟玉将通过分红及减持谋取得到的 56.3 亿元全部用于补偿股票质押融资缺口，还是有约 141.4 亿元的资金缺口。

钟玉个人肯定是扛不住的，于是他开始将个人债务向康得新转移，从 2017 年起，钟玉开始大笔间接谋取钱。2018 年下半年，康得新市值大幅缩水。市值缩水与钟玉大笔间接谋取钱很可能是有因果关系的。也就是说，康得新市值缩水将导致股票质押账户爆仓。钟玉很可能再用间接谋取到的钱来填这个资金窟窿。

三 间接谋取钱手法详解

（一）从筹资活动和投资活动现金流判断间接谋取钱规模

1. 筹资活动谋取到资金与投资活动套出资金数额相当

我们只要统计一下 2015—2018 年康得新现金流量表中的筹资活动现金净流入额，就可以大致估计期间谋取进康得新上市公司平台的资金累积额有多少，之后统计一下期间投资活动现金流出，就可以估计这些谋取进来的钱是如何被套出去的。 表 9-19 所示为康得新筹资及投资现金流。

表 9-19　康得新筹资及投资现金流　　　　　　　　　　　（单位：亿元）

现金流入及流出	2018 年	2017 年	2016 年	2015 年	合计
筹资活动产生的现金流量净额	−22.89	48.10	56.99	50.90	133.10
投资活动现金流出小计	38.14	84.51	7.12	3.82	133.59

数据来源：东方财富网（表中数据是经更正后的数据）。

从表 9-19 中可以看到，2015—2018 年筹资活动产生的现金流量净额合计值为 133.10 亿元（筹资活动中间可能有借新还旧），与期间投资活动产生的现金流出合计值 133.59 亿元基本相当。由此推断钟玉很可能通过投资活动现金流出的方式将康得新筹集的资金全部谋取出来了。当然，谋取来的这 133.59 亿元不是净谋取出额，有较少资金可能真的用在了康得新主业上，比如购建固定资产和购置土地、碳纤维项目注资等。

2. 间接谋取到了多少钱

在回答这个问题前，笔者想先陈述这样一个逻辑。如果一个企业主业急需融资，但是资金筹集上来后并没有被投资到主业上，而被投资到与主业不相关的领域，那么这显然是不合常理的，由此我们就可以认定该部分资金被不当套走了。

根据康得新年报，2015—2018 年康得新与真实经营相关的投资额总计 7.93 亿元，主要用于含裸眼 3D 模组生产线的光学膜二期建设。我们姑且认定这 7.93 亿元全部用在了真实业务上。由此推断，2015—2018 年康得新投资活动现金流出的 133.59 亿元扣除 7.93 亿元，其余 125.66 亿元大多投资到疑似关联方账户，这 125.66 亿元可以被认为是间接谋取钱的额度。

（二）资金是如何通过投资活动被谋取走的

1. 可供出售金融资产的水分

图 9-25 所示为康得新可供出售金融资产变化趋势。

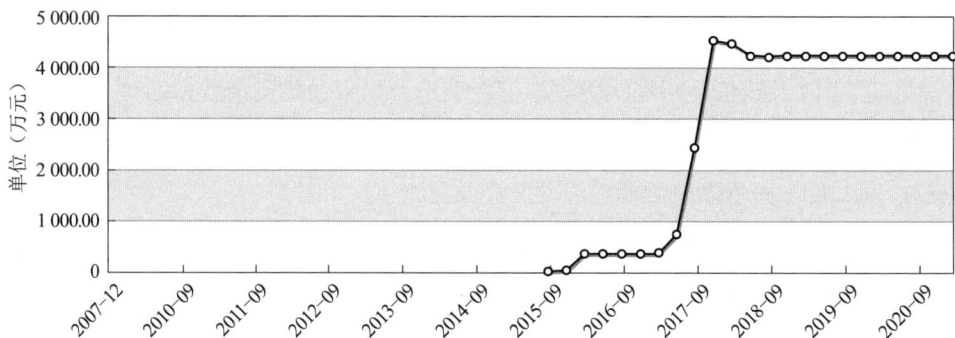

数据来源：新浪网。

图 9-25 康得新可供出售金融资产变化趋势

从图 9-25 可以看到，康得新可供出售金融资产于 2017 年大幅增长 41.45 亿元，其中主要包括康得新当年对康得碳谷 20 亿元的股权投资、对江苏苏宁银行 3.92 亿元的股权投资和 3.2 亿美元的风险投资（见表 9-20）。经过前文推断，我们已经可以断定碳纤维业务为虚构的，因此，相关的投资为不当获取利益行为。而苏宁银行、海外风险投资项目都符合"资金紧张情况下非主业投资"这条认定标准。因此，这 41.45 亿元应该被套取走了。

表 9-20　2017 年康得新主要资产重大变化情况

主要资产	重大变化说明
股权资产	可供出售金融资产年末比年初增加 41.45 亿元，主要是由于对江苏苏宁银行的投资 3.9 亿元、对康得碳谷的投资款 20 亿元和风险投资款 3.2 亿美元，同时，公司出售上海行悦、易视腾、天津新众聚联股权 5 275.3 万元所致，长期股权投资年末比年初减少 2 247.58 万元，主要是由于公司出售新悦视联股权、联营公司东方视界亏损所致
固定资产	增加 4.57 亿元，系光学膜二期建设所致
无形资产	未发生重大变化
在建工程	未发生重大变化
货币资金	增加 32 亿元，公司账面现金包括企业日常流动资金、票据保证金、定增项目募投资金，以及为海外并购准备的资金等

数据来源：康得新 2017 年年报。

表 9-20 中提到的 3.2 亿美元风险投资款的具体投向在年报中并没有说明。康得新从 2016 年就开始进行海外投资了，当年投资 3 500 万美元认购海外高科技基金 Display Partners VIc，LP。这些海外投资很可能都被投到了关联方账户。由于海外资产很难核实，因此这样谋取钱更隐秘。

2. 关联并购形成的商誉

康得新投资活动还形成了大量商誉资产，这主要与收购活动有关。图 9-26 所示为康得新商誉变化趋势。

从图 9-26 中可以看到，康得新的商誉资产主要是在 2016 年形成的。2016 年康得新以现金 6 471.39 万元加或有对价 1 689.62 万元收购了荷兰 Dimenco 公司，取得了 91% 的控股权。而从收购日到当期期末 Dimenco 公司亏损 804 万元（见表 9-21）。

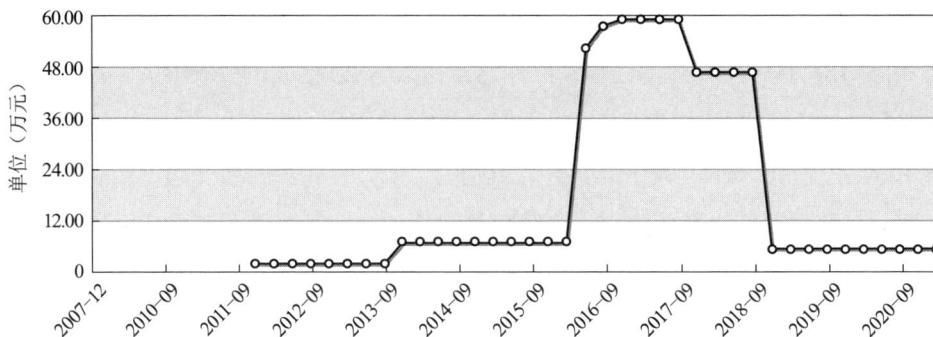

数据来源：新浪网。

图 9-26　康得新商誉变化趋势

表 9-21　康得新 2016 年收购的亏损企业信息　　　　（单位：元）

被购买方名称	股权取得时点	股权取得成本	股权取得比例	股权取得方式	购买日	购买日的确定依据	购买日至期末被购买方的收入	购买日至期末被购买方的净利润
DImenco HOLDING B.V.	2016年6月30日	81 610 158.07	91.00%	购买	2016年6月30日	实际取得控制权	5 752 667.08	−8 042 653.51

数据来源：康得新 2016 年年报。

康得新在年报中披露的收购原因为："其技术工程经验及研发能力将与康得新形成充分的优势互补效应，对于巩固公司在裸眼 3D 行业内的全球领先地位具有重要的影响。康得新将借助其品牌影响力及客户资源，进一步开拓国际市场，加速实现引领全球裸眼 3D 产业的战略目标。"从该表述上看，该笔投资貌似是战略投资。

表 9-22 所示为康得新收购 Dimenco 公司形成商誉的过程。

表 9-22　康得新收购 Dimenco 公司形成商誉的过程　　　　（单位：元）

合并成本	DImenco HOLDING B.V.
现金	64 713 913.52
或有对价的公允价值	16 896 244.55
合并成本合计	81 610 158.07
减：取得的可辨认净资产公允价值份额	27 851 575.25
商誉或合并成本小于取得的可辨认净资产公允价值份额的金额	53 758 582.82

数据来源：康得新 2016 年年报。

从表 9-22 中可以看到，康得新收购 Dimenco 公司的合并成本为 8 161.02 万元，而取得的可辨认净资产公允价值份额仅为 2 785.16 万元，前者与后者的差额即为新增的商誉。注意表 9-22 中最后一行的文字表述有误，应该为"商誉 / 合并成本大于取得的可辨认净资产公允价值份额的金额"。

康得新为何用远高于 Dimenco 公司可辨认净资产公允价值的成本收购一家亏损企业？这本身就值得怀疑。更何况 Dimenco 公司的净资产账面价值仅为 633 万元，其公允价值却被评估到 2 785.16 万元，疑似也有水分（见表 9-23）。

表 9-23　2016 年被康得新收购的 Dimenco 公司净资产账面价值及公允价值（单位：元）

资产负债科目	DIMENCO HOLDING B.V.	
	购买日公允价值	购买日账面价值
资产：	45 274 184.64	15 711 832.79
货币资金	4 719 881.26	4 719 881.26
应收款项	2 011 302.52	2 011 302.52
存货	1 234 374.64	1 234 374.64
固定资产	4 181 220.00	4 138 436.48
无形资产	29 519 568.33	
预付款项	1 848 608.95	1 848 608.95
其他应收款	46 531.73	46 531.73
可供出售金融资产	7.37	7.37
递延所得税资产	194 353.38	194 353.38
其他流动资产	1 518 336.46	1 518 336.46
负债：	14 668 057.99	8 755 587.62
应付款项	1 959 623.35	1 959 623.35
预收款项	1 519 113.34	1 519 113.34
应交税费	1 583 159.10	1 583 159.10
其他应付款	3 693 691.83	3 693 691.83
非流动负债	5 912 470.37	
净资产	30 606 126.65	6 956 245.17
减：少数股东权益	2 754 551.40	626 062.07
取得的净资产	27 851 575.25	6 330 183.10

数据来源：康得新 2016 年年报。

表 9-23 中无形资产公允价值凭空增加了 2 951.96 万元。注意，这 2 951.96 万元新增无形资产将在企业合并新增特许使用权及软件科目中体现，大概率也属于虚增资产。对新增无形资产的评估方法为资产未来销售收入贡献折现。

现金流折现方法在实践中的缺陷和错误已经无须赘述。现实中很多情况是评估人先有了目标估值结果，再用 DCF 去迎合这个结果。本案例就是如此。

既然 DCF 估值不可靠，那么对于 Dimenco 公司的收购采用何种估值方法比较可靠呢？对于 Dimenco 公司这种有销售收入但仍未盈利的制造业行业企业而言，可以采用市销率进行估值。根据表 9-21，Dimenco 公司从被收购日（2016 年 6 月 30 日）到年末的销售收入为 575.27 万元，则粗略估计其全年销售收入为 1 100 万元。当时较成熟的美国资本市场平均市销率为 1.7 倍左右，那么 Dimenco 公司的估值约为 1 100 万元 ×1.7=1 870（万元）。这 1 870 万元的估值仅为粗略估值，在实际操作中会根据标的具体情况有所加减，但应该不会相差太多。而康得新的合并成本 8 161.02 万元较 1 870 万元这个估值高得太多了，大概率存在水分。

3. 大部分研发投入没有形成无形资产

图 9-27 所示为康得新无形资产变化趋势。

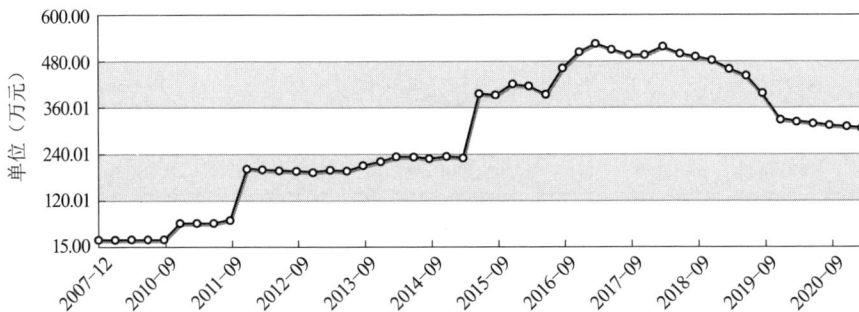

数据来源：新浪网。

图 9-27　康得新无形资产变化趋势

从图 9-27 中可以看到，康得新无形资产历史上有三次较明显的增长，分别发生在 2011 年、2015 年和 2016 年。截至 2018 年末，康得新无形资产账面价值为 4.8 亿元，其中主要为土地使用权，账面价值约为 3.3 亿元。因研发投入而最终形成的无形资产比例非常低。还有少量无形资产是通过收购形成的。

康得新 2015—2018 年研发累计投入 22.3 亿元，而其中有 13.53 亿元转为了当期管理费用，只有 4.38 亿元形成了开发支出（见表 9-24），更仅有 1.29 亿元形成了无形资产，其中形成专利技术的仅为 4 600 万元，可能构成产品技术壁垒的发明专利的比例就更低了，其他均为非专利技术，总体上研发投入产出比是相当低的。

表 9-24　2018 年康得新开发支出明细　（单位：亿元）

研发、开发到无形资产	2018 年	2017 年	2016 年	2015 年	合计
研发投入	6.14	6.74	5.37	4.05	22.3
管理费用—研发支出	3.66	3.7	3.48	2.69	13.53
本期开发支出增加额	3.25	0.64	0.37	0.12	4.38
开发支出确认为无形资产	0.53	0.08	0.37	0.31	1.29

数据来源：康得新相应年度年报。

康得新真实用于研发投入的金额应该远低于披露的金额，那么虚报的研发投入很可能被圈走了。即便如此，期间康得新研发投入占比仍低于同行业竞争者激智科技研发投入占比。

4．无形资产中的水分

康得新的无形资产一部分源自不成比例的研发投入，另一部分源自企业合并及购置，这部分无形资产应该有较大的水分。表 9-25 所示为 2015 年（上）和 2016 年（下）康得新无形资产账面原值明细。

表 9-25　2015 年和 2016 年（下）康得新无形资产账面原值明细（单位：元）

2015 年项目	土地使用权	专利权	非专利技术	特许使用权及软件	2015 年合计
一、账面原值					
1.2015 年期初余额	213 475 392.65	4 766 480.52	43 092 873.23	11 472 142.34	272 806 888.74
2. 本期增加金额	156 141 288.48	42 180 371.42	874 225.74	4 923 181.88	204 119 067.52
（1）购置	156 141 288.48	11 000 385.00	874 225.74	4 923 181.88	172 939 081.10
（2）内部研发		31 179 986.42			31 179 986.42
（3）企业合并增加					
3. 本期减少金额		897 986.43			897 986.43
处置		897 986.43			897 986.43
4.2015 年期末余额	369 616 681.13	46 048 865.51	43 967 098.97	16 395 324.22	476 027 969.83

表 9-26　2016 年康得新无形资产账面原值明细　　　（单位：元）

2016 年项目	土地使用权	专利权	非专利技术	特许使用权及软件	2016 年合计
一、账面原值					
1.2016 年期初余额	369 616 681.13	46 048 865.51	176 742 890.35	16 395 324.22	608 803 761.21
2. 本期增加金额			59 465 884.07	31 830 644.33	91 296 528.40
（1）购置			22 002 425.24	1 810 744.33	23 813 169.57
（2）内部研发			37 463 458.83		37 463 458.83
（3）企业合并增加				30 019 900.00	30 019 900.00
3. 本期减少金额	44 010 429.00	385	20 586 885.73	82 072.28	64 679 772.01
处置	44 010 429.00	385	20 586 885.73	82 072.28	64 679 772.01
4.2016 年期末余额	325 606 252.13	46 048 480.51	215 621 888.69	48 143 896.27	635 420 517.60

我们对比表 9-25、表 9-26 中画圈的两个数字，发现它们不相等。按道理来讲，2015 年无形资产账面原值期末余额应该与 2016 年无形资产账面原值期初余额是相等的，但表中两个数字相差了 1.33 亿元。这个差额是 2016 年非专利技术无端增加 1.33 亿元导致的。当年年报并没有对此进行说明，因此，这 1.33 亿元凭空增加的非专利技术很可能对应的是谋取到了等额资金。

表 9-27 所示为 2015—2018 年康得新通过购置及合并形成的无形资产。

表 9-27　2015—2018 年康得新通过购置及合并形成的无形资产（单位：万元）

购置的非土地无形资产	2018 年	2017 年	2016 年	2015 年	合计
专利权	2			1 100	1 102
非专利技术	826	291	2 200	87	3 404
特许使用权及软件	491	1 254	181	492	2 418
合并生成的非土地无形资产	2018 年	2017 年	2016 年	2015 年	合计
专利权	0	0	0	0	0
非专利技术	0	0	0	0	0
特许使用权及软件	0	0	3 002	0	3 002

数据来源：康得新相应年度年报。

从表 9-27 中可以看到，康得新期间通过购置形成的非土地无形资产合计为 6 924 万元，通过合并形成的非土地无形资产为 3 002 万元。后者主要是当年收购 Dimenco 公司形成的无形资产 2 951.96 万元。前文已述，该项无形资产系收购资产评估时凭空增加的。两项合计共形成无形资产 9 926 万元。这些无形资产大概率存在水分。

（三）不明去向的投资亏空如何补

回顾以上分析，可以发现虚增的可供出售金融资产、商誉及无形资产总金额仅为 40 余亿元，较期间投资活动现金流出的 133.59 亿元占比仅约三成，大部分钱是通过不明去向的投资活动谋取到来的。2017 年和 2018 年的大额投资活动现金流出甚至找不到对应增加的非流动资产（交易性金融资产等与投资活动相关的流动资产金额很小，可以忽略不计）（见表 9-28）。这一点足以让我们判断谋取钱行为的存在。

表 9-28　2014—2018 年康得新非流动资产明细　　　（单位：元）

非流动资产	2018 年	2017 年	2016 年	2015 年	2014 年
可供出售金融资产	422 767.00	452 087.81	37 624.96	4 664.00	—
长期股权投资	269.1	—	2 247.58	3 312.82	—
在建工程	56 630.12	22 681.71	41 600.96	20 700.81	26 037.08
固定资产净额	370 747.09	354 207.07	308 584.46	34.67 亿元	340 346.90
无形资产	48 457.57	49 817.96	50 464.08	5.165 亿元	23 387.33
开发支出	—	4 558.90	448.95	1 116 万元	1 983.98
商誉	532.74	4 688.32	5 916.05	710.7 万元	703.26
长期待摊费用	4 797.71	5 178.54	217.04	97.53	51.69
递延所得税资产	78.64 万元	46.78 万元	101.4 万元	700.5 万元	1 786.40
其他非流动资产	4.155 亿元	13 528.42	13 572.60	7 824.21	7 946.29
非流动资产合计	94.58 亿元	90.68 亿元	46.08 亿元	43.75 亿元	402 242.94

数据来源：东方财富网。

康得新 2017 年投资活动现金流出 84.51 亿元，其中投资所支付的现金高达 81.12 亿元，而同期非流动资产仅增加了 44.60 亿元（主要是新增可供出售金融资产 41.45 亿元），同期交易性金融资产变动可忽略不计，也即当年有近 40 亿元的投资活动现金流出是不明去向的。查阅康得新 2017 年年报，居然只字未提，连虚增资产的程序都省了。这近 40 亿元可能是被硬生生谋取到来的。

同理，2018 年投资活动现金流出 38.14 亿元，而同期非流动资产仅增加了

3.90 亿元，也即当年有 34.24 亿元的投资活动现金流出是不明去向的，也找不到对应的虚增资产，很可能也是被硬生生谋取到来的。

理论上，如果投资没有对应资产的增加，那么资产负债表是不平衡的。这部分不明去向的投资用什么资产来弥补资产亏空呢？答案是货币资金。听上去有点怪，用投资现金流购置了货币资金吗？表 9-29 所示为 2015—2018 年康得新投资活动现金流入明细。

表 9-29　2015—2018 年康得新投资活动现金流入明细　（单位：亿元）

投资活动现金流入	2018 年	2017 年	2016 年	2015 年	合计
收回投资收到的现金	68.74	4.08	0.00	0.00	72.82
取得投资收益	1.05	0.52	0.00	0.00	1.57
处置子公司及其他营业单位收到的现金净额	0.00	0.14	1.32	0.00	1.46
处置固定资产、无形资产及其他长期资产收回的现金	0.03	0.00	0.02	0.00	0.05
收到其他与投资活动有关的现金	0.00	0.00	0.05	0.54	0.59
投资活动现金流入小计	69.81	4.74	1.39	0.54	76.48

数据来源：康得新相应年度年报。

笔者怀疑表 9-28 中大部分投资活动现金流入是虚假的，这些虚假的现金流入虚增了康得新的货币资金，这样就弥补了不明去向投资活动现金流出导致的资产亏空。

想必读者还有印象，表 9-20 中记载，康得新于 2017 年出售了上海行悦、易视腾、天津新众聚联股权 5 275.3 万元。出售的上海行悦股权是康得新于 2015 年 7 月斥资 2 664 万元认购时为新三板挂牌公司——上海行悦的非公开发行股票而形成的股权。康得新投资上海行悦的目的是在裸眼 3D 技术上产生协同效应。按投后估值 8.6 亿元和上海行悦披露的 2014 年净利润 1 088.16 万元计算，上海行悦此轮定增的静态市盈率达到 79 倍。这个估值比一般的 A 股上市公司市盈率还高。

"康行结盟"好景不长，2017 年康得新就退出了投资。2020 年中国证监会对上海行悦进行了立案调查，查出上海行悦虚增了 2013 年至 2016 年上半年及年度营业收入，其中 2014 年虚增收入 4 939.52 万元。此后上海行悦退市。

笔者借这个例子想说明的是，2017 年康得新很可能并没有从上海行悦那里收回投资款，只是虚构了收回投资的现金流入，从而虚构货币资金，以弥补不明去向投资活动现金流出导致的资产亏空。康得新投资上海行悦本身可能就是为了联合谋取钱。试想，如果上海行悦存在如此大额的业绩虚增，那么其大概率是没有能力归还康得新的投资款的。而且如果康得新的裸眼 3D 本身就是"故事"，那么其战略投资上海行悦应该也只是一个谋取钱的幌子，出售上海行悦收回投资款也仅是众多虚构的收回投资款中的一小笔而已。

不管怎样，当我们看到大量投资活动现金流出形成的不是非流动资产而是货币资金资产时，就可以认定财务造假的存在。

四　间接谋取钱手法之子公司融资分析

由于钟玉间接圈的大部分资金都是通过子公司谋取到来的，因此，我们有必要专门分析一下康得新的子公司融资。钟玉通过子公司间接谋取钱的方式主要有三种：一是通过向子公司提供担保融资；二是子公司通过康得新其他应收款科目占用上市公司资金；三是通过康得新对子公司的股权投资谋取到资金。

由于康得新是上市公司，不会被要求披露其子公司的财务报表数据，因此，子公司融资是最隐秘的谋取钱方式。

（一）担保融资

表 9-30 所示为 2014—2018 年康得新担保余额及净资产占比。

表 9-30　2014—2018 年康得新担保余额及净资产占比（金额单位：亿元）

担保情况	2018 年	2017 年	2016 年	2015 年	2014 年
期末实际担保余额（亿元）	124.21	123.64	109.12	76.63	28.37
期末实际对内担保余额	123.59	122.37	106.56	76.63	28.37
实际担保额净资产占比	68.49%	68.65%	70.03%	83.49%	59.17%

数据来源：康得新相应年度年报。

康得新期末实际担保余额包括当年康得新对外担保金额、康得新对子公司担保金额及康得新子公司间的担保金额。2014—2018 年康得新担保余额连年增长，期间实际担保余额年复合增长率达到 44.66%。2015 年和 2016 年是康得新担保余额增速最快的两年，增速远超正常范围，大概率是非经营目的。

康得新对所担保的债务负有连带责任。在康得新大部分筹资活动现金净流入被钟玉圈走的前提下，康得新很难靠自身本就微弱的经营活动现金流入来承担 124.21 亿元的偿债责任。难怪到 2019 年 1 月，康得新已无力按期兑付 15 亿元的短期融资券本息。

（二）其他应收款资金占用

从担保对象来看，康得新的主要担保对象为张家港保税区康得菲尔实业有限公司（以下简称"康得菲尔"）和张家港康得新光电材料有限公司（以下简称"光电材料"）。这两家子公司也是康得新其他应收款及长期股权投资的主要对象。康得新对其子公司的其他应收款和长期股权投资的金额只能在母公司的资产负债表中才能看到，因为合并报表会将母、子公司之间的交易抵销。

其他应收款和长期股权投资是母公司对子公司进行控制性投资的常用科目。有的集团公司在进行融资规划时，会以集团的信用进行集中融资，这样融资效率高、资金成本低。集团集中融资后会以长期股权投资或其他应收款的方式将筹集的资金分配到各家子公司。但有时其他应收款和长期股权投资会被沦为谋取钱工具。康美药业就是通过其他应收款来占用上市公司资金的。只不过康美药业的其他应收款应收方为隐藏的关联方，因此，在合并报表中得以体现；而康得新的其他应收款应收方主要为子公司，因此，在合并报表中看不到。

如表 9-31 所示，2016 年康得新母公司其他应收款期末余额高达约45.87 亿元，其中应收方光电材料其他应收款期末余额约为 36.68 亿元，占比为79.97%；应收方康得菲尔其他应收款期末余额约为 7.92 亿元，占比为 17.26%。在其他应收款期末余额前 5 名的企业中还有一家欧洲企业。显然，资金被海外企业占用，其隐秘性更强。

表 9-31　2016 年康得新母公司其他应收款期末余额前 5 名（金额单位：元）

单位名称	款项性质	期末余额	账 龄	占其他应收款期末余额合计数的比例	坏账准备期末余额
张家港保税区康得菲尔实业有限公司	往来款	791 902 326.17	一年以内	17.26%	0.00
张家港康得新光电材料有限公司	往来款	3 668 408 447.17	一年以内	79.97%	0.00
北京康得新功能材料有限公司	往来款	100 000 000.00	一年以内	2.18%	0.00
广东康得新创意设计有限公司	往来款	8 144 000.00	一年以内	0.18%	0.00
KDX Europe Composites R&D Center GmbH（康得新欧洲复合材料研发中心）	往来款	18 478 904.22	一年以内	0.40%	0.00
合计	—	4 586 933 677.56	—	99.99%	0.00

数据来源：康得新 2016 年年报。

注意，上表在公司 2017 年年报中就不显示具体的公司名称了，可能是出于掩盖关联方资金占用的目的。表 9-30 中显示的期末余额值是母公司的其他应收款期末余额，包括母公司向非子公司的其他应收款。这部分资金也很可能是被关联方占用的款项。表 9-32 所示为 2014—2018 年康得新其他应收款期末余额。

表 9-32　2014—2018 年康得新其他应收款期末余额　（单位：亿元）

母公司其他应收款	2018 年	2017 年	2016 年	2015 年	2014 年
1. 母公司其他应收款期末值	29.07	58.58	45.87	17.64	4.16
2. 合并报表其他应收款期末值	1.14	0.13	0.22	0.14	0.16
1-2 为母公司对子公司的其他应收款	27.93	58.45	45.65	17.50	4.00

数据来源：康得新相应年度年报。

从表 9-31 中可以看到，康得新母公司其他应收款增速最快的两年是 2015 年和 2016 年。该指标余额于 2017 年达到峰值 58.58 亿元。这期间的其他应收款增速如此之快，远超出了正常的增长范围。这些其他应收款最终很可能被不当谋取，流向资金黑洞或用于体外循环虚增利润。

（三）母公司对子公司的投资

表 9-33 所示为 2017 年康得新对子公司的投资，可以看到投资对象中有三家

是海外企业，可能也是出于便于隐藏资金流向的目的。

表 9-34 所示为康得新在相应年报中披露的母公司对子公司的投资，主要体现为长期股权投资。其实这个数据可以通过母公司与合并报表的差额推算出来，见表 9-35。

我们对比表 9-35 中的最后一行与表 9-34 中的期末余额，发现两者是一致的。

对子公司的长期股权投资相当于对子公司的股权融资。截至 2018 年末，康得新对子公司的长期股权投资余额为 85.34 亿元。与其他应收款一样，这些投资款大部分很可能最终流向资金黑洞或用于体外循环虚增利润。

表 9-33　2017 年康得新对子公司的投资　　　　（单位：元）

被投资单位	期初余额	本期增加	本期减少	期末余额	本期计提减值准备	减值准备期末余额
张家港保税区康得菲尔实业有限公司	285 147 254.88	221 266 487.32		506 413 742.20	0.00	0.00
张家港康得新光电材料有限公司	7 259 618 335.13	458 891.10		7 260 077 226.23	0.00	0.00
台湾康得新复合材料股份有限公司	2 945 220.31		2 945 220.31		0.00	0.00
北京康得新功能材料有限公司	204 678 384.66	300 237 519.51		504 915 904.17	0.00	0.00
康得新欧洲复合材料研发中心有限责任公司	21 817 560.00	69 363 679.76		91 181 239.76	0.00	0.00
康得新–雷丁欧洲汽车设计中心有限责任公司	1 302 176.75			1 302 176.75	0.00	0.00
江苏康得新智能显示科技有限公司	100 000 000.00			100 000 000.00	0.00	0.00

被投资单位	期初余额	本期增加	本期减少	期末余额	本期计提减值准备	减值准备期末余额
苏州康得新研究中心有限公司		40 000 000.00		40 000 000.00	0.00	0.00
深圳新网众联投资控股有限公司		30 000 000.00		30 000 000.00	0.00	0.00
康得新（新加坡）有限公司		493 609.00		493 609.00		
合计	7 875 508 931.73	661 820 186.69	2 945 220.31	8 534 383 898.11	0.00	

数据来源：康得新 2017 年年报。

表 9-34 2014—2018 年康得新母公司对子公司投资期末余额及当期新增额

对子公司投资	2018 年	2017 年	2016 年	2015 年	2014 年
期末余额（亿元）	85.34	85.34	78.76	60.02	29.96
本期新增（亿元）	0.00	6.58	18.74	30.06	1.83

数据来源：康得新相应年度年报。

表 9-35 2014—2018 年康得新长期股权投资期末余额 （单位：亿元）

长期股权投资	2018 年	2017 年	2016 年	2015 年	2014 年
母公司长期股权投资	85.37	85.34	78.98	60.35	29.96
合并报表长期股权投资	0.03	0.00	0.22	0.33	0.00
为对子公司的投资	85.34	85.34	78.76	60.02	29.96

数据来源：康得新相应年度年报。

（四）从投入产出比判断不当获取钱行为

利用价值投资逻辑推断财务造假的一个基本公理就是：很任性地并执意将资金注入明显不赚钱的项目的行为可以被认定为不当获取钱行为。依照这个判定公理，只要我们能证明康得新所投资的子公司在长期占用大量资金的同时没有收获应有的投资效益，就可以推断其行为为不当获取钱行为。我们可以从资产扩张效率和盈利两个方面评估康得新对子公司的投资效益。

表 9-36 所示为 2014—2018 年康得新子公司盈利情况，可以看到，康得新子公司 5 年合计盈利为 −5.45 亿元，而母公司 5 年合计盈利为 77.04 亿元。这说明康得新子公司的盈利能力是比较差的，总体上是亏损的。

表 9-36　2014—2018 年康得新子公司盈利情况　　（单位：亿元）

子公司盈利	2018 年	2017 年	2016 年	2015 年	2014 年
母公司净利润	22.64	23.76	4.09	27.45	−0.90
合并报表净利润	2.84	24.76	19.65	14.34	10.00
为子公司净利润	−19.80	1.00	15.56	−13.11	10.90

数据来源：康得新相应年度年报。

由于子公司可以增加企业负债规模，也可以通过增加股本或盈利积累增加企业资产总额，撬动增量资产。集团通过设立子公司可以实现资产的快速扩张。如表 9-37 所示，康得新合并报表总资产与母公司总资产之差为子公司撬动的资产金额。如果用其减去表 9-36 中的子公司净利润，则为剔除盈利影响或者说基本上相当于子公司通过增加负债实现的增量资产。从表 9-37 中的最后一行可以看到，5 年间子公司撬动的资产是在大幅增长的，而子公司总体上是亏损的。

表 9-37　2014—2018 年康得新子公司撬动资产情况　　（单位：亿元）

子公司杠杆效应	2018 年	2017 年	2016 年	2015 年	2014 年
母公司总资产	222.73	211.92	177.40	120.94	47.66
合并报表总资产	342.54	342.62	264.25	183.68	108.77
为子公司撬动的资产	119.81	130.70	86.85	62.74	61.11
剔除盈利影响子公司撬动的资产金额	139.61	129.70	71.29	75.85	50.21

数据来源：康得新相应年度年报。

按照一般的商业逻辑，公司应该把资金投向赚钱的项目，而把亏损的项目止损掉。而我们看到的却是康得新在不断向亏损的子公司输血，并利用这些不怎么盈利的子公司不断负债融资扩张资产。我们只需用常识性的商业逻辑审视一下这种反常行为，就至少可以判断康得新的投资价值是较低的，财务风险是较高的，从而避免陷入财务造假的泥潭。

　　康得新财务造假案例是一例介绍价值投资的良好素材，是价值投资自上而下分析方法在财务造假识别中的典型应用，以毛利率为线索将宏观经济、行业分析及财务推断串联起来。这就是财务分析功夫在财务数字之外的生动实例。我们只有把握住每个财务数字背后的经济内涵，才能准确地判断标的的投资价值或从根本上理解和推断财务造假。虽然康得新财务造假案例是一个良好的投资者教育素材，但笔者希望以后这样的财务造假良好素材出现得越少越好。

第十章　獐子岛扇贝之谜

纵观獐子岛财务造假案例，无论是从虚增金额还是从财务造假技术及绵密程度来讲，与财务造假界的"探花"都有较大差距。獐子岛财务造假风格甚至只能用"简单粗暴"来形容，欺负投资者无法盘点扇贝，但是从影响面的广度来讲应该可以排到财务造假界的前三名。

獐子岛财务造假为何波及面如此之广？因为獐子岛财务造假具有持续性和反复性。仅立案调查涉及财务造假的年度就可以上溯到 2010 年，虽然有确凿证据的年度未必追溯这么远。其间公司利用扇贝题材合计导演过四场业绩"大洗澡"。用一位典型受损投资者的话来形容就是："骗我可以，但请注意次数！"

中国证监会虽然借助北斗导航系统这种技术手段证实了獐子岛 2016 年和 2017 年存在财务造假情况，但是对于没有调查手段的广大投资者来说，面对这种风险该如何通过价值投资武器规避损失呢？财务造假并非最终目的，其背后往往与不当谋取有关。獐子岛财务造假背后的不当谋取行为又会是怎样的呢？

第一节　獐子岛扇贝跑路事件调查

獐子岛财务造假的判断难点并不在于财务造假手法的复杂性，而在于物证取得的难度，其核心在于扇贝存货的核实。没有特殊的技术手段，一般人是无法做到的。

中国证监会首次对獐子岛财务造假的调查始于 2014 年 11 月中下旬，当时调查的是獐子岛 2014 年 10 月下旬爆出的扇贝遇冷水团集体死亡导致公司巨亏的事件。中国证监会当时面对扇贝这种生物资产也是毫无办法，没有发现问题。2018 年 2 月，中国证监会再次对獐子岛发出了调查通知书。可能是汇总了多年来对獐子岛操纵业绩等相关情况的群众举报信息，积累了较多经验，同时在此基础上论证了很多调查技术手段，中国证监会的这次调查借助了北斗导航系统。

中国证监会对上述财务造假行为的认定方式主要是根据北斗导航系统记录的

捕捞船定位信息所确定的捕捞船航行轨迹与区域，确定拖网轨迹，进而确定实际采捕面积，并在此基础上按照獐子岛的成本结转方法推断真实营业成本，以判断公司披露的营业成本是否真实。

獐子岛的成本结转方法是什么呢？

獐子岛财务部门会根据当时底播扇贝存货成本与对应海域面积计算出单位面积底播扇贝成本额，比如报告日底播扇贝存货成本为 500 万元，对应的海域面积为 100 亩，那么单位面积底播扇贝成本为 5 万元 / 亩。如果采捕队当月采捕面积为 10 亩，则当月结转成本 50 万元（5 万元 / 亩 × 10 亩）。

在调查中，獐子岛财务部门以当月虾夷扇贝采捕区域（采捕坐标）作为成本结转的依据，采捕区域系由人工填报且缺乏船只航海日志予以佐证。在实操中，獐子岛财务部门并非按实际采捕区域采捕面积结转成本，实际上是采捕工人根据月度底播扇贝的实际采捕量和生产过程中抽测的平均亩产值来确定月度采捕面积的。比如平均亩产是 20 千克，采捕量为 200 千克，那么采捕队的采捕面积就是 10 亩。采捕工人根据这个采捕面积结合采捕计划确定的采捕区域填写采捕记录表并呈送财务部门，财务部门根据上述计算出来的采捕面积结转成本。

由此可见，公司财务信息传递环节是缺乏内部控制的。公司财务部门据此核算成本的采捕面积确定权人为采捕工人，中间没有严格的监测环节。公司允许采捕工人实际采捕区域与计划采捕区域不一致。另外，由采捕工人根据平均亩产推算出来的采捕面积也很可能与实际采捕面积有出入。平均亩产理论上可以通过统计学抽样调查估算出来，但抽测环节如果没有科学严谨的抽测程序，则会与实际值偏差很大。如果平均亩产小于实际采捕亩产，则采捕工人填报的采捕面积将较实际采捕面积偏大，从而导致结转的成本偏高，反之则会偏低。

经中国证监会逐月对比北斗导航系统记录的采捕轨迹覆盖区域与獐子岛公司账面结转区域，二者之间看不出任何对应关系，多个月份存在有采捕轨迹的区域没有进行任何结转、进行结转的区域没有任何采捕轨迹的情形。在各月结转区域与实际采捕区域存在较大差异的情况下，年度报告的真实性根本无法保证。

此外，通过北斗导航系统记录的航行轨迹还可以判断扇贝存货是否为虚增。

例如，如果底播作业船只的航行轨迹与未采捕的扇贝存货区域重叠，则说明这部分区域的扇贝存货是虚增的，应当做核销处理，记为当期营业外支出；一旦发现当年做核销处理的扇贝存货区域在以往年度有采捕记录，则说明这部分扇贝存货本身就是虚增的，当年做核销处理实则虚增了营业外支出；一旦发现当年做资产减值处理的扇贝存货区域在以往年度有采捕记录，则说明这部分扇贝存货本身就是虚增的，当年做资产减值处理实则虚增了资产减值损失。

2020 年，中国证监会最终认定獐子岛财务造假行为主要有：虚减了 2016 年的营业成本和营业外支出，虚增了 2017 年的营业成本、营业外支出和资产减值损失。

中国证监会的这次调查虽然借助北斗导航系统这种技术手段取得了獐子岛财务造假的确凿证据，但美中不足，獐子岛的船舶到 2015 年 9 月才安装北斗导航系统，因此中国证监会对獐子岛财务造假的认定也只能局限于 2015 年 9 月之后的年度。此外，中国证监会的调查也只限于财务报表业绩本身真实性的调查，而对其背后的造假动机、财务粉饰手法甚至不当谋取钱行为并没有进行调查。

所有财务造假的目的都不是单纯的财务造假。獐子岛财务造假的动机又是什么呢？对于没有特殊技术手段的普通投资者来讲，又该如何识别财务造假呢？

第二节　獐子岛导演扇贝"跑路与游回"的财务操作

一　通过操纵存货数据来导演扇贝"跑路与游回"

表 10-1 所示为 2014—2019 年獐子岛存货跌价准备的计提及转回情况。獐子岛历年消耗性生物资产（主要是扇贝）跌价准备的计提即代表扇贝"跑路"，转回即代表扇贝"游回"。"跑路"与"游回"只是形象的说法。我们会发现，历年扇贝的"跑路"与"游回"是獐子岛的常态化操作，不是仅 2015 年或个别年份才有的。此外，"游回"的金额不像媒体宣传的那样夸张，最高一笔发生在 2014 年，消耗性生物资产跌价准备转回 2.87 亿元，但当年该项同时计提了 3.11 亿元跌价准备，这样当年扇贝净"路跑"金额约为 2 400 万元，期末余额为 2 600 余万元。2015 年也有扇贝"游回"，但只是这 2 600 余万元扇贝的"游回"。

核销掉的扇贝是确认死亡永远"跑路"的扇贝，当期核销额计为当期营业外支出。而计提跌价准备的扇贝是因自然灾害或其他原因长得瘦或半死不活的扇贝，这样的扇贝如果卖出去抵不了成本，就会将差额记为跌价准备；但如果期末盘点库存时认定扇贝又长肥了或活过来了，就会将这个跌价准备转回来。跌价准备的计提与转回都会影响当期利润。因此，獐子岛的业绩很大程度是随着扇贝的肥瘦、生死而变动的。

但是，由于扇贝这种生物资产的盘点难度大，即使是业内人士也很难准确盘点扇贝存货的数量和金额，这就为獐子岛利用扇贝存货进行财务粉饰或财务造假创造了天然的便利条件。

表 10-1　2014—2019 年獐子岛存货跌价准备的计提及转回情况

项目	2014 年期初余额	本期增加金额	本期减少金额		2014 年期末余额
		2014 年计提	2014 年转回或转销	其他	
原材料	2 437 274.74		2 431 466.74		5 808.00
库存商品	11 024 820.38	36 899 805.08	11 802 621.45		36 122 004.01
消耗性生物资产	2 408 655.60	311 246 141.34	287 340 590.01		26 314 206.93
2014 年合计	15 870 750.72	348 145 946.42	301 574 678.20		62 442 018.94
项目	2015 年期初余额	2014 年计提	2015 年转回或转销	其他	2015 年期末余额
原材料	5 808.00				5 808.00
库存商品	36 122 004.01	1 150 229.54	27 318 939.44		9 953 294.11
消耗性生物资产	26 314 206.93	31 951 232.91	26 314 206.93		31 951 232.91
2015 年合计	62 442 018.94	33 101 462.45	53 633 146.37		41 910 335.02
项目	2016 年期初余额	2016 年计提	2016 年转回或转销	其他	2016 年期末余额
原材料	5 808.00		5 808.00		
库存商品	9 953 294.11	657 395.89	5 542 813.62		5 067 876.38
消耗性生物资产	31 951 232.91		31 951 232.91		
2016 年合计	41 910 335.02	657 395.89	37 499 854.53		5 067 876.38
项目	2017 年期初余额	2017 年计提	2017 年转回或转销	其他	2017 年期末余额
在产品		1 538 864.08			1 538 864.08
库存商品	5 067 876.38	28 099 783.48		3 115 823.05	30 051 836.81
消耗性生物资产		60 721 637.14			60 721 637.14

续表

项目	2014 年期初余额	本期增加金额	本期减少金额		2014 年期末余额
		2014 年计提	2014 年转回或转销	其他	
2017 年合计	5 067 876.38	90 360 284.70		3 115 823.05	92 312 338.03
项目	2018 年期初余额	2018 年计提	2018 年转回或转销	其他	2018 年期末余额
原材料	3 903 154.82	576 948.53	3 903 154.82		576 948.53
在产品	1 538 864.08	356 556.45	1 538 864.08		356 556.45
库存商品	26 148 681.99	14 633 446.06	20 384 271.87		20 397 856.18
消耗性生物资产	60 721 637.14		46 010 678.89		14 710 958.25
2018 年合计	92 312 338.03	15 566 951.04	71 836 969.66		36 042 319.41
项目	2019 年期初余额	计提	2019 年转回或转销	其他	2019 年期末余额
原材料	576 948.53		511 789.85		65 158.68
在产品	356 556.45	528 619.15	405 337.88		479 837.72
库存商品	20 397 856.18	6 595 786.08	11 628 290.03		15 365 352.23
消耗性生物资产	14 710 958.25	65 177 863.22	19 334 411.87		60 554 409.60
2019 年合计	36 042 319.41	72 302 268.45	31 879 829.63		76 464 758.23

数据来源：獐子岛相应年度年报。

二 扇贝"跑路与游回"与避免退市有关

按照目前 A 股退市的企业盈利规则，如果上市公司连续两年亏损，则上市公司名称标"ST"进行风险提示；如果连续三年亏损，则暂停上市；连续四年亏损才正式退市。

图 10-1 所示为獐子岛扇贝"跑路"历程。獐子岛 2014 年、2015 年已经连续两年亏损，2016 年已经挂上"ST"，但当年净利润扭亏达到 7 571.45 万元。同时我们发现，当年獐子岛消耗性生物资产减值准备转回了 3 195.12 万元，虽然对当年净利润扭亏为盈不起决定性作用，但也贡献了重要力量。

而 2018 年獐子岛净利润为 3 398.69 万元，当年存货减值准备转回金额达到 7 183.70 万元，消耗性生物资产减值准备转回金额高达 4 601.07 万元。如果没有扇贝的"游回"，那么 2018 年公司将亏损，这样一来公司将变成 2017 年和 2018 年连续两年亏损，重新挂上"ST"。我们知道 2019 年又有扇贝"大逃亡"事件，这样公司很可能将暂停上市。

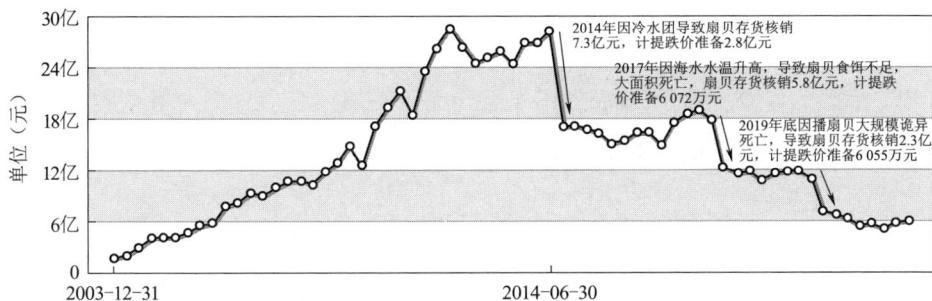

（a）獐子岛存货变化趋势

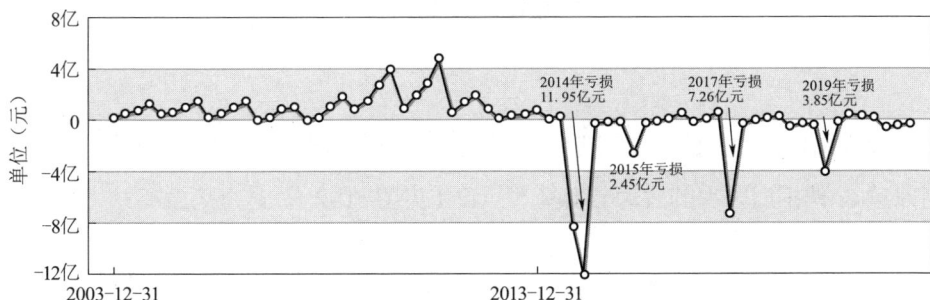

（b）獐子岛净利润变化趋势

数据来源：新浪网。

图 10-1　獐子岛扇贝"跑路"历程

常态化操纵扇贝"跑路"与"游回"还只是对扇贝肥瘦的操纵。与之不同的是，獐子岛在 2014—2019 年共操纵过三次大的扇贝"集体死亡"事件，当期业绩应声断崖式暴跌。关注图 10-1 中三次断崖的时间间隔，应该不难看出其中有明显的人为操纵痕迹。扇贝"集体死亡"事件恰到好处地穿插在扇贝"跑路"与"游回"事件当中。这些事件的时间节奏稍一错位，公司就会被暂停上市甚至退市。

三次扇贝"集体死亡"事件共核销扇贝存货 15.4 亿元。这虚增的 15.4 亿元扇贝存货不可能永远趴在账上。任何公司都不想永远造假，何况造假成本很高。我们可以把这虚增的 15.4 亿元扇贝存货理解为将来的潜亏资产，但是什么时间、分几次做亏损、亏损额大小都由獐子岛说了算。

獐子岛会在保证不出现连续三年亏损的前提下，把扇贝存货核销的时间点有节奏地集中安排在"可以"亏损的年度。反正是亏损，就一次亏个够，这样在做盈利的年度就减轻了虚增存货结转成本的压力。

虚增扇贝存货其实也是有节奏的，一般核销的存货是獐子岛提前两三年虚增的。虚增存货的年度是獐子岛"做"盈利的年度，存货核销的年度是獐子岛"做"亏损的年度。獐子岛将这 15.4 亿元虚增的扇贝存货分配在各个盈利年度，又在可以"做"亏损的年度集中核销，最终业绩其实是"零和"的。

三 獐子岛借助应付账款 & 票据周转导演扇贝 "跑路与游回"

海底扇贝的"跑路"、"游回"和"集体死亡"看似只是存货的操纵，却与应付账款 & 票据周转率的波动节奏基本一致（见图 10-2）。这是巧合吗？

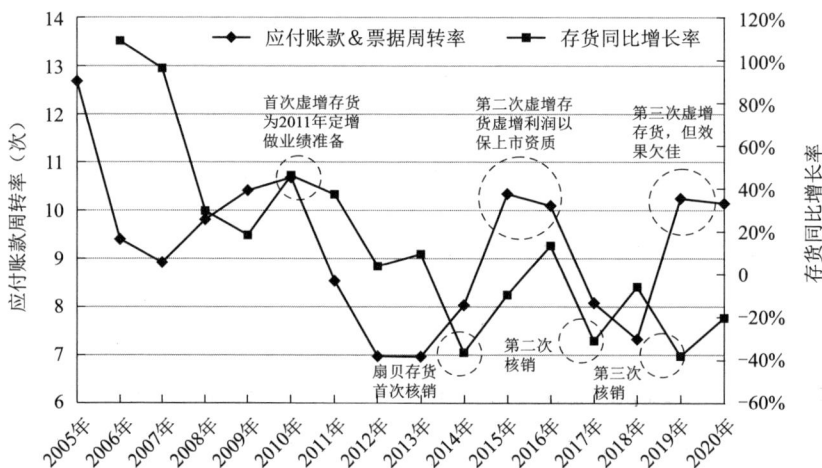

数据来源：根据獐子岛相应年度年报数据计算。

图 10-2　獐子岛扇贝存货虚增、核销及与应付账款 & 票据周转率的对应关系

从图 10-2 中可以看到，獐子岛应付账款 & 票据周转率的波峰和波谷与公司存

货同比增长的波峰和波谷基本上是一致的，尤其与前两次扇贝存货的虚增和核销时点存在较明显的对应关系。2010年獐子岛首次虚增扇贝存货（仅推断），当年公司应付账款&票据周转率延续增长势头，异常升高达到峰值，存货增长也达到峰值。显然，此次虚增存货的目的不在于保上市资质，而是为2011年定向增发做业绩准备。2010年公司披露的净利润达到4.22亿元，较2009年的净利润翻了一倍多。

2014年扇贝存货遇冷水团核销的7.3亿元应该就是公司于2010年前后虚增的这批扇贝存货。2015年和2016年獐子岛应付账款&票据周转率又重新达到峰值，存货增长也再次同步达到峰值，此时是为了保上市资质而虚增存货和利润。2016年公司扭亏为盈后，于2017年又将扇贝存货核销了5.8亿元，这批被核销的扇贝存货应该就是2015年和2016年虚增的。

第三节　如何识别业绩造假

獐子岛于2011年3月以36.90元/股的价格非公开发行（又称"定向增发"或"定增"）人民币普通股21 674 796股，募集资金约7.8亿元。参与此次定增的所有投资者大概率亏损，且多数投资者的亏损幅度比较大。假设我们是拟参与獐子岛2011年定增的投资者，应如何根据当时披露的公开信息识别出獐子岛业绩有水分，从而避免投资损失呢？

一　利用应付账款&票据周转率识别现金流体外循环

应付账款&票据周转率是判断公司现金流体外循环式虚增利润的利器。当该指标值异常升高，而净现金流入较小时，公司很有可能通过现金流体外循环虚增利润，利用同一笔资金，以虚构的上下游购销活动名义高频进出公司，从而虚构了销售收入和存货，但净现金流入并没有增加。应付账款&票据周转率越高，现金循环的次数就越多，虚增的存货和利润就越高。因此，图10-2中应付账款&票据周转率与扇贝存货增长及核销节奏基本一致并非巧合。

虚增效率除了与应付账款 & 票据周转率大小有关，还与毛利率有关。毛利率越高，周转一次所结转的成本越低，虚增的存货和利润越高。

从图 10-2 中还可以看到，獐子岛虚增存货效率是逐年降低的。因为公司的毛利率已经从 2010 年的 40% 左右下降到 2015 年和 2016 年的 15% 左右。同样水平的应付账款 & 票据周转率，虚增的存货和利润已经没有 2010 年时那样高了。到 2019 年，公司应付账款 & 票据周转率虽然再次达到峰值，但当时正常毛利率仅为 13% 左右，如果为了提高现金流体外循环虚增利润的效率而调高毛利率，就会出现明显的异常。獐子岛于 2019 年 11 月 12 日宣布集中核销扇贝存货估计就与虚增利润效率太低有关，扭亏无望，干脆集中做亏损算了。

有读者可能会问：在图 10-2 中，2005 年的应付账款 & 票据周转率为何远高于公司后来各年水平，是否也存在虚增存货和利润的情况？这个问题问得很好。2005 年獐子岛是否有财务造假不在本案例的讨论范围内，只能说有这种可能。2005 年是公司上市前的最后一年，有可能为了上市而粉饰业绩。但应付账款 & 票据周转率自公司上市后大幅下降也有成为上市公司后市场地位提升的原因。

㈡ 利润现金含量过低

如图 10-3 所示，在獐子岛定增的前一年，也即 2010 年，净利润达到 4.22 亿元，同比增长 116%，而当年经营活动产生的现金流量净额仅为 4 258.08 万元，同比下降 44%，与 4.22 亿元的净利润极不匹配，仅占后者的约一成。仅凭这一点，我们就可以推断獐子岛大概率存在虚增利润的情况。

利润现金含量较低通常伴随资产异常占用现金的情形。如果这种资产对现金的占用是违反商业逻辑的，那么我们可以推断标的存在虚增资产和利润的情况。

2010 年年底獐子岛总资产同比增加近 11 亿元，同比增长近 50%。增长较快的资产有应收账款、存货和无形资产，这也是最有可能虚增的资产（见图 10-4）。

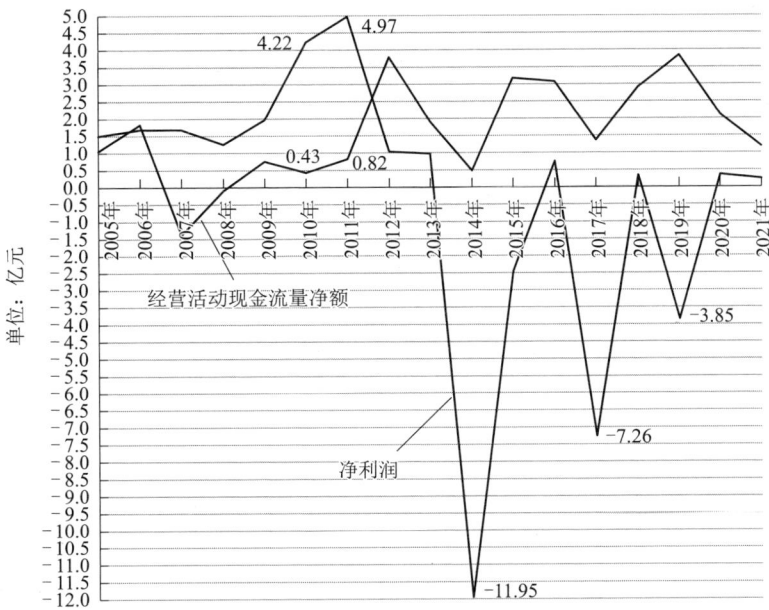

图 10-3 2005—2021 年獐子岛净利润及经营活动产生的现金流量净额

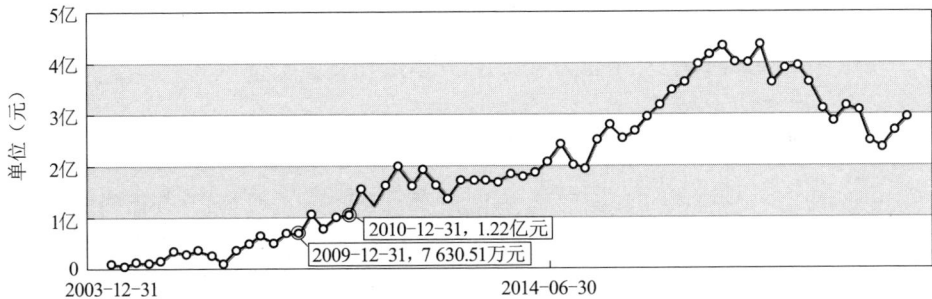

（a）獐子岛应收账款变化趋势

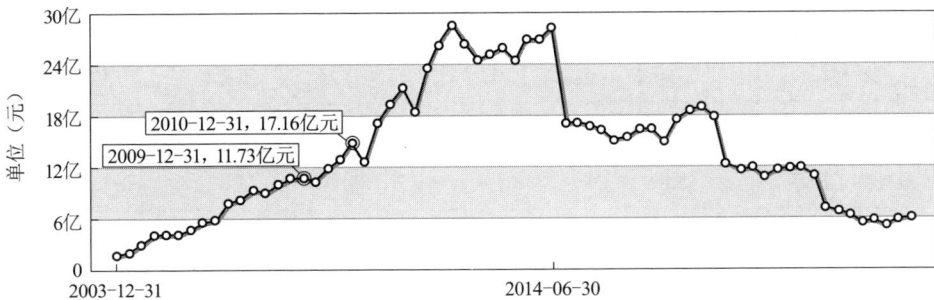

（b）獐子岛存货变化趋势

图 10-4 2010 年獐子岛增长较快的资产

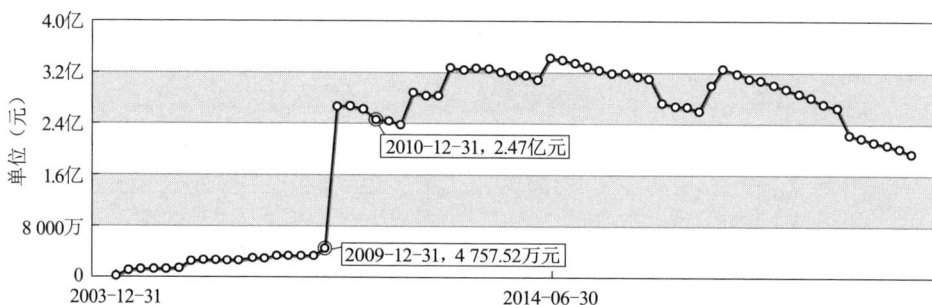

（c）獐子岛无形资产变化趋势

数据来源：新浪网。

图 10-4　2010 年獐子岛增长较快的资产（续）

三　存货与毛利率双高异常

（一）存货与毛利率双高扫描

由于存货增加额最多，因此，我们首先审查存货，见表 10-2。

表 10-2　2010 年獐子岛存货变动情况　　　（单位：万元）

项　　目	2010 年末余额	占 2010 年末总资产的（％）	市场供求情况	产品销售价格变动情况	原材料价格变动情况
原材料	9 933.29	3.01	良好	基本稳定	基本稳定
在产品	1 684.25	0.51	良好	基本稳定	基本稳定
库存商品	31 429.64	9.51	良好	基本稳定	基本稳定
周转材料	576.54	0.17	良好	基本稳定	基本稳定
消耗性生物资产	127 933.18	38.72	良好	基本稳定	基本稳定
委托加工产品	1.84	0	良好	基本稳定	基本稳定
开发成本	0	0	—	—	—
合计	171 558.74	51.92	—	—	—

数据来源：獐子岛 2010 年年报。

　　2010年獐子岛存货之所以大幅增长，主要是因为消耗性生物资产——虾夷扇贝底播面积及苗种投入增加和季节性加工的海参产品增加较多。

　　按照正常的商业逻辑，在充分竞争的一般消费品行业中，在市场供需状况没有出现明显变化的情况下，公司存货大幅增加时是不会提价销售的，毛利率不会大幅上升。

　　根据獐子岛2010年年报，当年养殖产品中扇贝、鲍鱼的销售价格基本保持平稳，海参的销售价格略有上涨，加工产品的销售价格基本保持平稳。2010年水产、海鲜养殖行业上市公司国联水产和好当家的毛利率分别为14.69%（同比微降）和27.08%（同比微升）。其中，好当家的主营业务为海参、贝类等海产品养殖，与獐子岛的主营业务比较接近。这说明当时的市场状况不支持毛利率大幅上升。而2010年獐子岛毛利率却大幅上升（见图10-5），而且远超好当家毛利率水平。因此，存货与毛利率同时大幅增长是异常的。

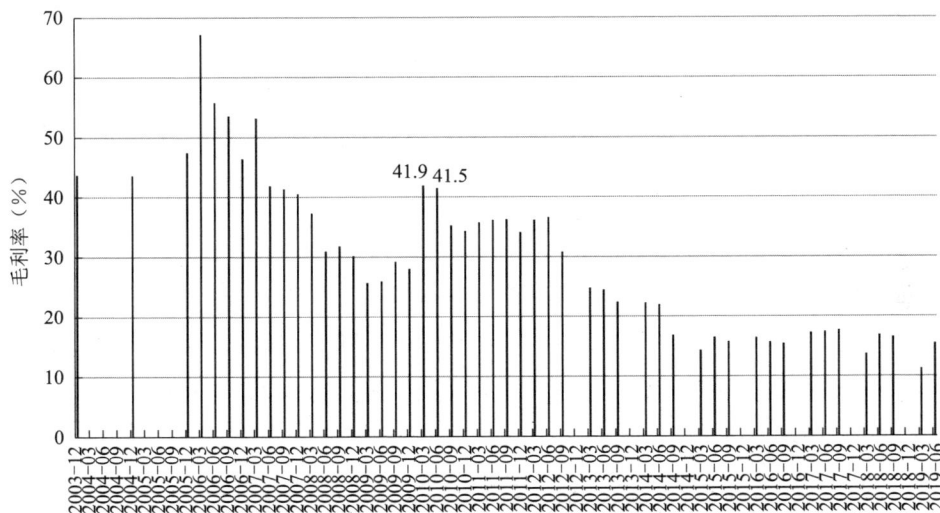

图10-5　2003—2019年獐子岛各季度报告披露的销售毛利率

（二）判断存货与毛利率双高的往来款佐证

　　进一步考查獐子岛应收和应付账款往来款，会发现2010年应收账款周转率略有下降，而应付账款＆票据周转率略有升高，如图10-6所示。

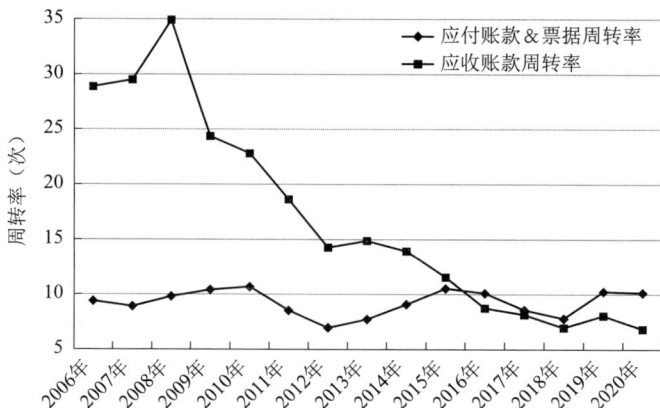

图 10-6　2006—2020 年獐子岛应收账款周转率及应付账款 & 票据周转率走势

由这个细节可以得知，公司对上游的付款节奏变快，而对下游的回款节奏变慢，由此可见公司在产业链中的地位有所下降，这与毛利率大幅提升显然是矛盾的。这样我们就可以更确切地认定獐子岛存货与毛利率双高属于异常情况。

（三）獐子岛对毛利率大幅上升的解释矛盾重重

獐子岛对当年毛利率大幅上升的解释也是矛盾重重。根据獐子岛 2010 年年报，当年毛利率同比大幅上升主要系毛利率较高的水产养殖和加工业务营业收入占比较上年提高所致。

如表 10-3 所示，2010 年獐子岛水产养殖和加工业务营业收入占比为 76.5%，而 2009 年该比例为 81.0%，显然水产养殖和加工业务营业收入占比并非上升了而是下降了。由此可知，导致毛利率大幅上升的原因不是水产养殖和加工业务营业收入占比提高。

表 10-3　2009 年和 2010 年獐子岛主营业务收入构成

主营业务	营业收入 （万元）		收入构成	
	2010 年	2009 年	2010 年	2009 年
水产养殖	95 540.71	62 393.37	42.6%	41.4%
水产加工	75 993.85	59 676.18	33.9%	39.6%
水产贸易	49 854.43	25 995.31	22.2%	17.2%
交通运输	2 894.80	2 676.60	1.3%	1.8%
合计	224 283.79	150 741.46	100.0%	100.0%

数据来源：獐子岛相应年度年报。

那么，导致报表毛利率大幅上升的原因是什么呢？

表 10-4 所示，2010 年獐子岛虾夷扇贝及海参的收入增长显著高于其成本增长，说明这两个产品的毛利率有较大幅度的上升。这是导致公司当期报表毛利率显著上升的直接原因。收入增长高于成本增长只有两种情况：要么产品销售价格较高，要么产品单位生产成本较低。

表 10-4　2010 年獐子岛主营业务按品种分类收入及成本情况 （金额单位：万元）

分 产 品	营业收入	营业成本	营业利润率（%）	营业收入比上年增减（%）	营业成本比上年增减（%）	营业利润率比上年增减（%）
虾夷扇贝	90 540.94	34 164.82	62.27	63.46	25.42	11.45
海参	20 760.63	9 253.02	55.43	20.8	9.32	4.68
鲍鱼	23 660.30	21 333.17	9.84	41.69	61.86	−11.23
海螺	4 963.59	3 676.89	25.92	9.88	21.79	−7.25
海胆	1 145.52	955.88	16.55	−7.59	12.23	−14.75
其中：关联交易	—	—	—	—	—	—

数据来源：獐子岛 2010 年年报。

如前所述，2010 年獐子岛主营产品中仅海参的销售价格略有上涨，总体基本保持平稳。由此可见，扇贝及海参产品销售毛利率大幅上升的原因只可能是销售同步结转的生产成本大幅下降。但獐子岛 2010 年年报披露的当年主要原材料价格变动情况是，养殖业苗种价格及加工业原材料价格小幅上涨。也就是说，养殖业苗种和加工业原材料成本是小幅上涨的，这并不支持上述结转成本的大幅下降。

有没有可能是因为规模效应导致的单位生产成本的降低呢？獐子岛 2010 年年末固定资产净额为 5.67 亿元。按这个固定资产规模粗略计算每年的固定资产折旧成本也就几千万元，相对于獐子岛 2010 年 14.84 亿元的营业成本占比很小，因此，公司的规模效应导致的单位产品固定成本降低量很小，以至于可以忽略不计。

也就是说，在扇贝和海参产品的销售价格保持基本稳定、原材料成本小幅上涨的情况下，獐子岛扇贝及海参产品的销售毛利率大幅上升是异常的。

综上所述，2010 年獐子岛存货与毛利率双高唯一的可能就是销售收入中有一部分没有对应存货成本的结转，虚增了存货、毛利率及利润。

第四节　不当谋取金钱利益分析

獐子岛三次扇贝"集体死亡"事件共核销扇贝存货 15.4 亿元，这个金额远高于期间公司虚增的利润总额。那么，占更大比重、多虚增出来的扇贝存货用意何为？没错，这部分虚增的存货是用于不当谋取利益的。

虚增资产的一类意图是虚增利润，但不是为了虚增利润而虚增利润，而是想吸引投资者入套。在此过程中，通常还伴随股本扩张、市值管理甚至联合坐庄。财务造假者借被鼓吹得越来越大的持股市值进行直接套现或质押、分红套现，比如獐子岛 2011 年定增前虚增的那波利润就属于此类。虚增资产的另一类意图是直接套取公司现金资产。总之，虚增资产的意图无论是虚增利润还是直接套现，最终目的都是不当谋取金钱利益。

一般而言，没有现金流出的虚增资产大多是为了虚增利润，比如直接用石头充当扇贝苗，这时总资产会增加，有现金流出的虚增资产则是为了直接套现，比如用现金采购石头充当扇贝苗，这种虚增资产是对货币资金的置换。如果货币资金换回资产明显违反了商业规则或产生了异常点，则为虚增资产的套现行为，总资产没有变化。

包括中国证监会在内的几乎所有针对财务造假的调查似乎都局限在对虚增业绩这一表象的调查上，而对不当谋取的调查是缺失的。即使判罚，也仅仅是对獐子岛给予警告，并处以 60 万元罚款，对 15 名责任人员处以 3 万元至 30 万元不等罚款，对 4 名主要责任人采取 5 年至终身市场禁入。这样的违法成本比起数亿元甚至十几亿元的套现收益来讲是可以忽略不计的，可谓一本万利的"生意"，比经营上市公司主业来钱快得多。难怪大量上市公司控制人并不将精力放在公司经营上，反而绞尽脑汁造假不当谋取利益。

一　借收购无形资产不当谋取金钱利益

2010 年 1 月 18 日，獐子岛与大连蟛仙水产有限公司就资产转让事宜达成意向，以 2.6 亿元收购了后者拥有的小长山乡乌蟛岛的土地使用权、海域使用权、码头、房屋及船舶、车辆、各类物资等资产。其中最大的一块资产为海域使用权，评估价格为 2.12 亿元。

注意，这是有现金流出的，我们只需证明购入的无形资产存在虚增，即可认定此次收购为不当谋取金钱利益行为。

上述资产收购完成后，獐子岛当年新增无形资产 2.16 亿元。其中包含大连蟒仙水产有限公司的海域使用权共计 2.86 万亩，资产评估价格为 2.12 亿元（见表 10-5）。

表 10-5　2010 年獐子岛无形资产情况　　　　　（单位：元）

项　　目	年初账面余额	本年增加额	本年减少额	年末账面余额
无形资产原价合计	51 979 784.89	216 071 423.80	415 669.89	267 635 538.80
1. 土地使用权	37 192 284.89	4 406 979.80	1 869.89	41 597 394.80
2. 档口使用权	578 250.00			578 250.00
3. 海域使用权	13 540 800.00	211 640 000.00		225 180 800.00
4. 软件	668 450.00	24 444.00	413 800.00	279 094.00

数据来源：獐子岛 2010 年年报。

2.86 万亩海域使用权值 2.12 亿元吗？

根据《中华人民共和国海域使用管理法》，养殖用海域使用期限为 15 年。2010 年獐子岛地区海域使用金市场价格约为 60 元 / 亩·年。这个价格已经较其他海域使用金市场价格及历史价格高出很多，超过这个价格太多，收购则是不经济的，应该不是市场行为。大连蟒仙水产有限公司转让的海域使用权使用期限应该不足 15 年，按 15 年使用期满打满算，该项海域使用权的整体估值也仅为 2 574 万元（60 元 / 亩·年 ×2.86 万亩 ×15 年），与 2.12 亿元的收购价格相去甚远。

另据獐子岛 2014 年年报中公司以海域使用权抵押借款相关信息（见表 10-6）。

表 10-6　2014 年獐子岛以海域使用权抵押借款的评估价值情况

序　　号	亩　　数	评估价值（万元）	每亩评估价值（万元）
1	245 989	113 051.92	0.46
2	614 060	175 501.96	0.29

续表

序　号	亩　数	评估价值（万元）	每亩评估价值（万元）
3	575 165	276 039	0.48
4	65 800	32 900	0.50
5	135 843	31 974.14	0.24
6	147 443	61 926.06	0.42
7	216 347	101 145	0.47
8	54 318	18 790	0.35
9	143 070	61 520	0.43
合计	2 198 035	872 848	0.40

数据来源：獐子岛 2014 年年报。

獐子岛于 2014 年以海域使用权做抵押共发起了 9 笔短期借款。根据表 10-6 中的评估价值数据可以计算出海域使用权平均每亩评估价值为 0.4 万元。依此数据推算，獐子岛受让的大连蟒仙水产有限公司转让的 2.86 万亩海域使用权的估值约为 1.14 亿元。笔者认为，獐子岛为了增加抵押借款金额，可能会在一定程度上调高评估价值，因此，1.14 亿元的估值应该是偏高的。即便如此，这个偏高的估值仍然与 2.12 亿元的收购价格有近 1 亿元的差距。

关于海域使用权评估价值，还存在如下异常点。

一是海域使用权评估价值前后差异过大。就在獐子岛收购该 2.86 万亩海域使用权后的第二年，也即 2011 年，公司以该海域使用权作为抵押，取得长期借款 1.9 亿元；而在 2014 年以相近面积的海域使用权作为抵押，仅能取得短期借款 3 000 余万元。显然这个评估价值是有水分的。

二是海域使用权账面价值与对应亩数不成比例。2014 年獐子岛用于抵押的海域使用权共 219.8 万亩，账面原值仅为 2.28 亿元，而 2010 年收购的 2.86 万亩海域使用权的初始账面价值就达到 2.12 亿元，前者较后者仅高出 0.16 亿元（见表 10-7）。这期间没有海域使用权的处置，因此，要么是后者账面价值大幅减少，要么是前者扣除这 2.86 万亩后其余 216.94 万亩仅值 0.16 亿元，抑或是两种情况都有。总之，那 2.86 万亩海域使用权不值 2.12 亿元。

表 10-7 2015 年獐子岛无形资产账面价值情况 （单位：元）

项 目	土地使用权	专利及非专利技术	档口使用权	海域使用权	软 件	合 计
账面原值						
1.期初余额	195 244 687.37		958 462.05	227 509 536.02	12 408 123.90	436 120 809.34
2.本期增加金额	1 538 972.16				5 516 141.00	7 055 113.16

数据来源：獐子岛 2015 年年报。

二 借股权投资不当谋取金钱利益

2014 年 4 月，獐子岛之全资子公司獐子岛渔业集团香港有限公司收购了大连新中海产食品有限公司（以下简称"大连新中"）100% 的股权，支付对价 2.8 亿元。大连新中持续计算的可辨认净资产公允价值为 2.68 亿元，差额约 1 200 万元确认为商誉。

如表 10-8 所示，在被收购当年，大连新中亏损 616.59 万元。当年獐子岛为何要斥资 2.8 亿元收购一家亏损企业？公司 2014 年年报中的解释是"提升本公司现有的水产品加工能力、技术水平和产品品质"。獐子岛的主营业务本来就是水产品养殖、加工及销售，上市这么多年仍需要通过收购另一家公司来提升自身的水产品加工能力、技术水平和产品品质吗？

表 10-8 2014 年獐子岛收购企业汇总

公司名称	报告期内取得和处置子公司目的	报告期内取得和处置子公司方式	对整体生产和业绩的影响
獐子岛集团上海海洋食品有限公司	业务需要	投资设立	本期贡献净利润 -52.86 万元
獐子岛集团上海大洋食品有限公司	业务需要	投资设立	本期贡献净利润 -713.36 万元
水世界（上海）网络科技有限公司	业务需要	投资设立	本期贡献净利润 -792.39 万元

续表

公司名称	报告期内取得和处置子公司目的	报告期内取得和处置子公司方式	对整体生产和业绩的影响
大连新中海产食品有限公司	业务需要	收购	本期贡献净利润 -616.59 万元
日本新中株式会社	业务需要	收购	本期贡献净利润 78.52 万元
獐子岛海鲜首都有限公司	业务需要	投资设立	本期贡献净利润 -57.60 万元
獐子岛雅马哈（大连）玻璃钢船舶制造有限公司	业务需要	投资设立	本期贡献净利润 -795.22 万元

数据来源：獐子岛 2014 年年报。

如表 10-9 所示，按收购当年 2014 年年报披露数据，大连新中土地使用权账面价值为 7 560 516.84 元，因土地使用权公允价值评估前后不太可能有较大变化，由此推断大连新中无形资产绝大部分为土地使用权，其他无形资产评估前的价值约为 12 万元（768.25 万元 -756.05 万元）。也就是说，约 12 万元的可能是所谓的加工技术公允价值能评估到近 3 000 万元？

表 10-9　被收购方资产负债表　　　　（单位：元）

项目	大连新中海产食品有限公司		日本新中株式会社	
	购买日公允价值	购买日账面价值	购买日公允价值	购买日账面价值
货币资金	34 414 269.51	34 414 269.51	7 653 277.19	7 653 277.19
应收款项	40 528 080.11	40 528 080.11	15 568 617.28	15 568 617.28
减：坏账准备	1 946 172.57	1 946 172.57		
应收款项净额	38 581 907.54	38 581 907.54	15 568 617.28	15 568 617.28
预付账款	790 873.89	790 873.89		
存货	52 383 606.02	52 160 080.90	31 026 342.29	31 026 342.29
固定资产	131 835 325.27	87 322 777.20	4 543.67	4 543.67
无形资产	36 329 853.64	7 682 486.76	238 601.86	238 601.86
其他长期资产	486 543.14	486 543.14	10 438.85	10 438.85
减：应付款项	5 062 146.15	5 062 146.15	50 733 808.76	50 733 808.76

续表

项　目	大连新中海产食品有限公司		日本新中株式会社	
	购买日公允价值	购买日账面价值	购买日公允价值	购买日账面价值
应付职工薪酬	2 555 589.76	2 555 589.76		
应交税费	249 699.04	249 699.04	164 812.85	164 812.85
其他应付款	303 848.58	303 848.58	1 071 619.22	1 071 619.22
递延所得税负债	18 345 860.02			
净资产	268 305 235.46	213 267 655.41	2 531 580.31	2 531 580.31
减：少数股东权益			253 158.03	253 158.03
取得的净资产	268 305 235.46	213 267 655.41	2 278 422.28	2 278 422.28

数据来源：獐子岛 2014 年年报。

除怀疑无形资产有水分外，固定资产公允价值竟然也较账面价值高出了 4 400 余万元。一般来说，固定资产只会有折旧，不会有增值，因此笔者高度怀疑固定资产也存在水分。除此之外，大连新中资产中还有较高比例的存货和应收账款，合计达 9 000 余万元。存货和应收账款这类资产是虚增资产的"常客"，即使凭公开信息无法断定该资产有虚增，但从价值投资的角度来判断，较高比例的存货和应收账款意味着经营活动现金流较差、出现坏账或跌价损失的概率较高。这种标的估值能够达到 2.8 亿元真是匪夷所思。因此，笔者认为此次收购对价 2.8 亿元的现金流出大概率被圈走了。

与通常的上市公司收购不同的是，本次收购形成的商誉资产 1 187.88 万元相对比较少，收购成本仅略高于净资产公允价值份额。虚增资产主要集中在无形资产和固定资产上。这样做的好处是日后必然会发生的商誉减值金额不会太大，并不会引人注意。2015 年大连新中的经营业绩未达到预期，獐子岛对其计提了 995.08 万元商誉减值准备。截至目前，大连新中仍为獐子岛合资子公司，但这些年连年亏损，这说明大连新中根本不值那个收购价格。

虚增的资产就是未来的潜亏资产，如同扇贝存货核销一样，迟早都会灰飞烟灭。更多虚增资产是通过营业外支出的资产处置损失而湮灭的，如图 10-7 所示。

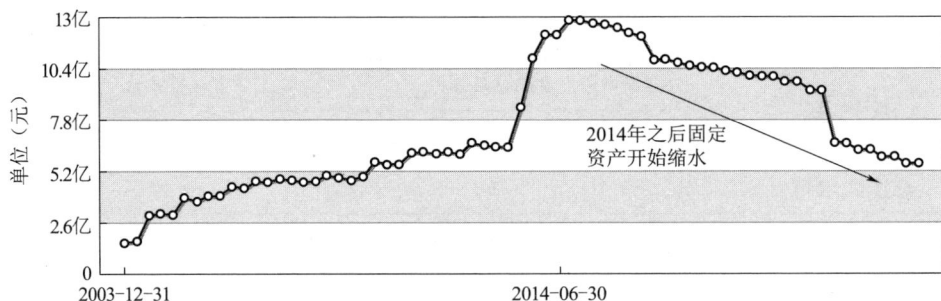

（a）固定资产净额变化趋势

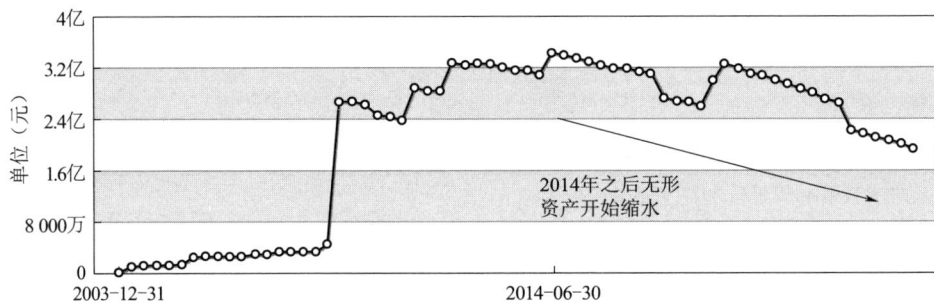

（b）无形资产变化趋势

数据来源：新浪网。

图 10-7　獐子岛固定资产净额和无形资产变化趋势

　　仅 2016 年，獐子岛因处置子公司而减少的固定资产和无形资产账面价值就达到 2.93 亿元。尽管大连新中并未被处置，但当年被收购时虚增的固定资产和无形资产应该在各年资产处置之列。

第十一章　乐视案中的典型投资圈套及财务造假分析

乐视网财务造假持续时间之久、造假细节之多、复杂性和迷惑性之强、受损投资者之众、涉案金额之巨，无论单拿出哪项，都足以让人震惊。乐视网财务造假案（以下简称"乐视案"）不仅涉及乐视网上市公司，还涉及乐视系众多非上市公司融资圈套，很多信息是无法取得或不便披露的，这更增加了乐视案的错综复杂性。

乐视案还有一个突出特点，就是存在大量对赌协议。贾跃亭签署的并控制乐视网作为连带责任人的对赌协议涉及的债务金额粗略估计就超过百亿元。乐视案中的对赌协议看似对投资者增强了保护，反而掩饰了风险。贾跃亭利用大量对赌协议诱导更多投资者卷入乐视网市值泡沫当中，使投资者蒙受了巨大的财产损失。

这是一套用数百亿元学费编制的 MBA 教程，对投资者有深刻的教育意义。

第一节　乐视网市值泡沫中的典型投资圈套

谁是价值投资者？谁是非价值投资者？分不清价值投资与非价值投资必不是一位价值投资者。要分清价值投资与非价值投资并不容易，但分清了就会知道哪些市值有泡沫、哪些市值没有泡沫。

乐视网从上市到退市就是一个从股市泡沫被所谓的市值管理不断鼓吹到最终破灭的过程。贾跃亭虽然不是乐视网二级市场操盘手，但他导演的一个又一个"故事"，鼓吹的一轮又一轮市值泡沫，从中不当获取钱套现，实际上就是乐视网市值管理的庄家，如图 11-1 所示。

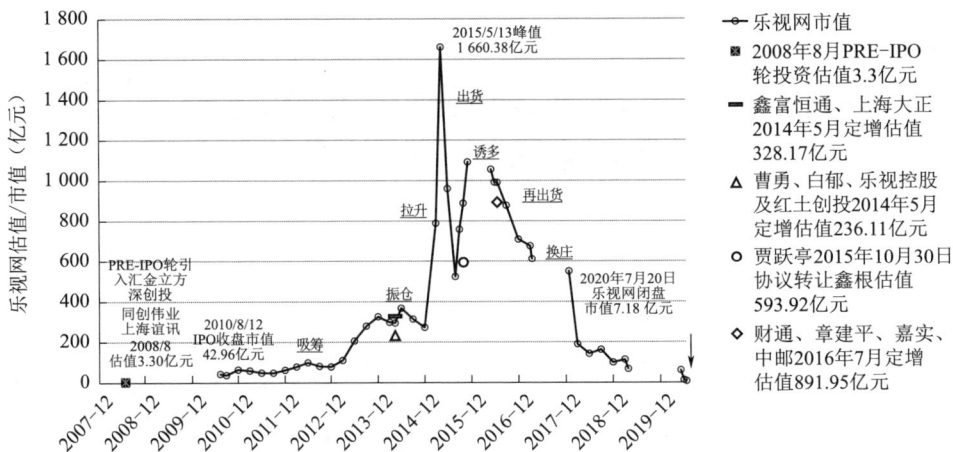

图 11-1　贾跃亭对乐视网的市值管理

如今我们运用价值投资方法对乐视网市值泡沫演变历程中的几例典型投资圈套进行分析，以警世人。

一　一次疑似空手套白狼的收购行为

（一）蹊跷的资产评估报告

2014 年 5 月，乐视网分别以 9 亿元和 2.985 亿元的估值收购了东阳市花儿影视文化有限公司（以下简称"花儿影视"）100% 的股权和乐视新媒体文化（天津）有限公司（以下简称"乐视新媒体"）99.5% 的股权，目的是加强乐视网在上游的优质影视内容生产能力、补充公司精品电视剧版权库。据乐视网 2013 年年报披露，收购乐视新媒体还可以缓解公司采购电视剧版权的资金压力。

2013 年 9 月 30 日，乐视网披露了由中联资产评估集团有限公司（以下简称"中联资产"）分别对花儿影视和乐视新媒体的资产评估报告。非常蹊跷的是，中联资产对花儿影视的评估报告中有关评估值的数据均被"错误！链接无效。"替代，如图 11-2 所示。

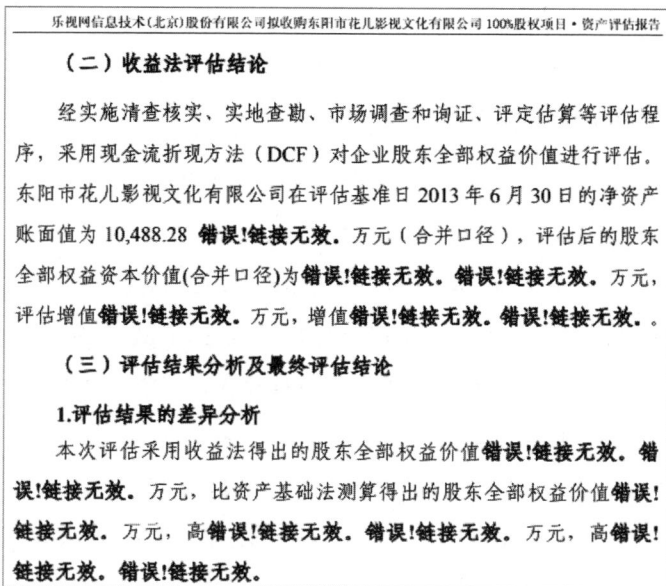

乐视网信息技术(北京)股份有限公司拟收购东阳市花儿影视文化有限公司100%股权项目·资产评估报告

（二）收益法评估结论

经实施清查核实、实地查勘、市场调查和询证、评定估算等评估程序，采用现金流折现方法（DCF）对企业股东全部权益价值进行评估。东阳市花儿影视文化有限公司在评估基准日 2013 年 6 月 30 日的净资产账面值为 10,488.28 **错误!链接无效.** 万元（合并口径），评估后的股东全部权益资本价值(合并口径)为**错误!链接无效. 错误!链接无效.** 万元，评估增值**错误!链接无效.** 万元，增值**错误!链接无效. 错误!链接无效.** 。

（三）评估结果分析及最终评估结论

1.评估结果的差异分析

本次评估采用收益法得出的股东全部权益价值**错误!链接无效. 错误!链接无效.** 万元，比资产基础法测算得出的股东全部权益价值**错误!链接无效.** 万元，高**错误!链接无效. 错误!链接无效.** 万元，高**错误!链接无效. 错误!链接无效.** 。

数据来源：乐视网披露的对花儿影视的中联评报字〔2013〕第 710 号资产评估报告第 23 页。

图 11-2　乐视网收购花儿影视资产评估报告中的错误

在报告中，中联资产采用收益法对花儿影视估值 9 亿元。但评估报告第 32 页对收益法的评估过程只有轻描淡写的几段流水账式的制式文字，绝大多数内容无关痛痒，对收益法评估的关键环节，即标的未来收益预测更是只字未提。中联资产还在报告中强调，报告中所引用的财务报表数据引自立信会计师事务所，似乎连自己都不太相信这部分数据。

中联资产还在乐视新媒体的资产评估报告中将公司净资产评估值"30 000.00 万元"误写为"100.00 万元"，如图 11-3 所示。

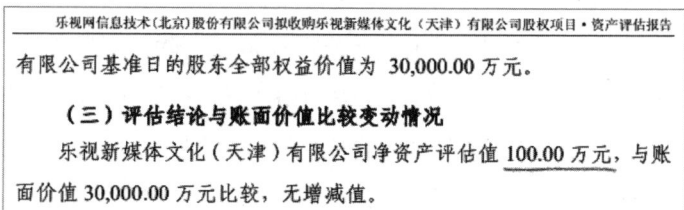

乐视网信息技术(北京)股份有限公司拟收购乐视新媒体文化(天津)有限公司股权项目·资产评估报告

有限公司基准日的股东全部权益价值为 30,000.00 万元。

（三）评估结论与账面价值比较变动情况

乐视新媒体文化（天津）有限公司净资产评估值 100.00 万元，与账面价值 30,000.00 万元比较，无增减值。

数据来源：乐视网披露的对乐视新媒体的中联评报字〔2013〕第 743 号资产评估报告第 15 页。

图 11-3　乐视网收购乐视新媒体资产评估报告中的错误

这么正式的资产评估报告中竟然出现了多处不严谨或错误之处，不由得让人对评估结果的可靠性产生怀疑。

（二）评估公允性存疑

乐视网以9亿元估值收购花儿影视使其新增了7.48亿元的商誉资产。也就是说，花儿影视净资产公允价值为1.52亿元。估值是公允价值的近6倍！按此估值和花儿影视2013年上半年净利润5 943.68万元估算，收购静态市盈率约为9亿元÷（5 943.68万元×2）=7.57倍。姑且认为花儿影视披露的业绩是真实的，那么这个倍数从表面来看并不算高。但笔者从另一个角度剖析一下，大家就会觉得这个估值可能有点儿离谱。

公司估值9亿元意味着什么？如果以当时股权平均资本成本12%计算，那么根据DCF估值的简化模型粗略估计9亿元的估值意味着该公司每年自由现金流入额或者说净利润应该至少达到1.08亿元（9亿元×12%）。这里DCF估值的简化模型即DCF=CF÷R（CF为永续现金流估计值，R为资本成本），也是DCF在实践中唯一可取的粗略估值方法。根据以上估计，花儿影视未来每年净利润至少应达到1.08亿元才能给予其9亿元的估值。

决定花儿影视净利润或现金流的只有其影视作品。收购前花儿影视已完成拍摄的影视作品主要有《甄嬛传》《金婚》《金婚风雨情》等。收购后花儿影视出品的影视作品主要有《芈月传》《红高粱》《急诊科医生》等。其中最叫座的是其金牌导演郑晓龙导演的《甄嬛传》和《芈月传》。估计只有这两部电视剧年创利额在亿元以上。其中《芈月传》在热映期间估计为花儿影视贡献净利润额在2亿元左右，但热播过后年利润贡献估计不足千万元。

如表11-1所示，花儿影视在被收购时作出了业绩承诺：2013年、2014年、2015年和2016年净利润（以归属于母公司股东的扣除非经常性损益前后的净利润孰低值为计算依据）分别不低于6 300万元、8 100万元、10 320万元和10 920万元。这个业绩承诺一方面可以增强投资者的信心，另一方面可以绑定以金牌导演郑晓龙为主的花儿影视原核心团队，因为在花儿影视业绩承诺期内超额完成的利润部分的50%将奖励给核心团队成员（奖励上限为3 000万元）。花儿影视在业绩承诺期内总计实现净利润5.3亿元左右。如果接下来各年仍维持这个盈利水平，那么花儿影视还真就值9亿元，甚至会有更高的估值。但业绩承诺期一过，2017 年及之后各年花儿影视的业绩大幅下滑，2017—2022 年净利润合计额大概率为负值，其中 2021 年因计提 1.8 亿元的存货跌价准备而巨亏1.5 亿元。这是虚增存货和利润所致的。

表 11-1 2013—2022 年花儿影视盈利情况

项目	2013 年	2014 年	2015 年	2016 年	2017 年	2018 年	2019 年	2020 年	2021 年	2022 年
承诺利润	6 300 万元	8 100 万元	10 320 万元	10 920 万元	—	—	—	—	—	—
实际净利润	截至 9 月 30 日完成约 7 624 万元	1.05 亿元	2.4 亿元	1.2 亿元	5 839 万元	营业收入 1.25 亿元（大概率亏损）	营业收入 721 万元（大概率亏损）	利润约 2 000 万元	亏损约 1.5 亿元	利润约 5 400 万元

数据来源：乐视网相应年度年报或公告。

即使忽略时间成本，花儿影视在业绩承诺期内合计盈利的 5.3 亿元也无法覆盖 9 亿元的投资成本。如果我们以 12% 的资本成本对业绩承诺期各年盈利进行折现合计，那么花儿影视折现值仅为 4.47 亿元，接近 9 亿元的一半。如果把后续亏损年度也算上，那么花儿影视连 4.47 亿元的估值都远远达不到。

关键问题是我们如何在收购时就能判断出花儿影视估值的水分。花儿影视这类影视制作公司估值的关键因素在于其影视作品的盈利。根据花儿影视被收购前已有的影视作品，只有郑晓龙导演的《甄嬛传》在热映期间可以勉强达到这个年盈利 1.08 亿元的水准。但是，不是郑晓龙导演的所有影视作品都有此佳绩，况且郑晓龙导演与花儿影视的合作年限也是有限的。综合以上因素判断，花儿影视距离 9 亿元的估值相去甚远。

（三）收购背后的用意

1. 零成本低位建仓

当时媒体就对此次收购提出了一些质疑和担忧，见表 11-2。

表 11-2 收购前媒体提出的质疑

序 号	主要内容
1	花儿影视的交易价格过高，持续盈利能力能否保证
2	花儿影视的经营发展是否过度依赖郑晓龙

序　号	主要内容
3	乐视网以发行股份方式购买乐视新媒体是为了实现大股东控制权保持不变的目的：贾跃亭和红土创投在乐视网重组停牌期间通过成立乐视新媒体，以低于停牌前的股价取得乐视网增发的股份，其对于其他的投资者是不公平的
4	乐视新媒体于 2013 年 9 月成立，目前尚无经营活动，乐视网收购乐视新媒体缺乏必要性
5	乐视网股票停牌后由乐视控股、红土创投和乐视网对乐视新媒体进行增资，涉嫌内幕交易嫌疑

数据来源：华泰联合证券关于此次收购的补充独立财务顾问报告（一）。

笔者认为当时媒体提出的质疑和担忧都是有道理的。笔者将此次收购定义为一次庄家建底仓行为。

此次收购是以现金＋换股的方式完成的。乐视网向花儿影视股东曹勇、白郁支付 2.7 亿元现金，剩余 6.3 亿元收购款以向其发行新股的方式支付。与此同时，乐视网向乐视新媒体股东乐视控股及红土创投发行新股以支付收购对价 2.985 亿元。注意，以上四名收购对手方均为战略投资者，乐视网向他们发行新股的价格为 29.57 元／股。这个定价较当时二级市场约 37 元／股的市场价格低很多。

在乐视新媒体被收购前，乐视控股持有其 53.5% 的股权。乐视网收购乐视新媒体构成关联交易。虽然乐视控股及红土创投因换股而取得的乐视网股份锁定期为换股后 36 个月，但是贾跃亭原来持有的乐视网股份是不会有限售期要求的，因此贾跃亭控制的乐视控股其实是以市场价八折的价格在底部建仓了。

乐视新媒体在被收购时其实是一家注册不久没有开展业务的壳公司，只有实收资本 3 亿元。而且这 3 亿元的实收资本也是突击增资的，目的是能评估到 3 亿元的估值。如果实收资本被抽逃了，那么乐视控股相当于一分钱没花就取得了乐视网的低价股份。按照贾跃亭的行事风格并不是没有这个可能。中联资产在对乐视新媒体的资产评估报告中貌似暗示标的净资产仅为 100 万元（见图 11-3）。

不但换股收购乐视新媒体是零成本取得低价股，而且乐视网向花儿影视股东曹勇、白郁支付的 2.7 亿元现金收购款也来自定增的配套融资。本次定增引入了两名财务投资者，合计配套融资近 3 亿元，见表 11-3。

表 11-3 2014 年 5 月乐视网配套融资定向增发投资者信息

序　号	获配投资者名称	获配价格（元 / 股）	获配股数（股）	认购金额（元）
1	北京鑫富恒通科技有限公司	41.10	7 055 961	289 999 997
2	上海大正投资有限公司	41.10	243 309	10 000 000
合计			7 299 270	299 999 997

数据来源：2014 年 5 月华泰联合证券出具的《乐视网发行股份及支付现金购买资产并募集配套资金之非公开发行股票新增股份变动报告及上市公告书》。

注意，财务投资者获配价格略高于当时的市场价格。

2. 做并表业绩

同一次定增，乐视网对财务投资者和战略投资者的发行价格为何有如此大的差异？因为乐视网的此次定增也是一次产业链延伸，暂不分析财务造假，收购战略投资者所持有的花儿影视及乐视新媒体股份，乐视网将因此获得并表利润和产业协同效益。作为奖励，战略投资者的投资成本自然较低。

要知道，乐视网 2014 年和 2015 年的净利润分别为 1.29 亿元和 2.17 亿元，其中花儿影视两年贡献的并表利润分别为 1.04 亿元和 2.40 亿元。也就是说，从直观上讲，如果不合并花儿影视的业绩，乐视网 2014 年和 2015 年的净利润仅分别为 2 500 万元和 −2 300 万元。可以说花儿影视的业绩对当时乐视网的市值起到了决定作用。按照当时乐视网二级市场约 100 倍的静态市盈率估算，理论上到 2014 年末乐视网的市值将因并表花儿影视净利润而新增 104 亿元，到 2015 年末再新增 240 亿元。再加上业绩预期和二级市场投资情绪因素的影响，市值通常会被放大得更多。这就是乐视网收购花儿影视的并表溢价对市值的激发作用。

但是乐视网同时收购乐视新媒体这家壳公司却令人费解，笔者看不到任何协同效应。乐视新媒体的主营业务与乐视网的主营业务是重合的，也没有产业资源可以引入，更没有什么利润可以并表，只是乐视控股为能低价建仓包装的一层收购外衣。

乐视网在 2014 年年报中披露："收购日（2014 年 4 月）至 2014 年末，花儿影视实现净利润 104 632 609.18 元。"这个并表净利润超过花儿影视 2014 年承诺净利润 8 100 万元。乐视网的股价应声而涨，在一年的时间里，乐视网的市值增加了约 1 300 亿元。

笔者推测，乐视网收购的花儿影视之所以将承诺净利润额定得较低，一方面是出于保守原因，另一方面是出于人为制造超预期以刺激二级市场股价的原因。

3. 套现

乐视网的市值于 2015 年 5 月 13 日达到 1 660.38 亿元的峰值（见图 11-1），定增财务投资者很有可能于次日，即限售股解禁首日全部清仓，将乐视网的股价打至跌停。粗略计算一下，鑫富恒通和上海大正当时合计持股数量约为 1 600 万股，按抛售成交价 76 元 / 股估计，抛售市值约为 12 亿元。而当天的成交额有95.64 亿元，说明除了 2 名定增投资者，还有大量其他投资者抛售乐视网股票，其中可能不乏全国社保基金这样的大机构股东。根据相应年度年报，全国社保基金四一七组合于 2014 年全年都在增持乐视网，并且位列前十大股东，但连同定增财务投资者在乐视网 2015 年半年报的股东列表中都已经消失了。

值得一提的是，贾跃亭也是此次抛售大军的重要一员。根据乐视网 2015 年半年报股东列表，贾跃亭期末持股数较期初持股经 10 转 12 换算数减少了3 524.03 万股。贾跃亭是并购故事的导演，想必减持时点应该处于股价高位，但出于避嫌目的，不可能在峰值处减持。假设其减持平均股价为 70 元 / 股，贾跃亭在此次抛售中套现约 24.67 亿元。而作为并购故事的参与人员，一年前参与定增包括乐视控股在内的战略投资者因限售 36 个月并未减持，其中曹勇反而增持1 670.213 8 万股，不然不足以表达其对并购后续业绩贡献的信心。

乐视控股因限售期不能减持并不影响贾跃亭减持，因此，笔者认为此次收购后市值的拉升及高位套现大概率就是贾跃亭精心策划的。被贾跃亭诓进局的战略投资者——红土创投在接下来的 24 个月里只能眼睁睁地看着乐视网的市值下跌，其心情可想而知。

2015 年 5 月 14 日的跌停已经说明以鑫富恒通和上海大正为代表的大量投资者对乐视网收购花儿影视并不看好。

从 2017 年起，花儿影视开始撕掉业绩伪装，存货额大幅增加。该存货主要为花儿影视拍摄的影视作品。期间乐视网还向其支付了巨额的拍摄制作费和服务费。

2019 年和 2020 年乐视网对花儿影视的商誉分别计提了 1.52 亿元和

4.17 亿元的减值，到 2021 年底花儿影视的商誉资产减值为 0。同在 2021 年，花儿影视对其存货计提了 1.8 亿元的跌价准备。这说明花儿影视之前拍摄的影视作品大多是为了虚增资产或根本不值钱。

二　乐视网的手机和电视业务是一个不当获取钱的无底洞

（一）投资款被包装成成本费用套走

乐视网的手机和电视业务是通过乐视网子公司乐视致新电子科技（天津）有限公司（以下简称"乐视致新"）开展的。而乐视致新年年都是巨额亏损，见表 11-4。

表 11-4　乐视致新各年亏损情况　　　　　　（单位：亿元）

项　　目	2014 年	2015 年	2016 年	2017 年	2018 年	2019 年	2020 年
亏损额	−3.86	−7.31	−6.36	−57.64	−23.45	−21.56	−1.14

数据来源：乐视网相应年度年报。

笔者推测乐视致新的主要功能有二：一是通过不明去向的成本费用不当获取钱；二是掩饰财务造假痕迹。关于第二点，笔者将在财务造假推断部分详细介绍。

乐视网手机和电视业务采用的商业模式是薄利多销，甚至是厚亏多销。对此，乐视网官方的说法是：为打造"平台＋内容＋终端＋应用"的"乐视生态"，在智能终端"超级电视"推出市场初期，通过战略性亏损的销售策略，快速获取用户，增加市场占有率，而未来盈利增长点主要包括年费、LetvStore、广告及其他增值业务，当前阶段并不依赖智能终端产品的销售产生利润。在这种商业模式下，乐视手机和电视都是卖一台亏一台。这明显是违反商业常识的。

就在乐视致新连年亏损的情况下，乐视网毅然在手机和电视业务上进行了重大战略投资，分别于 2016 年前后入股了酷派手机和 TCL 多媒体。投资前每年还只是数亿元的亏损，投资后连续三年亏损额在 20 亿元以上，其中仅 2017 年亏损额就高达 57.64 亿元。笔者怀疑投资款被以成本费用的方式圈走了，这中间估计就有深圳乐视鑫根并购基金的投资款。

（二）血本无归的深圳乐视鑫根并购基金

2015 年 11 月，深圳市乐视鑫根并购基金投资管理企业（有限合伙）（以下简称"深圳乐视鑫根并购基金"）成立。本基金为乐视网发起设立总规模为 100 亿元并购基金的一期基金，普通合伙人及执行事务合伙人由乐视网控制的深圳市乐视鑫根并购基金管理有限公司担任。鑫根投资（全称为"北京鑫根投资管理有限公司"）在其中占股 45%，乐视流媒体（全称为"北京乐视流媒体广告有限公司"）在其中占股 55%。基金预计规模达到 48 亿元，其中劣后级份额约为 10 亿元，次级份额约为 6 亿元，优先级份额约为 32 亿元。乐视网全资子公司乐视流媒体认购全部劣后级份额。深圳市引导基金投资有限公司认购全部次级份额。鑫根投资主要落实优先级份额，并最终锁定了诺亚财富。表 11-5 所示为深圳乐视鑫根并购基金各份额有限合伙人出资情况。

表 11-5　深圳乐视鑫根并购基金各份额有限合伙人出资情况 （单位：亿元）

有限合伙人名单	2016 年半年	2016 年	2017 年半年	2017 年	2018 年半年	2018 年	2019 年	2020 年	2022 年三季度
芜湖歌斐资产管理有限公司（优先级）	23.26	27.49	27.49	27.49	27.49	24.49	24.49	24.49	24.49
深圳市引导基金投资有限公司（次级）	6.00	6.00	6.00	6.00	6.00	6.00	6.00	6.00	6.00
劣后级	0	0	0	0	0	0	0	0	0
合计	29.26	33.49	33.49	33.49	33.49	30.49	30.49	30.49	30.49

数据来源：乐视网相应报告期报告。

诺亚财富旗下芜湖歌斐资产管理有限公司前期认购了优先级份额 23.26 亿元，又于 2016 年底前追加到 27.49 亿元。

深圳乐视鑫根并购基金先后投资了 TCL 多媒体科技控股有限公司、酷派集团有限公司等项目，合计投资金额为 34.25 亿元。投资后所有被投项目均出现了账面亏损、项目停摆等问题，其中基金所持有的 TCL 多媒体市值大幅下跌，所持有的酷派集团股份也于 2018 年 1 月亏损转让了，基金亏损严重。

2018 年 9 月，深圳乐视鑫根并购基金仅向芜湖歌斐资产管理有限公司偿还了 3 亿元本金，其他本金至今仍未偿还。

（三）数十亿元学费收获的教训

1. 看项目质地

如果笔者是深圳乐视鑫根并购基金的投资者，则会首先向该基金管理人详细了解基金拟投资标的的基本面情况。在了解到乐视致新这种厚亏多销的商业模式时，笔者大概率是不会认可该基金在手机及电视产业上的任何投资的。

表 11-6 所示为截至目前深圳乐视鑫根并购基金的投资标的信息。

表 11-6　截至目前深圳乐视鑫根并购基金的投资标的信息

序　号	被投资企业	被投资企业法定代表人 / 负责人	成立日期	投资占比
1	乐视创景科技（北京）有限公司	刘文选	2015-12-09	12.499 989%
2	深圳市汇鑫网桥科技服务有限公司	曾力	2014-08-26	10%
3	深圳超多维科技有限公司	戈张	2014-07-07	15%

数据来源：爱企查。

在截至目前深圳乐视鑫根并购基金仍持有股权的三家被投资企业中，乐视创景科技（北京）有限公司为乐视 VR 的运营主体，目前已成为失信被执行人；深圳市汇鑫网桥科技服务有限公司应该为曾强控制的关联公司，其表面主营业务为云计算相关业务，但大概率为曾强从深圳乐视鑫根并购基金套取投资款的特殊目的公司。

2. 分析基金管理人历史业绩及行事风格

深圳乐视鑫根并购基金由乐视网和鑫根投资两方共同管理。乐视网与鑫根投资的所有合作都是为了利用鑫根投资的融资能力。贾跃亭签署的所有对赌协议所涉及的融资几乎都借助了曾强的融资能力。就在成立深圳乐视鑫根并购基金前的两个月，曾强牵头促成了乐视网与重庆市政府的合作，成立了基金规模约为 32 亿元的重庆战略性新兴产业股权投资基金合伙企业（有限合伙），用于受让贾跃亭转让的 1 亿股乐视网老股。在接下来的几个月里，曾强又促成了重庆市政府发起的引导基金向当年亏损 1 亿元的乐视云公司增资 10 亿元。后来，这 10 亿元投资变成了烂账。

在鑫根投资可考的投资案例中，只有其作为基金普通合伙人于 2010 年进行的一次 PRE-IPO 项目投资。该标的被投资 7 年后成功上市，但基本面原因导致其上市伊始即被主力资金炒高后抛售，之后就再也没有大资金关注，股价长期于低位横盘。鑫根投资管理的基金坚持持有，直到 2021 年退出，持股 11 年，该笔投资的综合年化收益率估计不足 5%。

根据鑫根投资的以上信息可以判断，其擅长做的事情是融资，而不是投资。这样看来，其参与深圳乐视鑫根并购基金的管理投出上述项目也就不足为奇了。

3. 要对对赌和劣后担保等条款保持高度警惕

深圳乐视鑫根并购基金对基金清算时本金及收益分配的安排为：首先偿还优先级有限合伙人本金，之后向其分配约定收益；基金财产如有剩余，其次偿还次级有限合伙人本金，之后向其分配约定收益；基金财产如有剩余，最后偿还劣后级有限合伙人本金，之后向其分配约定收益。以上三步分配完成后，基金财产如果仍有剩余，则将作为基金超额收益部分，主要分配给本基金管理人，小部分将按持股比例分配给有限合伙人。

这种本金及收益分配方式是私募股权投资基金常用的结构化设计，可以对基金起到增信作用。它满足了不同风险和收益偏好投资者的需求。由于优先级投资者有本金和一定收益的优先偿付权，劣后级投资者对其本金和收益起到一定的保障作用，因而风险相对较小，但约定的收益也较小。私募股权投资基金这样的结构化设计具有杠杆作用，劣后级投资者可用较少的资金撬动更多的资金。但杠杆比例越高，对优先级投资者的安全垫作用越小，风险越高。

按照深圳乐视鑫根并购基金的设计，优先级份额：劣后级份额 =38：10，杠杆比例本身就比较高，增信作用不算强。而且劣后级投资者乐视流媒体并未完成劣后级份额 10 亿元的实缴（见表 11-7）。

表 11-7　截至目前深圳乐视鑫根并购基金的出资情况

序　号	发起人 / 股东	认缴出资额	实际出资额
1	芜湖歌斐资产管理有限公司	320 000 万元	274 894.1 万元
2	深圳市引导基金投资有限公司	60 000 万元	60 000 万元
3	深圳市乐视鑫根并购基金管理有限公司	480 万元	480 万元
4	乐视乐嗨文化传媒（北京）有限公司	—	—

数据来源：爱企查。

如图 11-4 所示，在乐视流媒体股权投资的四家企业中没有深圳乐视鑫根并购基金，所以在深圳乐视鑫根并购基金中并不存在实际的劣后方，对优先级和次优先级有限合伙人根本起不到安全垫作用。

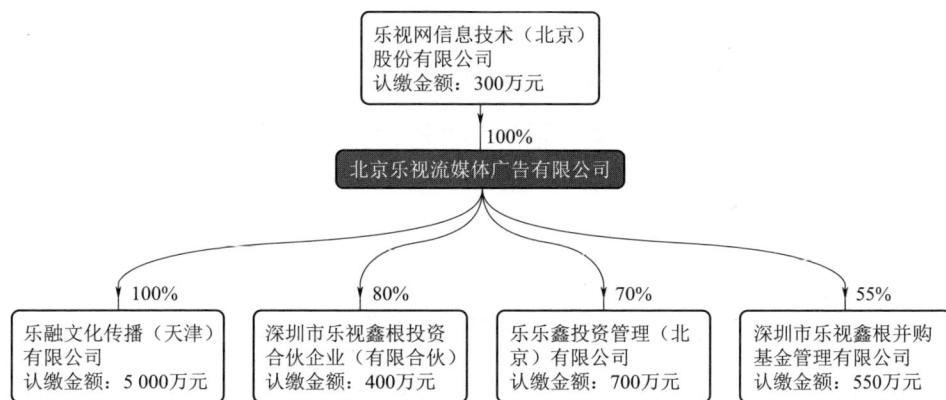

图 11-4　乐视流媒体广告有限公司股权结构图

在深圳乐视鑫根并购基金的设计中，还有一个增信点，即回购担保。乐视网于 2016 年 3 月 28 日发布公告称，贾跃亭拟在风险可控的前提下为深圳乐视鑫根并购基金一期募集资金本金及预期收益提供回购连带担保，担保期限最长不超过 5 年。2016 年 4 月 12 日，乐视网披露了相关担保议案：为了保证深圳乐视鑫根并购基金顺利募集资金及后续业务开展，乐视网、乐视控股、贾跃亭先生联合为深圳乐视鑫根并购基金一期募集资金本金及预期收益提供回购连带担保，预计承担担保责任 50 亿元左右，其中包含对中间级和优先级 15% 的收益承诺。

乐视网在对酷派手机和 TCL 多媒体的收购中都使用了深圳乐视鑫根并购基金的资金，合计金额为 27.95 亿元。乐视网在这两笔投资中均附加了类似的条款：乐视网、乐视控股、贾跃亭在投资完成三年后将对有限合伙人出资份额按本金加每年 15% 的单利利息予以回购。

但是，这种回购协议如同一纸空文，根本不具备履约能力。当时贾跃亭签署的并且控制乐视网作为连带责任人的对赌协议涉及的金额已经在百亿元上下了，再加上贾跃亭股票质押融资的金额，贾跃亭连带乐视网的负债金额估计高达数百亿元，以乐视网当时仅约 2 亿元的净利润根本不具备偿债能力。

三　最后的诱多

乐视网市值泡沫破灭的过程也是相关对赌协议不能兑现的过程。2016 年以后乐视网涉及的对赌协议纷纷迎来了业绩承诺期，但自 2016 年以来乐视网再也没有盈利过，乐视网及乐视系相关公司的业绩大多远低于业绩承诺标准，从而纷纷触发了业绩补偿或回购条款，要求贾跃亭、乐视网或关联方回购的诉讼纷至沓来。乐视网市值在 2016 年上半年最后一轮"诱多"后迎来了最后的"出货"行情。

（一）收购乐视影业的"诱多故事"吸引了定增投资者

2015 年 12 月 5 日，乐视网启动乐视影业资产注入项目，乐视网"诱多故事"开启了。2016 年 5 月 6 日，乐视网披露此次重大资产重组拟以现金和向乐视影业原股东换股相结合的方式收购乐视影业 100% 的股权，收购估值达 98 亿元。其中拟向乐视影业原 43 名股东合计增发 1.65 亿股乐视网股份，对价约为 68.21 亿元，折合乐视网股票价格为 41.37 元 / 股（最近停牌时 58.8 元 / 股收盘价的约七折）。换股对象多为业内人士，他们可以为此次收购带来较多的产业协同资源，因而享受较大的股票价格折扣无可厚非。

这个"诱多故事"最大的亮点在于并购乐视影业后为乐视网新增的市值。按照当时乐视网 1 000 亿元的市值和 2 亿多元的净利润计算，市盈率在 400 多倍。

那么，按照乐视影业未来年度扣非净利润7亿~10亿元的业绩承诺计算，并表后乐视影业将为乐视网贡献3 000亿~5 000亿元的市值，也即新增市值3~5倍，对应乐视网股价增长3~5倍。这使得众多明星突击入股乐视影业。

乐视影业剩余的约29.79亿元收购对价是通过定向增发配套融资解决的（见表11-8）。所募集资金除部分用于收购乐视影业现金对价外，剩余资金用于乐视影业主业及补充流动资金。

表11-8　2016年7月乐视网以45.01元/股定向增发对象、获配金额及获配股数等信息

序　　号	投资者全称	获配金额（元）	获配股数（股）	限售期（月）
1	财通基金管理有限公司	1 759 999 969.21	39 102 421	12
2	章建平	1 120 000 078.61	24 883 361	12
3	嘉实基金管理有限公司	959 999 970.93	21 328 593	12
4	中邮创业基金管理股份有限公司	959 999 970.93	21 328 593	12
	总计	4 799 999 989.68	106 642 968	—

数据来源：2016年7月27日乐视网公告的股票发行情况报告书。

（二）看似美妙的对赌安排

乐视网收购乐视影业也附带对赌协议。对赌义务方对乐视影业2016—2018年业绩作出了承诺，并承担业绩补偿责任。补偿义务人乐视控股、张昭、吉晓庆、乐普影天、乐正荣通承诺：标的公司于2016年度、2017年度、2018年度净利润（涉及业绩承诺的"净利润"均指归属于母公司股东的扣除非经常性损益后的净利润）分别不低于5.2亿元、7.3亿元、10.4亿元。如果乐视影业未达到业绩承诺标准，那么补偿义务人将对投资者进行业绩补偿，同时约定了超额完成业绩的奖励机制。这种多退少补机制其实是一种估值调整机制，它使得乐视网收购乐视影业后的估值基本按业绩承诺计算出来的市盈率保持不变。

如果乐视影业如期实现业绩承诺，即2016年度、2017年度、2018年度归母扣非净利润分别达到5.2亿元、7.3亿元、10.4亿元，那么各年对应市盈率为18.8倍、13.4倍、9.4倍。如果考虑利润成长因素，乐视影业2016—2018年年均利润增长额为2.6亿元，那么PEG估值为0.38倍（98亿元÷2.6亿元÷100），

远小于 1。按照彼得·林奇 PEG 估值不高于 1 倍的标准,投资乐视影业的安全边际很高。按照这个估值水平,乐视网市值将因此增加 3~5 倍。从表面上看,这个结果是十分美妙的。

(三)"诱多故事"并不美妙

但是,我们仔细研究乐视影业以往年度盈利数据(见表 11-9),就会发现以上基于乐视影业未来业绩承诺计算出来的市盈率很可能偏低。

表 11-9　2014 年和 2015 年乐视影业盈利情况　　（单位:万元）

项　　目	2015 年	2014 年
营业收入	114 499.14	76 474.24
营业利润	−8 264.38	−87 991.37
利润总额	−7 462.1	−87 807.94
归属于母公司股东的净利润	−10 203.41	−89 063.65
扣除非经常性损益后的归属于母公司股东的净利润	13 616.51	6 444.84

数据来源:《乐视网发行股份及支付现金购买资产并募集配套资金暨关联交易预案》。

从表 11-9 中可以看到,乐视影业于 2014 年和 2015 年以支付股份的方式向导演、制片人支付了相关报酬,各年相应确认管理费用 9.55 亿元和 2.38 亿元,各年归属于母公司股东的净利润分别为 −8.91 亿元和 −1.02 亿元。而这笔以股份支付的管理费用被确认为非经常性损益,因此,扣非后的归母净利润分别为 0.64 亿元和 1.36 亿元。而业绩承诺和估值就是基于该扣非归母净利润做出的。

在一般情况下,扣非归母净利润更具有参考价值。但就乐视影业而言,笔者认为乐视影业两年向导演及制片人支付的对价为 9.55 亿元和 2.38 亿元的股份应当属于与其主营业务密切相关的管理费用,而不应或者说大部分不应归为非经常性损益。这样一来,乐视影业 2014 年和 2015 年真实的扣非归母净利润应该是 −8.91 亿元和 −1.02 亿元,不太可能估到 98 亿元。定增投资者如果考虑到这一点,就不会认为乐视网收购乐视影业是重大利好了。

乐视网自 2016 年 7 月实施定增后就一直没有按预案计划对乐视影业实施

收购，以上业绩承诺更像吸引定增投资者的"诱多"工具。其间乐视网利空消息不断传出，加上乐视网于 2016 年首次披露亏损，乐视网股价大幅下跌，此后就开启了单边下跌态势，直到 2020 年 7 月 20 日从 A 股摘牌时，收盘价仅剩0.18 元 / 股。

第二节　乐视案财务造假推断

一　寻找乐视网财务造假的异常迹象

有时识别财务造假是从感受财务报告形式的严谨程度开始的。例如，在乐视网 2014 年年报中，竟然将合并资产负债表的报告期写成了审计报告签署日期，如图 11-5 所示。乐视网在如此重要的信息披露文件中出现这样低级的错误，从一个侧面反映了其披露的年报数据质量可能并不高。

乐视网信息技术（北京）股份有限公司 2014 年年度报告全文

1. 合并资产负债表

编制单位：乐视网信息技术（北京）股份有限公司

2015 年 03 月 27 日

单位：元

项目	期末余额	期初余额
流动资产：		
货币资金	499 850 156.29	608 218 105.29
结算备付金		
拆出资金		
以公允价值计量且其变动计入当期损益的金融资产		
衍生金融资产		
应收票据	11 337 263.64	54 363 352.84
应收账款	1 892 606 343.05	950 248 021.06
预付款项	298 718 272.52	46 613 337.42

图 11-5　乐视网 2014 年年报中合并资产负债表标注的报告期日期有误

但是，我们通过一般的财务造假识别方法很难一键推断乐视网财务数据存在问题。虚增利润表现在财务数据上的典型痕迹就是在资产异常增长的同时净利润现金含量低。

如图 11-6 所示，从乐视网上市前三年到问题暴露资金链断裂前的 2015 年，其净利润现金含量还算正常。历年累积净利润与经营活动产生的现金流量净额之比在 1 上下波动，除 2007 年和 2008 年净利润现金含量比较低外，其他年度均正常，甚至比较高。从这一点来看，乐视网在虚增利润时对经营活动产生的现金流也进行了粉饰，以至于在这方面并未暴露出造假痕迹。80% 的投资者面对这样的财务数据都会误认为是真实的，剩下的 20% 比较审慎的投资者会进一步审查乐视网的毛利率及存货是否存在异常。

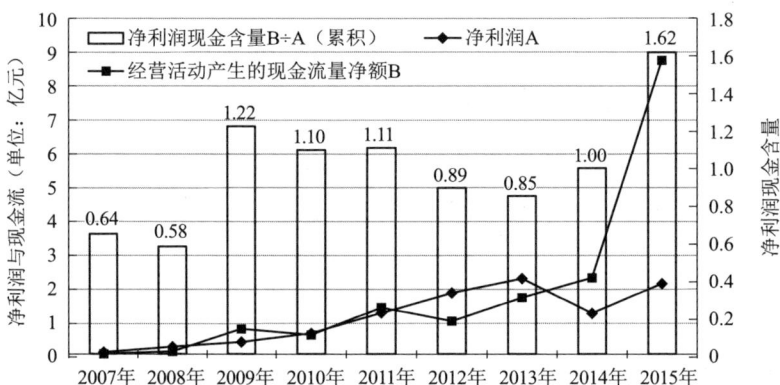

数据来源：乐视网招股说明书及相应年度年报。

图 11-6　2007—2015 年乐视网净利润与经营活动产生的现金流量净额的对比关系

如图 11-7 所示，乐视网虽然在上市前的 2008 年和上市当年的 2010 年表现出了相对于上市前那一段时期财务数据而言的存货与毛利率双高的情况，但整体上乐视网在 2018 年以前毛利率与存货周转率是同方向变动的，也即乐视网上市后存货周转率虽然呈现下降趋势，但毛利率也是呈现下降趋势的，没有出现存货与毛利率双高的异常情况。这样一来，大部分保持审慎态度的投资者也开始相信乐视网财务数据不存在异常了。

只有约 1% 的投资者会继续保持审慎态度。因为当他们发现乐视网历年投资活动现金流出与收回的现金及现金等价物远不成比例时，他们嗅到了一丝财务造假的气息。这 1% 始终保持审慎态度的投资者也许是理性的个人投资者，也许是恪守信义义务的基金管理人。

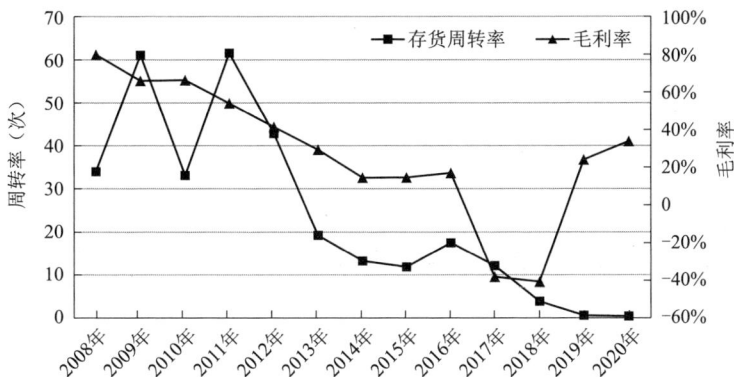

数据来源：乐视网招股说明书及相应年度年报。

图 11-7　2008—2020 年乐视网存货周转率及毛利率

如图 11-8 所示，乐视网自 2010 年上市以来，其投资活动现金流出额与收回的现金及现金等价物的差额越来越大，到 2015 年这个差额约为 50 亿元。也即乐视网到 2015 年累计投资的金额为 76.8 亿元，却只收回了 27.1 亿元，乐视网资金已经开始吃紧。在 2015 年之后，这个差额犹如决堤般放大。逐年增长的投资活动现金流出与逐年减少的现金流入净额形成了鲜明的反差。

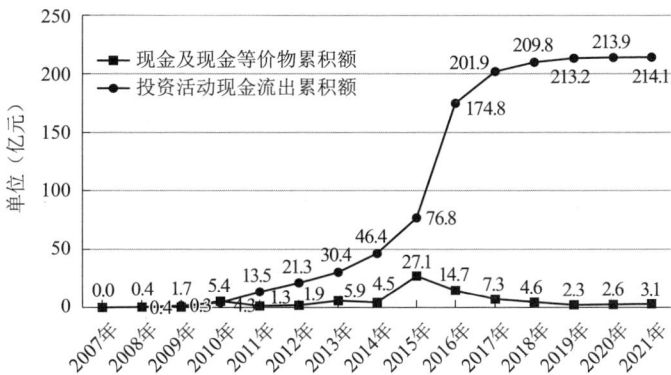

数据来源：乐视网招股说明书及相应年度年报。

图 11-8　2007—2021 年乐视网投资活动现金流出额与现金及现金等价物净增加额对比

乐视网投资活动现金流出额与收回的现金及现金等价物的差额越来越大，而且在资金吃紧的情况下仍然扩大投资规模，这种异常情况显然违反了正常的商业逻辑。正常的企业投资活动都是预期该投资将来收获更多的现金流入，一旦发现投资不能如期带来回报或投资回报为负值，应当及时止损。而乐视网不但不止损，反而一度加大投资力度。仅凭这一点就足以让审慎的投资者对乐视网的商业模式产生怀疑。乐视网这种烧钱的商业模式到底是能烧出个"特斯拉"，还是另有深意？

二 乐视网烧钱的商业模式与财务造假的关联

（一）所投资的无形资产多为潜亏资产

前文介绍过，乐视网是从 2015 年开始大幅扩张资产的。其扩张的主要资产之一为无形资产，主要为购置的影视版权，希望借此构建强大的"影视剧库"，吸引更多的注册用户。乐视网无形资产账面价值于 2017 年二季度末达到 86.28 亿元的峰值，如图 11-9 所示。

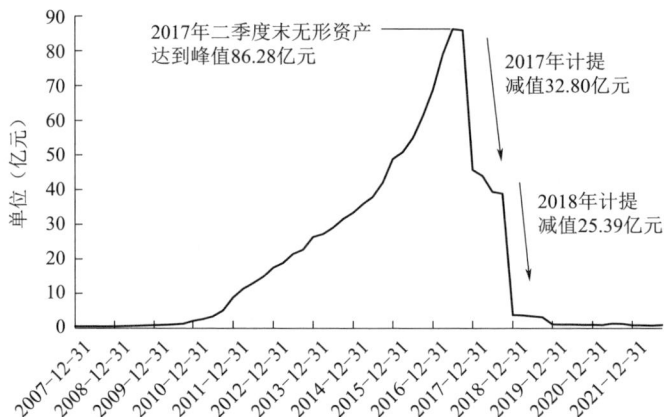

数据来源：新浪网。

图 11-9　2007 年四季度末到 2022 年三季度末乐视网无形资产账面价值

乐视网将影视版权作为无形资产处理。而对于影视公司而言，通常将影视版权作为存货处理。乐视网的主营业务为网络视频服务，其提供网络视频服务的内容基础为影视作品，可以通过让渡影视版权来获得版权转让收入，也可以不让渡影视版权而仅靠付费观看获得收入或获得相关广告收入。如果是前者，则影视版权更偏向为一种存货；如果是后者，则将影视版权作为无形资产处理比较恰当。因此，从这个意义上讲，影视版权对于乐视网而言有可能属于类存货资产。如果将这部分类存货资产并入存货，那么乐视网的真实存货周转率将更低，异常情况将更明显。从这个角度来讲，乐视网有可能通过刻意将影视版权记为无形资产的方式掩盖存货周转率异常下降的财务造假痕迹。实际上，根据中国证监会对乐视网财务造假的调查结果，乐视网还存在通过无形资产冲抵应收账款的情况，这实质上掩饰了应收账款周转率偏低的异常情况。

乐视网将影视版权视为无形资产的摊销政策为直线法，也即在影视版权授权期内（比如10年）将原始购入成本平均摊入各年营业成本，而非网络视频服务行业惯用的加速摊销法（因为影视作品的关注度和利润贡献随时间推移而降低，所以随着摊销年限的增加，年摊销额也相应减少，这是比较合理的）。乐视网对无形资产采用直线摊销法其实是利用会计准则将影视作品的利润贡献提前了，夸大了前期利润。

关于乐视网对无形资产的减值测试方面，在乐视网2015年年报中对影视版权的减值测试方法和测试依据有如下介绍。

测试方法：如果影视版权存在减值迹象，那么公司将通过估算整体版权库可收回金额对其进行减值测试。

测试依据：根据《企业会计准则第8号——资产减值》，企业难以对单项资产的可收回金额进行估计的，应当以该资产所属的资产组为基础确定资产组的可收回金额。

公司多种收入模式并不依赖于单独某一部影视作品，而是基于公司持续不断扩充的影视剧库产生的，实现了单片影视剧简单加总无法产生的聚合效应。因此，公司只适用于以影视剧库整体作为资产组进行减值测试，而非针对单部影视作品。

按照乐视网的减值测试方法，即使乐视网影视剧库中各单一影视作品过气了，不能带来更多的经济利益，也不会单独计提减值准备，而会视作仍具有聚合效应价值。在这样的减值测试政策下，乐视网至少在2015年和2016年都没有对影视版权资产计提过减值准备。根据常识我们可知，影视作品热度一过，观看人次和利润贡献会骤降，应该计提减值准备才合理。

以上这些乐视网不合理的无形资产相关会计政策及处理方法虽然仅为利用会计准则粉饰业绩的手法，并不直接属于财务造假范畴，但足以引起审慎投资者对乐视网业绩的怀疑。

由图 11-9 可知，乐视网无形资产规模在 2017 年年中达到峰值后泡沫开始破灭，分别于 2017 年和 2018 年各计提了 32.80 亿元和 25.39 亿元的减值损失。这些减值损失中的绝大多数为前期购置的影视版权减值损失，甚至根本就是虚增的资产。也就是说，前期购置的无形资产所流出的现金很有可能被圈出去了。当然，乐视网于 2017 年和 2018 年大幅计提无形资产减值对于财务造假推断来讲只是后话。我们依然要回到 2017 年以前资产泡沫破灭前的状态，继续对乐视网财务造假进行推断。

（二）吞噬现金的终端业务

如果说无形资产是乐视网投资活动现金流出所购置的典型潜亏资产，那么终端业务就是吞噬现金及现金等价物的典型成本项目。根据乐视网商业模式描述，公司构建了"平台＋内容＋终端＋应用"的全产业链业务体系。2013 年，乐视网终端业务开始独立于广告业务、会员及发行业务等主营业务，形成了单独的业务板块。

在乐视网 2013 年年报中有记载："2013 年 7 月，公司推出了超级电视，创造性运用 CP2C 的互联网众筹模式进行研发和营销，通过'平台＋内容＋终端＋应用'的垂直整合价值链，改变了人们对电视产品的认识。报告期内，三款机型分别在多个月份占据同尺寸机型的销量冠军。截至 2013 年 7 月，乐视TV 智能终端总销量超过 120 万台，其中超级电视超过 30 万台，乐视盒子超过90 万台。"

然而，自从乐视网终端业务形成独立的主营业务以来就从来没有盈利过，显然是一个烧钱的业务。如图 11-10 所示，乐视网终端业务利润曲线呈 V 字形，2016 年亏损额达到近 40 亿元的谷底值。但此时笔者并不想强调它的亏损额，而是想说明乐视网的终端业务对公司整体毛利率的掩饰作用。

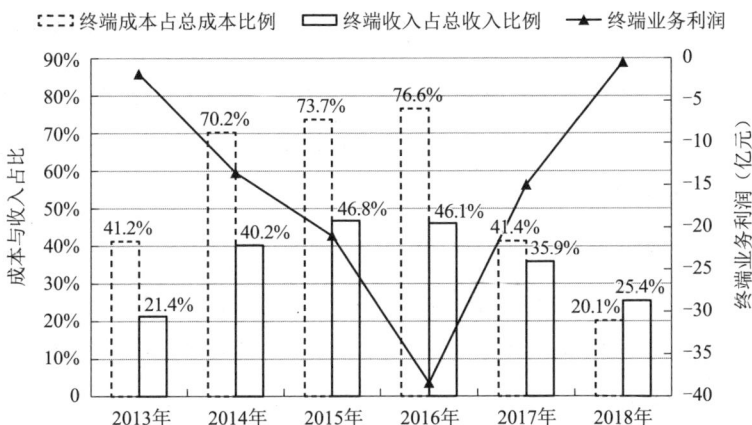

数据来源：乐视网相应年度年报。

图 11-10 乐视网终端业务收入与成本占比及利润情况

三 乐视案财务造假的掩饰性

从图 11-10 中可以清楚地看到，乐视网终端业务成本占比显著高于收入占比。尤其是在 2014—2016 年，终端业务成本占比一度高达 70% 以上，而该业务对应年度仅贡献了 40% 多的收入，这将大幅拉低公司期间整体毛利率水平。因此，图 11-7 所示的并不是真实情况，误导了我们，图 11-11 所示的情况才更加真实。

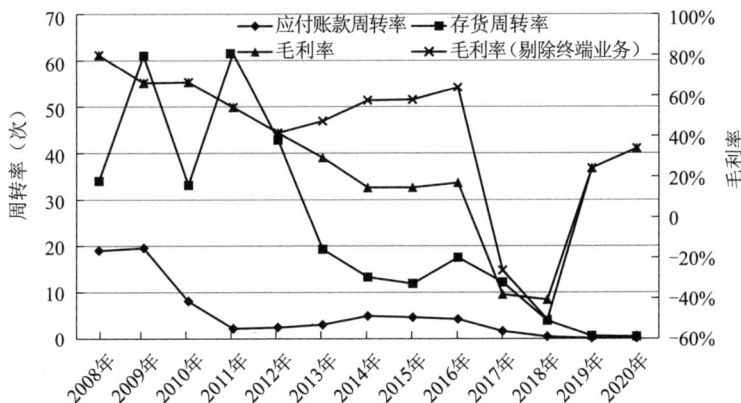

数据来源：乐视网招股说明书及相应年度年报。

图 11-11 2008—2020 年乐视网存货周转率、毛利率及应付账款周转率

注意，图 11-11 中有两个统计口径的毛利率，即公司整体毛利率和剔除终端业务的毛利率。由于乐视网终端业务还未独立出来，因此，2012 年及以前年度这两个毛利率是相同的，但从 2013 年开始到 2016 年，这两个毛利率出现了明显的分歧。从整体毛利率来看，2013—2016 年不存在存货与毛利率双高的情况；而从剔除终端业务后的毛利率来看，2013—2016 年却存在明显的存货与毛利率双高的情况。而当时行业竞争较为激烈，各网络视频服务提供商均在争夺优质内容和用户。在这样的市场环境下，乐视网的广告业务、会员及发行业务并不具备大幅提升毛利率的条件。因此，我们可以推断 2013—2016 年乐视网存货与毛利率双高是典型的因虚增利润而留下的财务异常痕迹。

虽然乐视网并没有披露细分业务的存货周转率及相关数据，我们目前仍无法判断非终端业务存货周转率与整体存货周转率一样都呈现下降趋势，因而无法判断非终端业务存在存货与毛利率双高异常，但是如前文分析，乐视网将逐年大幅递增的影视版权记为无形资产而非存货已经暴露出刻意隐瞒非终端业务存货的意图，如果将这部分隐形存货算进去，那么非终端业务存货周转率大概率也会下降。而且笔者特意在图 11-11 中加了一条"应付账款周转率"曲线，其用意就是在"存货与毛利率双高异常"证据的基础上进一步夯实财务造假的认定。笔者不止一次地讲过，应付账款周转率是判断现金流体外循环式虚增利润的利器。该指标值异常增加往往是由于财务造假者利用同一笔现金流高频反复进出企业并虚构销售收入的结果。一旦存货与毛利率双高异常同时伴随应付账款周转率异常增高，我们就可以大概率推断现金流体外循环式虚增利润的存在。

从图 11-11 中可以看到，2013—2016 年存货与毛利率双高恰好伴随应付账款周转率较前后年度有较明显的增加。根据双重叠加证据，我们能较确切地推断这期间乐视网业绩存在虚增的情况，并且很可能采用了现金流体外循环式虚增利润的手法。

同理，2008 年乐视网比照上市前财务指标正常水平也存在存货与毛利率双高异常伴随应付账款周转率偏高的情况，因此，我们据此同样可以推断 2008 年乐视网业绩很可能也存在利用现金流体外循环式虚增利润的手法而被虚

增的情况。

不过这里需要注意一点，由于乐视网上市后的市场地位大概率有明显的飞跃，因此其上市前后存货、毛利率及周转率等财务指标的可比性并不强。例如，乐视网在 2010 年上市当年应付账款周转率明显下降很可能是由于乐视网成为上市公司后市场地位提升所致，并不能证明当年没有现金流体外循环式虚增利润的情况。

事实上，即使 2010 年乐视网应付账款周转率同比大幅下降，但与上市后几年的数值相比仍旧较高。而且 2010 年乐视网存货周转率是大幅下降的，毛利率同比略微增加，基本符合存货、毛利率、应付账款周转率三高异常的判断规则。据此笔者推断，2010 年乐视网也存在现金流体外循环式虚增利润的情况。

回顾以上推断过程，我们会发现，乐视网虚增业绩的手法还是比较隐秘的。一些明显的诸如经营活动产生的现金流及毛利率等有可能出现的财务异常都被完美地掩饰了。在毛利率被掩饰这件事上，笔者认为贾跃亭有可能通过烧钱的终端业务掩饰了虚高的毛利率，从而掩饰了虚增利润的行为，而且终端业务所耗费的异常高额的资金量很有可能是被贾跃亭输出到乐视网体外的资金。输出的资金有可能部分用于现金流体外循环式虚增利润，部分直接被个人获取了。

四 乐视网粉饰业绩手法的量化推断

虽然根据以上诸如存货、毛利率、应付账款周转率三高异常这样的证据足以推断乐视网业绩存在虚增的情况，审慎的投资者甚至在看到乐视网巨额投资活动现金流出却只有不成比例的现金回报时就已经对投资乐视网投反对票了，但是更为严谨的投资者如果仍希望摸清乐视网完整的业绩造假手法，就需要进行如下更精准的财务量化推断。

如图 11-12 所示，2008—2020 年乐视网应收款项周转率和存货周转率整体上是下滑的。这样一来，乐视网就出现了存货、应收款项、应付账款周转率、毛利率四高异常。前三高表现出来的市场状况和地位的弱势与高毛利率的强势显然是不符的。

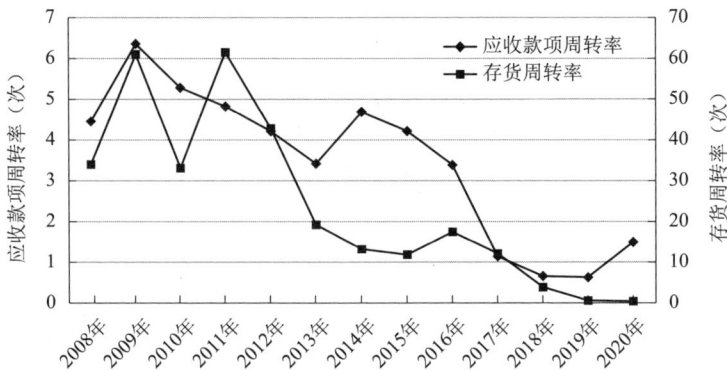

图 11-12　2008—2020 年乐视网应收款项周转率及存货周转率

根据前文推断可知，乐视网曾将应收款项和存货挤向无形资产，如果将挤到无形资产中的应收款项和存货复原，那么应收款项与存货双高异常将更加明显。不但如此，笔者怀疑乐视网在虚增收入时为了避免应收款项虚高，甚至连应收款项都没有虚增，而是凭空增加的。我们从应收款项与存货双高这条线索可以进一步延伸出两条推断轨迹：一条轨迹从应收款项延伸到营业收入；另一条轨迹从存货延伸到营业成本。

（一）通过应收款项与营业收入间的钩稽关系推断

应收款项与营业收入间有如下简化的钩稽关系：

营业收入 ≈ [销售商品、提供劳务收到的现金 + 应收账款 & 票据及合同资产（含计提的坏账准备）报告期增量 − 预收账款 & 收现合同负债报告期增量]÷（1+ 销项增值税税率）

我们通过以上钩稽关系得到表 11-10。

表 11-10　2007—2020 年乐视网应收款项与营业收入等会计科目钩稽关系表（金额单位：亿元）

钩稽关系 / 会计科目	2007 年	2008 年	2009 年	2010 年	2011 年	2012 年	2013 年	2014 年	2015 年	2016 年	2017 年	2018 年	2019 年	2020 年
①销售商品、提供劳务收到的现金	0.21	0.55	1.51	1.84	3.82	5.43	14.58	58.29	100.45	146.34	54.53	15.83	6.48	4.10
②预收账款	0.00	0.00	0.00	0.02	0.15	0.07	0.44	3.23	17.33	1.83	4.57	4.55	5.67	0.00

续表

钩稽关系 会计科目	2007年	2008年	2009年	2010年	2011年	2012年	2013年	2014年	2015年	2016年	2017年	2018年	2019年	2020年
③应收账款 &票据及合 同资产	0.08	0.25	0.20	0.70	1.78	3.76	10.05	19.04	42.69	86.92	36.16	11.08	4.33	1.94
④计提的应 收账款坏账 准备	0.00	0.01	0.01	0.02	0.06	0.13	0.37	0.86	1.99	4.82	61.08	46.00	44.95	36.06
⑤（1+加 权平均增值 税税率）	106.0%	106.0%	106.0%	106.0%	106.0%	106.0%	108.3%	110.4%	111.1%	111.1%	109.9%	108.8%	106.0%	106.0%
⑥推导出的 营业收入 （①+Δ③ +Δ④- Δ②）÷⑤	—	0.69	1.38	2.20	4.54	7.13	19.14	58.85	99.99	188.08	52.12	−22.35	−2.31	−1.43
⑦年报披露 的营业收入	0.37	0.74	1.46	2.38	5.99	11.67	23.61	68.19	130.17	219.51	70.25	15.58	4.86	4.68

数据来源：乐视网招股说明书及相应年度年报数据及推导。

根据乐视网年报披露，乐视网适用17%或6%的增值税税率。其中，增值税应税收入中库存商品、原材料销售收入适用税率为17%，视频平台广告发布收入、网络视频版权分销收入、影视发行收入、电信业务收入适用税率6%。表11-10中的加权平均增值税税率系以乐视网当年各收入占比和相应适用增值税税率加权平均计算得到。

从表11-10中可以看到，通过钩稽关系推导出的营业收入均小于年报披露的营业收入。这说明乐视网各年度披露的营业收入中或多或少缺少现金流入或应收款项、相关出库单据、相关客户确认单据等收入确认凭证，换句话说就是有部分收入是没有收入确认凭证的，是虚增的。由于这种虚增收入的手法不需要虚增应收款项，而是凭空虚增收入，因此，应收款项虚高异常在一定程度上被掩盖了，即使这种异常依然比较明显。但是，由于没有凭证的收入确认很难被掩饰，因此这种虚增收入的手法应该很容易被会计师发现，负责任的会计师及事务所不会出具无保留意见。

根据表 11-10 中的计算结果，我们将⑥和⑦两行数据制作成柱状图以便对比，如图 11-13 所示。

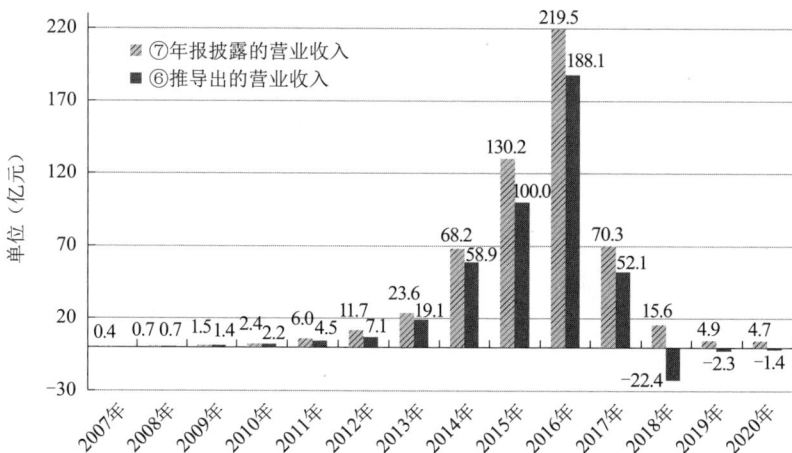

图 11-13　2007—2020 年乐视网年报披露及钩稽关系推导出的营业收入对比

从图 11-13 中可以看到，乐视网所有年度推导出的营业收入均小于年报披露的营业收入。其中 2015 年、2016 年及 2018 年的差距最大，均超过 30 亿元。也就是说，这些年度营业收入虚增额较大，而且有可能超过 30 亿元。

从图 11-13 中还可以看到一个少见的现象，即推导出的乐视网 2018—2020 年的营业收入为负值。虽然在正常情况下营业收入不会为负值，但收入为负值在会计上并不难解释，很可能是因为 2018—2020 年各年都出现了前期已经确认收入的销售被退回的情况，而且当年销售退回金额大于当年销售收入金额。由于乐视网前期已经确认收入的销售大概率为长期挂账的应收款项，因此，前期销售被退回在会计上主要表现为应收款项的注销。

（二）通过存货与营业成本间的钩稽关系推断

存货与营业成本间有如下简化的钩稽关系：

结转为营业成本的存货额估计值 =（购买商品、接受劳务支付的现金 + 应付款项增量 − 预付账款增量）÷（1+ 进项增值税税率）− 存货增量

我们通过以上钩稽关系得到表 11-11。表中的加权平均增值税税率系以终端业务成本进项增值税税率估计值 17% 与其他成本进项增值税税率估计值 6% 按成

本占比加权平均计算得到。

表 11-11　2007—2020 年乐视网存货与营业成本等会计科目钩稽关系表（金额单位：亿元）

钩稽关系会计科目	2007 年	2008 年	2009 年	2010 年	2011 年	2012 年	2013 年
①存货	0.004	0.004	0.01	0.04	0.05	0.27	1.47
②预付账款	0.01	0.11	0.09	0.54	3.01	2.47	2.71
③应付账款 & 票据	0.01	0.003	0.05	0.15	2.37	3.27	8.05
④购买商品、接受劳务支付的现金	0.02	0.02	0.19	0.22	0.72	2.47	8.41
⑤（1+ 加权平均增值税税率）	106.0%	106.0%	106.0%	106.0%	106.0%	106.0%	110.5%
⑥推导出的营业成本（④ + Δ ③ - Δ ②）÷ ⑤ - Δ ①	—	-0.09	0.23	-0.15	0.43	3.49	10.51
⑦年报披露的营业成本	0.12	0.15	0.50	0.80	2.75	6.84	16.69
钩稽关系会计科目	2014 年	2015 年	2016 年	2017 年	2018 年	2019 年	2020 年
①存货	7.34	11.39	9.45	6.53	4.79	7.04	6.99
②预付账款	2.99	5.18	6.19	5.74	5.24	4.79	0.00
③应付账款 & 票据	16.25	32.31	56.48	65.14	33.55	30.32	29.84
④购买商品、接受劳务支付的现金	48.14	75.63	127.22	68.84	20.10	4.93	1.91
⑤（1+ 加权平均增值税税率）	113.7%	114.1%	114.4%	110.6%	108.2%	106.0%	106.0%
⑥推导出的营业成本（④ + Δ ③ - Δ ②）÷ ⑤ - Δ ①	43.43	74.37	133.36	73.43	-8.42	-0.23	5.92
⑦年报披露的营业成本	58.28	111.12	182.29	97.07	21.93	3.69	3.10

数据来源：乐视网招股说明书及相应年度年报数据及推导。

从表 11-11 中可以看到，除 2020 年外，通过钩稽关系推导出的营业成本均小于年报披露的营业成本。这说明乐视网各年度披露的营业成本中或多或少缺少购买商品、接受劳务支付的现金、应付款项及相应的出库单据、相关客户确认单据等收入确认凭证，抑或虚增了存货，换句话说就是有部分成本可能是没有成本确认凭证的，是虚增的，或者同时虚增了存货。笔者推断以上情况都存在。乐视网凭空虚增营业收入必然会同时对应虚增营业成本，否则太假。但是，与凭空虚增收入的情况一样，由于没有凭证的成本确认很容易被会计师发现，因此，负责任的会计师及事务所不会出具无保留意见。

根据表 11-11 中的计算结果，我们将⑥和⑦两行数据制作成柱状图以便对比，如图 11-14 所示。

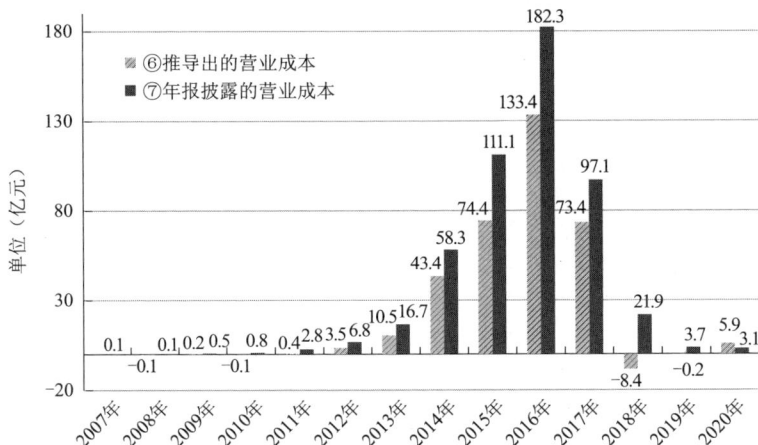

图 11-14　2007—2020 年乐视网年报披露及钩稽关系推导出的营业成本对比

从图 11-14 中可以看到，除 2020 年外，乐视网所有年度推导出的营业成本均小于年报披露的营业成本。其中 2015 年、2016 年及 2018 年的差距最大，差额在 30 亿 ~50 亿元。这与虚增营业收入较大的年度是一致的。

与营业收入存在负值的情况一样，乐视网个别年度推导出的营业成本也是负值。营业成本出现负值与营业收入出现负值的原因相同，很可能是因为当年销售退回导致成本冲销。

（三）量化推断与中国证监会的调查结论一致

以上财务造假推断只是笔者的"盲推"。中国证监会对乐视网立案调查后披露了关于乐视网、贾跃亭等相关责任人有关财务造假的违法事实认定信息。笔者的推断与中国证监会的调查结论是一致的。例如，中国证监会认定乐视网的财务造假手法有：

（1）在与客户的真实业务往来中，通过冒充回款等方式虚增业绩。

（2）虚构广告业务确认收入，在没有资金回款的情况下，应收账款长期挂账，虚增业务收入和利润。

（3）虚构广告业务确认收入，在没有资金回款的情况下，后续通过无形资产冲抵全部或部分应收账款，相应虚计成本和利润。

（4）通过与客户签订并未实际执行的广告互换框架合同或虚构广告互换合同确认业务收入。

（5）通过第三方公司虚构业务确认收入，同时通过贾跃亭控制的银行账户构建部分虚假资金循环和记应收账款长期挂账方式虚增业绩。

以上认定结论与笔者采用会计科目钩稽关系等式推断出乐视网凭空虚增收入和成本的结论是一致的。例如，乐视网在未执行销售合同的情况下确认收入会缺少收入确认凭证，或者即使执行了销售合同，但只有应收账款凭证而没有现金流入凭证，存在应收账款长期挂账的异常情况。又如，冒充回款而虚增的收入会缺少经营活动产生的现金流入凭证。用无形资产冲抵应收账款的行为从购销活动上讲实质上是用价值不明的甚至虚构的无形资产（很可能是影视版权）抵偿销售欠款，是一种以货换货的销售收入确认，其实质很可能是用虚增的无形资产替换虚增的应收账款，这样可以掩盖应收账款长期挂账或过度增加的异常。且不论这种以货抵货的收入在会计上能否得到确认，仅从钩稽关系角度来讲，用无形资产冲抵应收账款将会导致所确认的营业收入缺少销售回款现金流入确认凭证或应收账款相关的收入确认凭证（比如出库或销售确认单据），进而导致推导出的营业收入小于年报披露的营业收入。

对于一般投资者而言，尤其是对于不具备对投资标的进行尽职调查条件和能力的广大中、小投资者而言，能掌握财务量化推断技能相当于弥补了尽职调查条件和能力上的先天劣势。即使是具备尽职调查条件和能力的专业人员也会遇到取证困难的情况。而财务量化推断是从经济、行业规则及商业逻辑等角度对投资标的财务数据的印证、异常点的扫描和投资价值的判断，其实质是遵循价值投资规则对投资标的的价值进行证伪和估值的过程。财务量化推断过程是不需要现场查验凭证或取证工作的，因此是投资尽职调查的有益补充甚至替代方案，在很多情况下能够另辟蹊径，排除取证困难的障碍。

五 乐视网财务造假特点及手法总结

乐视网财务造假案具有造假持续时间长和掩饰性强的特点。

中国证监会认定乐视网从 2007 年到 2016 年连续 10 年虚增了业绩。而根据笔者前文推断，可以大致判断乐视网从 2007 年到 2018 年各年都可能存在财务造假的情况，财务造假持续时间长达 12 年之久。

乐视网财务造假的掩饰性强在于其对典型的财务造假异常痕迹进行了掩盖。例如，乐视网整体上净利润现金含量比较正常，经营活动产生的现金流入净额与净利润基本匹配。又如，乐视网综合毛利率在存货周转率不断下降的过程中并没有出现异常升高的情况。这些都会使拟投资者原本审慎的警惕心松懈下来。虽然乐视网财务造假者对这些典型异常点进行了掩饰，但仍略显顾此失彼，纸里终究包不住火。例如，财务造假者为了掩饰存货与应收款项虚高异常，刻意将虚增额从二者向无形资产转移，却掩饰不住无形资产虚高的异常。绕过虚增存货与应收款项而凭空虚增的收入也可以通过钩稽关系推断出来。

综上所述，笔者将乐视网的财务造假手法总结如下。

（1）利用终端业务这一特殊目的的主营业务拉高营业成本，拉低综合毛利率，从而掩盖存货与毛利率双高异常。

（2）终端业务成本项很可能是财务造假者借以从乐视网输出资金的出口。这些被输出的资金连同通过其他方式借乐视网平台输出的资金（包括但不限于诸如购置无形资产等投资活动现金流出、分红、减持或股票质押等方式）中的一小部分用于现金流体外循环虚增了利润。这种造假痕迹往往在存货、应收款项、应付账款周转率、毛利率四高时就会暴露出来。

（3）为了掩盖存货、应收款项、毛利率三高，乐视网将存货和应收款项刻意挤向无形资产，甚至绕过存货及应收款项凭空虚增收入和成本，而这些收入和成本是没有相应确认凭证的纯虚增。显然，会计师当时对乐视网营业收入和成本确认凭证的审查是疏忽的。